Grundkurs Informatik – Das Übungsbuch

Jochen Schmidt

Grundkurs Informatik – Das Übungsbuch

163 Aufgaben mit Lösungen

3. Auflage

 Springer Vieweg

Jochen Schmidt
Fakultät für Informatik
Technische Hochschule Rosenheim
Rosenheim, Deutschland

ISBN 978-3-658-43442-7   ISBN 978-3-658-43443-4   (eBook)
https://doi.org/10.1007/978-3-658-43443-4

Die Deutsche Nationalbibliothek verzeichnet diese Publikation in der Deutschen Nationalbibliografie; detaillierte bibliografische Daten sind im Internet über http://dnb.d-nb.de abrufbar.

Planung/Lektorat: Leonardo Milla
Springer Vieweg ist ein Imprint der eingetragenen Gesellschaft Springer Fachmedien Wiesbaden GmbH und ist ein Teil von Springer Nature.
Die Anschrift der Gesellschaft ist: Abraham-Lincoln-Str. 46, 65189 Wiesbaden, Germany

Das Papier dieses Produkts ist recyclebar.

Vorwort

„Gibt es denn dazu noch irgendwo mehr Übungsaufgaben, die ich machen könnte?" – diese Frage wird mir immer wieder gestellt, insbesondere in Lehrveranstaltungen der ersten Semester des Studiums. Nach meinem anschließenden Verweis auf Lehrbücher und darauf, dass das Internet voll von Übungsaufgaben sei, wird die Frage meist weiter präzisiert zu „Ja, aber vor allem mit Lösungen". Das vorliegende Buch soll auch eine Antwort darauf sein. Es werden insgesamt 163 Aufgaben zu grundlegenden Themen des Informatikstudiums präsentiert – natürlich mit ausführlichen Lösungen.

Viele der Übungen wurden für dieses Buch neu konzipiert, weitere stammen aus meinen eigenen Lehrveranstaltungen *Grundlagen der Informatik* und *Theoretische Informatik*, die ich seit mehreren Jahren an der Technischen Hochschule Rosenheim im Bachelor-Studiengang Informatik halte. Die Ursprünge einiger dieser Aufgaben liegen im Dunkel der Zeit verborgen; viele hatte ich zusammen mit anderen Vorlesungsunterlagen von meinem Vorgänger und Ko-Autor des *Grundkurs Informatik* Hartmut Ernst übernommen. Andere Aufgaben und Unterlagen stammen von meinem Kollegen Martin Deubler, der eine ähnliche Lehrveranstaltung im Studiengang Wirtschaftsinformatik hält. Bei beiden möchte ich mich an dieser Stelle dafür bedanken. Es ist leider nicht mehr identifizierbar, was genau woher stammt.

Die vorliegende 3. Auflage wurde korrigiert, erweitert und an die 8. Auflage des *Grundkurs Informatik* angepasst. Ich bedanke mich sehr herzlich bei den aufmerksamen Leserinnen und Lesern, die mich auf Fehler hingewiesen haben.

Rosenheim, 20. Oktober 2023 *Jochen Schmidt*

Inhaltsverzeichnis

Kapitel 1

Hinweise, Webseite und Errata

Das vorliegende Buch enthält Übungsaufgaben (in Kapitel 2) mit den zugehörigen Lösungen (in Kapitel 3) aus Gebieten, die typischerweise in den ersten Semestern eines Informatik-Studiums als Grundlagen behandelt werden. Ausgenommen ist der Bereich des Programmierens: Die Aufgaben sind so ausgelegt, dass sie alleine mit Papier und Stift gelöst werden können – es handelt sich explizit nicht um Programmierübungen. In manchen Fällen gibt es mehrere gleichartige Aufgaben direkt hintereinander. Es sei darauf hingewiesen, dass hier ggf. die Lösung zur ersten derartigen Aufgabe etwas detaillierter ist als die nachfolgenden.

Das Buch ist begleitend zum *Grundkurs Informatik* [Ern24] entstanden und orientiert sich vom Aufbau her an diesem, wobei nur Übungen zu ausgewählten Kapiteln betrachtet werden. Die enthaltenen Referenzen beziehen sich auf die 8. Auflage.

Nichtsdestotrotz wurde darauf geachtet, dass *Das Übungsbuch* auch ohne den *Grundkurs Informatik* verwendbar ist. Nutzt man andere Lehrbücher als Basis, so ist zu beachten, dass es für viele Algorithmen auch andere äquivalente Darstellungen und ggf. Varianten gibt, die sich in Details von den hier gezeigten Lösungen unterscheiden können. Falls Sie also einen Lösungsweg haben, der von dem in diesem Buch gezeigten abweicht, muss deswegen keiner der beiden notwendigerweise falsch sein.

Hinweise auf weiterführende Literatur zu den jeweiligen Themen finden sich im *Grundkurs Informatik*, ebenso wie weitere Übungsaufgaben. Vertiefende Übungen zu einzelnen Gebieten findet man auch in anderen einschlägigen Lehrbüchern, wie beispielsweise (ohne jeglichen Anspruch auf Vollständigkeit): Zum Thema Zahlendarstellung in der Aufgabensammlung *100 Übungsaufgaben zu Grundlagen der Informatik, Band II: Technische Informatik* [Kön13b].

Zum Bereich Quellen- und Kanalcodierung im Buch *Einführung in die Informations- und Codierungstheorie* [Hof14].

Zur Verschlüsselung *Kryptografie verständlich* [Paa16], *Einführung in die Kryptographie* [Buc16] und *Angewandte Kryptographie* [Ert19].

Zum Thema Boolesche Algebra, Schaltnetze und Schaltwerke *Grundlagen der Technischen Informatik* [Hof23], *Digitaltechnik* [Fri23] bzw. *100 Übungsaufgaben zu Grundlagen der Informatik, Band II: Technische Informatik* [Kön13b].

Für Automatentheorie, formale Sprachen, Berechenbarkeit und Komplexität die Bücher *Theoretische Informatik* [Hof22], *Grundkurs Theoretische Informatik* [Hol07, Hol15], nochmals *Grundkurs Theoretische Informatik* [Vos16], und *Einführung in Automatentheorie, formale Sprachen und Berechenbarkeit* [Hop11]. Reine Aufgabensammlungen dazu findet man im *Übungsbuch Automaten und formale Sprachen* [Kna18] und *100 Übungsaufgaben zu Grundlagen der Informatik, Band I: Theoretische Informatik* [Kön13a].

Zum Gebiet Probabilistische Algorithmen die Bücher *The Art of Computer Programming, Volume 2: Seminumerical Algorithms* [Knu97b] und *Einführung in die Kryptographie* [Buc16].

Aufgaben zu den Themen Suchen und Sortieren sowie Bäume und Graphen sind beispielsweise

© Der/die Autor(en), exklusiv lizenziert an
Springer Fachmedien Wiesbaden GmbH, ein Teil von Springer Nature 2023
J. Schmidt, *Grundkurs Informatik – Das Übungsbuch*,
https://doi.org/10.1007/978-3-658-43443-4_1

in den Lehrbüchern *Algorithmen und Datenstrukturen* [Ott17], *Datenstrukturen und Algorithmen* [Güt18], *The Art of Computer Programming, Volume 3: Sorting and Searching* [Knu98] bzw. *Entwurf und Analyse von Algorithmen* [Neb18] enthalten. In letzterem finden sich auch Aufgaben zur Komplexitätstheorie. Weitere Aufgaben zu Bäumen enthält *The Art of Computer Programming, Volume 1: Fundamental Algorithms* [Knu97a].

Leider werden sich bei einem Projekt wie diesem Buch trotz aller Sorgfalt Fehler nicht vermeiden lassen. Auf der Webseite `http://www.gki-buch.de` wird ein regelmäßig aktualisiertes Errata-PDF veröffentlicht, in dem alle bekannten Fehler aufgelistet und korrigiert sind. Sollten Sie Fehler finden oder Anregungen für zukünftige Auflagen haben, können Sie diese gerne per E-Mail an den Autor unter autor@gki-buch.de senden.

Kapitel 2

Übungsaufgaben

2.1 Zahlendarstellung

Dieser Abschnitt enthält Übungsaufgaben zum Themenbereich der Darstellung von Zahlen in unterschiedlichen Systemen. Er basiert auf dem Kapitel 1.4 *Zahlensysteme und binäre Arithmetik* des *Grundkurs Informatik*. Die Lösungen zu den Aufgaben befinden sich in Abschnitt 3.1 ab Seite 39.

1.1 Geben Sie zu folgenden Zahlen die Summenform und die Darstellung im Dezimalsystem an: 1111_2; 1111_4; $AB3_{12}$; 1234_5; $1753,5_8$; ABC,CBA_{16}.

1.2 Konvertieren Sie folgende Zahlen unter Zuhilfenahme des Horner-Schemas in das Dezimalsystem: 1211_8; 777_9; $AB1_{12}$; 1111_2; $0,AB_{16}$; $10101,01101_2$.

1.3 Führen Sie folgende Konvertierungen durch:
447_{10} ins Dualsystem,
7310_{10} ins Oktalsystem,
58192_{10} ins System zur Basis 3,
83503_{10} ins Hexadezimalsystem,
2778_{10} ins Hexadezimalsystem,
1234_{10} ins System zur Basis 7.

1.4 Konvertieren Sie die folgenden Zahlen jeweils ins Dual- und Hexadezimalsystem, außerdem in das System zur Basis 12: $0,25_{10}$; $0,2_{10}$; $0,3_{10}$; $0,234375_{10}$; $\frac{2}{3}{}_{10}$.

1.5 Konvertieren Sie die folgenden Zahlen:
445_7 ins System zur Basis 9,
101101_2 ins Oktal- und Hexadezimalsystem,
445_8 ins Hexadezimalsystem,
1011010011_2 ins System zur Basis 4,
1034_9 ins System zur Basis 7,
$1101101,00101_2$ ins Oktal- und Hexadezimalsystem,
$2BA,B_{16}$ ins Oktal- und Dualsystem.

1.6 Konvertieren Sie die folgenden Dezimalzahlen in BCD-Darstellung: 814; 6932.

1.7 Konvertieren Sie die folgenden BCD-Zahlen ins Dezimalsystem: 100111; 11110010101.

© Der/die Autor(en), exklusiv lizenziert an
Springer Fachmedien Wiesbaden GmbH, ein Teil von Springer Nature 2023
J. Schmidt, *Grundkurs Informatik – Das Übungsbuch*,
https://doi.org/10.1007/978-3-658-43443-4_2

1.8 Wir betrachten nun eine Darstellung ganzer Zahlen mit 6 Bit:

a) Was ist die größte Zahl, die sich damit vorzeichenlos (unsigned) darstellen lässt?

b) Was ist die kleinste bzw. größte Zahl, die sich damit bei Verwendung des Zweierkomplements darstellen lässt?

1.9 In Unix-Betriebssystemen wird die Zeit in Sekunden seit dem 1. Januar 1970, 0 Uhr gezählt.

a) Zu welchem Problem führt dies, wenn der Wert vorzeichenbehaftet im Zweierkomplement als 32-Bit Zahl gespeichert ist? In welchem Jahr?

b) Ergibt es einen Sinn, das Datum vorzeichenbehaftet zu speichern? Man verliert dadurch ja die Hälfte des positiven Zahlenbereichs.

1.10 Gegeben sei der Speicherinhalt einzelner Bytes eines Computers: 04_{16}, FA_{16}.
Jedes Byte entspricht einer ganzen Zahl. Geben Sie an, wie die Zahlen in normaler Dezimaldarstellung aussehen, wenn sie im Einer- bzw. Zweierkomplement codiert wurden bzw. wenn eine nicht-vorzeichenbehaftete Darstellung (unsigned) verwendet wurde.

1.11 Zeigen Sie: Die rationale Zahl $\frac{42}{70}$ (im Dezimalsystem) ist im Hexadezimalsystem nicht exakt als gebrochene Zahl darstellbar.

1.12 Führen Sie die folgenden (dezimal angegebenen) Rechnungen im Dualsystem mit 8 binären Stellen durch. Verwenden Sie das Zweierkomplement zur Darstellung negativer Zahlen. Führen Sie anschließend die Berechnungen nochmals durch, und verwenden Sie jetzt das Einerkomplement.

$15 + 31$ $\qquad\qquad$ $43 - 11$ $\qquad\qquad$ $17 - 109$ $\qquad\qquad$ $-57 - 12$

1.13 Führen Sie die folgenden (dezimal angegebenen) Rechnungen im Dualsystem durch. Es soll eine Festkommadarstellung mit 8 binären Vorkomma- und 4 Nachkommastellen sowie das Zweierkomplement zur Darstellung negativer Zahlen verwendet werden. Führen Sie anschließend die Berechnungen nochmals durch, und verwenden Sie jetzt das Einerkomplement.

$80,5 + 20,25$ $\qquad$ $80,5 - 20,25$ $\qquad$ $10,0625 - 111,9375$ $\qquad$ $-21,5625 - 102,4375$

1.14 Geben Sie die folgenden Dezimalzahlen als 32-Bit Gleitkommazahlen nach IEEE-Format sowohl in binärer Form als auch in hexadezimaler Form an:
$1,67125 \cdot 10^2$ $\quad$ $-8,012225 \cdot 10^4$ $\quad$ $-4,0125 \cdot 10^3$

1.15 Gegeben sei der Speicherinhalt von jeweils vier Byte in hexadezimaler Darstellung:
$46\,1C\,A1\,80_{16}$ $\quad$ $C7\,9C\,7D\,20_{16}$.
Diese sollen als binäre 32-Bit Gleitkommazahlen nach IEEE-Format interpretiert werden.

a) Geben Sie die Gleitkommazahlen in der üblichen dezimalen Schreibweise an.

b) Multiplizieren Sie jede Zahl mit 2 bzw. 4 und geben Sie das Ergebnis nach IEEE-Format in binärer Form an.

c) Dividieren Sie jede Zahl durch 2 bzw. 4 und geben Sie das Ergebnis nach IEEE-Format in binärer Form an.

1.16 Im Standard IEEE 754-2008 werden neben den binären Gleitkommazahlen mit 32 bzw. 64 Bit Länge auch welche mit halber Genauigkeit (16 Bit) wie folgt definiert:

- 1 Vorzeichenbit,
- 5 Bit Exponent (Bias: 15),
- 10 Bit Mantisse.

a) Wandeln Sie die Dezimalzahlen 5,0625 und 3,125 in dieses 16-Bit-Format um. Geben Sie das Ergebnis in binärer und hexadezimaler Form an.

b) Gegeben seien die folgenden beiden Gleitkommazahlen im IEEE-Format mit halber Genauigkeit wie oben beschrieben: 4100_{16}, 4580_{16}.
Addieren Sie die beiden Gleitkommazahlen (binär) so, wie im IEEE-Standard vorgesehen. Geben Sie die jeweiligen Zwischenschritte an, und das Ergebnis wieder binär/hexadezimal im IEEE-Format.

1.17 Gegeben seien die beiden Gleitkommazahlen $a = 3D800000_{16}$ und $b = 40000000_{16}$ im 32-Bit IEEE-Format.

a) Berechnen Sie die Summe $a + b$.

b) Berechnen Sie das Produkt $a \cdot b$.

Geben Sie die Ergebnisse in binärer Darstellung an.

1.18 Gegeben seien die Dezimalzahlen $a = 1470$, $b = 2$ und $c = 4$. Zur Vereinfachung soll nun in dezimaler Gleitkommaarithmetik mit insgesamt drei Stellen gerechnet werden.

a) Normalisieren Sie die Zahlen so, dass vor dem Komma genau eine von Null verschiedene Ziffer steht.

b) Berechnen Sie zunächst $(a + b) + c$ und anschließend $a + (b + c)$.

2.2 Information und Quellencodierung

Dieser Abschnitt enthält Übungsaufgaben zum Themenbereich rund um den Informationsbegriff und die Quellencodierung, d. h. Codegenerierung mit dem Ziel geringer Redundanz. Im *Grundkurs Informatik* werden diese durch Kapitel 2 *Nachricht und Information*, insbesondere Abschnitt 2.5 *Information und Wahrscheinlichkeit*, und Kapitel 3 *Codierung* mit den Abschnitten 3.1 *Grundbegriffe* und 3.2 *Quellencodierung und Datenkompression* abgedeckt. Die Lösungen zu den Aufgaben befinden sich in Abschnitt 3.2 ab Seite 49.

2.1 Gegeben sei das Alphabet $A = \{u, v, w, x, y, z\}$ mit den Auftrittswahrscheinlichkeiten

$$p(u) = 0,05; \quad p(v) = 0,1; \quad p(w) = 0,15; \quad p(x) = 0,3; \quad p(y) = 0,15; \quad p(z) = 0,25.$$

Berechnen Sie die Informationsgehalte der Zeichen von A und die Entropie.

2.2 Gegeben seien die beiden folgenden Binärcodes der Alphabete $A = \{x_i\}$ und $B = \{y_i\}$ sowie die zugehörigen Auftrittswahrscheinlichkeiten p_i:

x_i	w	x	y	z
p_i	0,5	0,1	0,2	0,2
Code	1	000	010	001

y_i	a	b	c	d
p_i	0,25	0,15	0,05	0,55
Code	10	000	0111	0

a) Wie viele Bits umfassen die binär codierten Versionen eines typischen Textes aus n Zeichen des Alphabets A und eines typischen Textes mit derselben Anzahl n von Zeichen aus B?

b) Um wie viel Prozent ist der kürzere der beiden Binärtexte kürzer als der längere?

c) Bestimmen Sie die Entropie der Alphabete A und B.

d) Wie groß ist die Redundanz eines typischen Textes aus A bzw. B?

2.3 Gegeben sei eine Nachrichtenquelle, die Nachrichten über dem Alphabet A bestehend aus den Zeichen x_i und den zugehörigen Auftrittswahrscheinlichkeiten p_i sendet:

x_i	a	b	c	d	e	f
p_i	0,25	0,25	0,18	0,16	0,1	0,06

a) Berechnen Sie die Entropie dieser Nachrichtenquelle.

b) Bilden Sie eine Binärcodierung, wobei für die Wortlängen der Codewörter die ganzzahlig aufgerundeten zugehörigen Informationsgehalte gewählt werden sollen. Bestimmen Sie die mittlere Wortlänge und die Redundanz Ihres Codes. Zeichnen Sie nun den zugehörigen Codebaum und versuchen Sie, das Ergebnis noch weiter zu optimieren, d. h. die mittlere Wortlänge noch weiter zu verringern.

c) Bestimmen Sie einen optimalen Code für das Alphabet A mit Hilfe des Huffman-Verfahrens sowie die zugehörige mittlere Wortlänge und Redundanz.

d) Geben Sie den Huffman-Code der folgenden Nachricht an: adafbdbecdc

e) Bestimmen Sie einen Code mit Hilfe des Fano-Verfahrens sowie die zugehörige mittlere Wortlänge und Redundanz.

f) Codieren Sie nun das Alphabet mit einem optimal kurzen Code mit konstanter Wortlänge (Block-Code). Wie ist die Redundanz? Welchen Kompressionsfaktor ergibt im Vergleich dazu der Huffman-Code?

2.4 Eine Quelle sendet Nachrichten, die mit dem folgenden Huffman-Code codiert wurden:

x_i	s	t	u	v	w	x	y	z
Code	10	1111	110	011	010	1110	0011	0010

Beim Empfänger kommt 11101001001101011101010 an. Decodieren Sie die Nachricht.

2.5 Gegeben sei eine Nachrichtenquelle, die Nachrichten über dem Alphabet A bestehend aus den Zeichen x_i und den zugehörigen Auftrittswahrscheinlichkeiten p_i sendet:

x_i	a	b	c	d	e	f	g	h
p_i	0,2	0,0625	0,125	0,15	0,15	0,0625	0,125	0,125

a) Berechnen Sie die Entropie dieser Nachrichtenquelle.

b) Bestimmen Sie einen optimalen Code für das Alphabet A mit Hilfe des Huffman-Verfahrens sowie die zugehörige mittlere Wortlänge und Redundanz.

c) Codieren Sie nun das Alphabet mit einem optimal kurzen Code mit konstanter Wortlänge (Block-Code). Wie ist die Redundanz? Um wie viel Prozent ist ein mit diesem Block-Code codierter Text länger als einer, der mit dem Huffman-Code codiert wurde?

2.6 Gegeben sei eine Nachrichtenquelle, die Nachrichten über dem Alphabet A bestehend aus den Zeichen x_i und den zugehörigen Auftrittswahrscheinlichkeiten p_i sendet:

x_i	a	b	c	d	e	f	g
p_i	0,12	0,15	0,25	0,1	0,18	0,06	0,14

a) Berechnen Sie die Entropie dieser Nachrichtenquelle.

b) Bestimmen Sie einen optimalen Code für das Alphabet A mit Hilfe des Huffman-Verfahrens.

c) Bestimmen Sie einen Code mit Hilfe des Fano-Verfahrens.

d) Wie ist jeweils die mittlere Wortlänge und Redundanz?

2.7 Codieren Sie das Wort KAKADU mit der LZW-Kompression. Dekomprimieren Sie zur Probe das Ergebnis. Initialisieren Sie die Code-Tabelle mit den Einzelzeichen in der Reihenfolge, wie sie im Wort auftreten.

2.8 Codieren Sie das Wort DGGGDGHFGGE mit der LZW-Kompression. Dekomprimieren Sie zur Probe das Ergebnis. Initialisieren Sie die Code-Tabelle mit den Einzelzeichen in alphabetischer Reihenfolge.

2.9 Daten bestehend aus Zeichen des Alphabets $A = \{w, x, y, z\}$ sollen mit arithmetischer Codierung komprimiert werden. Die Auftrittswahrscheinlichkeiten sind $P(w) = \frac{1}{2}$, $P(x) = \frac{1}{10}$, $P(y) = \frac{1}{5}$, $P(z) = \frac{1}{5}$.
Bestimmen Sie zunächst die für die Codierung erforderlichen Intervalle (Zeichen in alphabetischer Reihenfolge) und codieren Sie den Text xyxyz. Anschließend decodieren Sie das Ergebnis wieder.

2.10 Codieren Sie das Wort KCKCZC mit arithmetischer Kompression. Dekomprimieren Sie zur Probe das Ergebnis. Bestimmen Sie zunächst die für die Codierung erforderlichen Intervalle (Zeichen in alphabetischer Reihenfolge) aus den relativen Häufigkeiten der Buchstaben im zu codierenden Wort.

2.11 Es wurden die folgenden Binärdaten aus einer Datei eingelesen:

010101000010110000111111111110

Die Daten bestehen aus einer Abfolge von Huffman-codierten Einzelzeichen, die anschließend mit einer 3-Bit Lauflängencodierung weiterverarbeitet wurden. Gespeichert wurden die Daten in der Abfolge *Lauflänge Huffman-Code*.
Die Code-Tabelle der Lauflängen ist:

Lauflänge	1	2	3	4	5	6	7	8
Code	001	010	011	100	101	110	111	000

Die Huffman-Tabelle lautet:

Zeichen	a	b	c	d	e	f	g
Code	101	1110	00	1111	01	110	100

Decodieren Sie die Daten.

2.3 Codesicherung/Kanalcodierung

Dieser Abschnitt enthält Übungsaufgaben zur Sicherung von Codes gegen Fehler bei Speicherung und Übertragung von Daten (Kanalcodierung). Im *Grundkurs Informatik* wird dies durch Abschnitt 3.3 *Codesicherung und Kanalcodierung* abgedeckt. Die Lösungen zu den Aufgaben befinden sich in Abschnitt 3.3 ab Seite 58.

3.1 Welche Hamming-Distanz hat der ASCII-Code? Wie viele fehlerhafte Bit lassen sich damit erkennen oder korrigieren?

3.2 Gegeben sei ein 8-Bit Block-Code in hexadezimaler Darstellung: A5, A6, B7, 11, 00. Wie viele fehlerhafte Bit lassen sich damit erkennen oder korrigieren?

3.3 Es wurde die folgende Nachricht empfangen:
    10010001 11101010 11011100 11001000 10010111 11000010 11101000 11110100 11001011
Sie besteht aus 7-Bit ASCII-Zeichen, die zur Sicherung der Datenübertragung mit einem Paritätsbit (ungerade Parität) ergänzt wurden. Decodieren Sie die Nachricht; sind bei der Übertragung Fehler aufgetreten? Falls ja: Wo? Welche Arten von Fehlern lassen sich mit Paritätsprüfung erkennen oder korrigieren?

3.4 Es wurden die folgenden Binärdaten aus einer Datei eingelesen:
    111110111110010100010001000001101010
Die Daten bestehen aus einer Abfolge von Huffman-codierten Einzelzeichen. Anschließend wurde in den Datenstrom zur Sicherung für die Übertragung nach jeweils 8 Bit ein Paritätsbit (gerade Parität) eingefügt. Die Huffman-Tabelle lautet:

Zeichen	a	b	c	d	e	f	g
Code	101	1110	00	1111	01	110	100

Decodieren Sie die Daten.

3.5 Zur Fehlerkorrektur soll ein (31, 26) Hamming-Code verwendet werden.

a) Wie viele Bit Nutz- bzw. Fehlerkorrekturinformation hat ein Codewort?

b) An welchen Stellen im Codewort befinden sich die Paritätsbits? Welche Datenbits gehören zu welchem Paritätsbit?

c) Welche Hamming-Distanz hat dieser Code? Lassen sich Fehler erkennen/korrigieren?

d) Empfangen wurde das Codewort 35 3A D6 16_{16} (mit nur 31 gültigen Bit, d. h. die linkeste führende Null wird weggelassen). Prüfen Sie es auf Fehler und korrigieren Sie diesen falls vorhanden. Welches (Nutz-)datenwort wurde gesendet?

3.6 Zur Fehlerkorrektur soll ein (31, 26) Hamming-Code verwendet werden.

a) Empfangen wurde das Codewort 70 F2 F0 $F0_{16}$ (mit nur 31 gültigen Bit, d. h. die linkeste führende Null wird weggelassen). Detektiert der Empfänger einen Fehler? Falls ja, an welcher Position? Welches (Nutz-)datenwort wurde gesendet?

b) Was passiert auf der Empfängerseite, falls während der Übertragung mehrere Bits kippen? Überprüfen Sie Ihre Antwort stichprobenhaft, indem Sie in das empfangene Codewort weitere fehlerhafte Bit einbauen.

3.7 Zur Sicherung von Datenübertragungen gegen zufällige Bitfehler wird häufig der Cyclic Redundancy Check (CRC) eingesetzt. Als Generatorpolynom wird $x^5 + x + 1$ verwendet. Die zu sendenden binären Nutzdaten lauten: 1100 1110
Bestimmen Sie den CRC; wie lautet die gesendete Nachricht inkl. CRC?

3.8 Zur Absicherung während der Übertragung sollen Daten mit einem CRC-Code versehen werden. Es soll nun ein CRC-7 verwendet werden, d. h. ein Generator mit 8 Bit.
Der Generator lautet: $A7_{16}$.
Die empfangenen Daten inkl. CRC lauten: 550549_{16}.
Prüfen Sie, ob die Daten korrekt übertragen wurden.

3.9 Zur Absicherung mit einem CRC wird folgendes Generatorpolynom verwendet:
$x^6 + x^5 + x^3 + x^2 + x + 1$.

a) Berechnen Sie den CRC für die binäre Nachricht: 1101 1001. Geben Sie dann die komplette Bitfolge an, wie sie nach der Berechnung gesendet werden muss.

b) Zeigen Sie: Mit diesem Generator lassen sich alle n-Bit Fehler erkennen, wenn n die Form $n = 2k + 1, k = 0, 1, 2, 3, 4, \ldots$ hat.

c) Welche der folgenden Bitfehler können mit diesem Code erkannt werden?

- alle Doppelfehler,
- alle Dreifachfehler,
- alle Bündelfehler der Länge kleiner 5,
- alle Bündelfehler der Länge größer 6.

3.10 Zeigen Sie, dass 3-658-14633-8 eine korrekt gebildete ISBN-10 ist.

3.11 Bestimmen Sie die Prüfziffer p für folgende ISBN-10: 3-658-01627-p.

3.12 Zeigen Sie, dass 5099206026094 eine korrekte europäische Artikelnummer (EAN) ist.

3.13 Bestimmen Sie die Prüfziffer p für die europäische Artikelnummer (EAN) 123456789012p.

3.14 Zeigen Sie, dass die folgende IBAN korrekt eingegeben wurde: DE87123456781234567890.

3.15 Bestimmen Sie die Prüfziffern p_1, p_2 für folgende IBAN: DE$p_1 p_2$ 8765 4321 0987 6543 21.

3.16 Zur Validierung einer IBAN wird nach dem Ersetzen der Länderkürzel durch Zahlen und dem Umstellen der Ziffern die entstandene Ziffernfolge als Dezimalzahl interpretiert, von der der Rest bei Division durch 97 bestimmt werden muss. Wenn dies so implementiert wird, dann reichen die üblicherweise vorhandenen Standarddatentypen einer CPU mit bis zu 64 Bit nicht aus.
  Schlagen Sie eine alternative Berechnungsmethode vor, die mit einem ganzzahligen 16-Bit Datentyp durchführbar ist. Hinweis: Die o. g. Berechnung, in der die IBAN als große Dezimalzahl interpretiert wird, entspricht einer Gewichtung der Ziffern mit 1, 10, 100, 1000, ...(von rechts beginnend). Prüfen Sie Ihre Berechnung an der IBAN DE91 5678 1234 1234 5678 90.

3.17 Zeigen Sie: Mit der ISBN-10 ist sowohl die Erkennung einer einzelnen falschen Ziffer möglich als auch die Vertauschung von zwei Ziffern an beliebigen Positionen.

3.18 Kann man bei der europäischen Artikelnummer (EAN-13) einzelne falsche Ziffern erkennen? Wie sieht es mit Vertauschung von zwei Ziffern aus?

3.19 In einem Bestellsystem sollen die Bestellnummern von Waren zur Absicherung gegen manuelle Fehleingaben mit einer Prüfsumme abgesichert werden. Eine Bestellnummer (noch ohne Prüfsumme) besteht aus genau 6 Dezimalziffern.

a) Ein Vorschlag besteht darin eine einzelne Dezimalziffer als Prüfziffer anzuhängen, so dass die gewichtete Summe aller Ziffern modulo 9 Null ergibt. Die Ziffern der Bestellnummer sollen von links nach rechts mit 1, 2, 4, 5, 7, 8 gewichtet werden; das Gewicht der Prüfziffer ist 1.

Ist damit garantiert, dass einzelne falsche Ziffern erkannt werden können? Ist damit garantiert, dass die Vertauschung von zwei benachbarten Ziffern erkannt werden kann? Wie sieht es mit der Vertauschung beliebiger Ziffern aus?

b) Jetzt soll eine zweistellige Prüfsumme verwendet werden, die einfach berechnet (wie?) und an die Bestellnummer angehängt werden kann. Wie müssen die Gewichte der beiden Prüfziffern gewählt werden, damit dies funktioniert? Was wäre der am besten geeignete Modul, wenn die Erkennung einzelner falscher Ziffern garantiert sein soll und man die unter (a) angegebenen Gewichte für die Bestellnummer verwenden möchte? Wie sieht es mit Vertauschungen aus?

Welchen Modul müsste man wählen, damit die Gewichte praktisch frei gewählt werden können (aber alle unterschiedlich) und die Vertauschung von zwei beliebigen Ziffern (nicht nur benachbarten) erkannt werden kann?

3.20 In dieser Aufgabe soll eine Reed-Solomon Codierung bzw. Decodierung durchgeführt werden. Hierfür wird ein endlicher Körper mit 5 Elementen verwendet, die Länge der (uncodierten) Nachricht sei 2, die Codewortlänge 4.

a) Codieren Sie die Nachricht $(3, 2)$.

b) Wie viele fehlerhafte Stellen sind mit diesem Code korrigierbar?

c) Empfangen wurde das Codewort $(3, 0, 0, 4)$. Stellen Sie das zur Decodierung mit Fehlerkorrektur erforderliche Gleichungssystem auf; reduzieren Sie dabei die auftretenden Koeffizienten so weit wie möglich.

d) Nach dem Lösen des Gleichungssystems entstehen folgende Polynome:
$$f(x) = 1 + 2x, \quad h(x) = 2 + 2x + x^2 \quad .$$
Wie lautet die empfangene und decodierte Nachricht?

3.21 Zur Sicherung von Daten gegen Fehler soll ein Reed-Solomon Code verwendet werden. Gerechnet wird modulo 11, die Nachrichtenlänge beträgt 4 und das Nachrichtenpolynom wird an 6 Stellen $(2, 3, \ldots, 7)$ ausgewertet.

a) Wie viele fehlerhafte Stellen sind mit diesem Code korrigierbar? Wie viele Stellen können ausfallen, damit immer noch richtig decodiert wird?

b) Codieren Sie die Nachricht $(1, 0, 3, 4)$.

c) Beim Lesen der Daten gab es zwei Ausfälle und es kam nur $(1, \varepsilon, 8, \varepsilon, 5, 2)$ an. Welche Nachricht wurde gesendet?

d) Empfangen wurde das Codewort $(1, 0, 8, 4, 5, 2)$, es sind möglicherweise bei der Übertragung Fehler aufgetreten. Decodieren Sie das Codewort. Welche Nachricht wurde gesendet?

3.22 Wir betrachten die beiden Binärcodes $C_1 = \{001, 110\}$ und $C_2 = \{000, 111\}$.

a) Welche Hamming-Distanz haben die Codes?

b) Sind die Codes linear?

c) Sind die Codes perfekt?

3.23 Wir betrachten die beiden Binärcodes $C_1 = \{1000001, 1101100, 0010011\}$ und
$C_2 = \{1101100, 0010011, 1111111, 0000000\}$.

a) Welche Hamming-Distanz haben die Codes?

b) Sind die Codes linear?

c) Sind die Codes perfekt?

3.24 Wir betrachten nun binäre Blockcodes der Länge 9 Bit.

a) Wenn jede verfügbare Bitkombination als Codewort genutzt werden soll: Wie viele Codewörter erhält man? Welche Hamming-Distanz hat der Code? Wie viele fehlerhafte Bit kann man erkennen oder korrigieren?

b) Wenn man einen 2-korrigierenden Code haben möchte: Welche Hamming-Distanz wird benötigt? Was ist die obere Grenze für die Anzahl an Codewörtern? Gibt es einen perfekten Code mit diesen Eigenschaften?

3.25 Wir betrachten den nicht-binären Code $C = \{000000, 111111, 222222, 111222\}$. Jede Position ist ein Element aus dem endlichen Körper $\mathbb{F}_3$.

a) Welche Hamming-Distanz hat der Code?

b) Ist der Code linear?

c) Ist der Code perfekt? Darf man hier die gleiche Formel verwenden wie vorher für binäre Codes?

3.26 Wir betrachten den nicht-binären Code mit Werten aus dem endlichen Körper $\mathbb{F}_7$
$C = \{000000, 111111, 222222, 333333, 444444, 555555, 666666\}$.

a) Welche Hamming-Distanz hat der Code?

b) Ist der Code linear?

c) Ist der Code perfekt?

d) Was würde sich ändern, wenn man das Codewort 666666 durch 066666 ersetzt?

2.4 Verschlüsselung

Dieser Abschnitt enthält Übungsaufgaben zum Thema Kryptographie. Im *Grundkurs Informatik* wird dies durch Kapitel 4 *Verschlüsselung* abgedeckt. Die Lösungen zu den Aufgaben befinden sich in Abschnitt 3.4 ab Seite 75.

4.1   Bob sendet Alice die Nachricht `loesung`. Die beiden haben die Verwendung der 26 lateinischen Buchstaben vereinbart (A → 0, B → 1, …), und sie benutzen zur Verschlüsselung ein Transpositions-Chiffre mit multiplikativem Schlüssel 7 und additivem Schlüssel 9.

a) Ist der multiplikative Schlüssel 7 zulässig?

b) Wie lautet der verschlüsselte Text?

c) Wie bestimmt Alice aus der empfangenen verschlüsselten Nachricht den Klartext?

4.2   Verschlüsseln Sie den Klartext `buch` mit dem One-Time-Pad `abcd` (alles als 7-Bit ASCII codiert). Warum wäre dieser One-Time-Pad in der Praxis ungeeignet?

4.3   Beim Diffie-Hellman-Schlüsseltausch werden zwei öffentliche Zahlen benötigt: Eine Primzahl p sowie eine ganze Zahl $g \in \{2, 3, \ldots, p-2\}$. Es seien $p = 17$ und $g = 3$.

a) Wie lautet der Wert der eulerschen Funktion $\Phi(p)$?

b) Alice wählt als geheimen Exponenten die Zahl 2, Bob wählt 3. Welche Zahl wird von Alice an Bob übertragen? Welche von Bob an Alice? Wie lautet der generierte Schlüssel?

c) Welche Kriterien sollten für p und g gelten, damit das Verfahren sicher ist? Sind diese für die gewählten Zahlen erfüllt?

4.4   Beim Diffie-Hellman-Schlüsseltausch werden zwei öffentliche Zahlen benötigt: Eine Primzahl p sowie eine ganze Zahl $g \in \{2, 3, \ldots, p-2\}$. Es seien $p = 19$ und $g = 3$.

a) Alice wählt als geheimen Exponenten die Zahl 3, Bob wählt 2. Welche Zahl wird von Alice an Bob übertragen? Welche von Bob an Alice? Wie lautet der generierte Schlüssel?

b) Zeigen Sie: p ist keine sichere Primzahl.

c) Zeigen Sie: g ist eine primitive Wurzel modulo p.

d) Der berechnete Schlüssel wurde nun in binärer Form als One-Time-Pad verwendet. Empfangen wurde der Chiffretext 5 (dezimal). Wie lautet die Botschaft im Klartext?

4.5   Beim RSA-Verfahren wird für jeden Teilnehmer ein öffentlicher Schlüssel im Schlüsselverzeichnis bereitgestellt. Dieser besteht aus einer Zahl n, die das Produkt zweier großer Primzahlen p und q ist, sowie einem Exponenten c. Jeder Teilnehmer erhält ferner einen geheimen Schlüssel d.

a) Es seien $p = 29$ und $q = 17$. Berechnen Sie n und den Wert der eulerschen Funktion $\Phi(n)$.

b) Zeigen Sie, dass $c = 13$ als Teil des öffentlichen Schlüssels geeignet ist.

c) Alice verwendet $c = 13$ als Teil des öffentlichen Schlüssels. Bestimmen Sie den passenden geheimen Schlüssel d.

d) Ist $p = 29$ eine sichere Primzahl?

e) Bob möchte den Klartext 321 verschlüsselt an Alice schicken? Wie lautet der Chiffretext? Wie rechnet Alice zur Entschlüsselung?

4.6 Ein Teilnehmer am RSA-Verfahren hat ein einzelnes verschlüsseltes Zeichen gesendet, das den Wert 128 hat. Der öffentliche Schlüssel des Teilnehmers ist (187, 7). Brechen Sie die Verschlüsselung, indem Sie den privaten Schlüssel berechnen. Welches Zeichen wurde übertragen, wenn man von einer bei eins beginnenden Nummerierung des Alphabets ausgeht?

4.7 Das RSA-Verfahren kann neben der Verschlüsselung auch für digitale Unterschriften verwendet werden. Wir betrachten die beiden Kommunikationspartner Alice und Bob mit den öffentlichen Schlüsseln (69, 1003) bzw. (41, 85).

a) Die Werte der eulerschen Funktion für die Schlüssel seien bekannt. Sie lauten $\Phi_A(1003) = 928$ (Alice) bzw. $\Phi_B(85) = 64$ (Bob). Bestimmen Sie den privaten Schlüssel von Alice; zeigen Sie, dass 25 als privater Schlüssel von Bob geeignet ist. Bearbeiten Sie diese Aufgaben, ohne eine Primfaktorisierung des öffentlichen Schlüsselteils n durchzuführen.

b) Alice möchte an Bob eine Nachricht schicken, die signiert werden soll. Zunächst wurde aus der Nachricht ein Hashwert „15" berechnet. Berechnen Sie die digitale Signatur. Eine Verschlüsselung soll nicht vorgenommen werden.

4.8 Zeigen Sie: Die für Kryptographie mit elliptischen Kurve verwendete Gruppe ist kommutativ. Für zwei Punkte $P_1 = (x_1, y_1)$ und $P_2 = (x_2, y_2)$ auf der Kurve gilt immer $P_1 + P_2 = P_2 + P_1$.

4.9 Wir betrachten nun die elliptische Kurve $y^2 = x^3 + 2x + 10$ über dem endlichen Körper mit 11 Elementen.

a) Zeigen Sie: Die Gleichung erfüllt die Bedingungen, die an eine elliptische Kurve gestellt werden.

b) Bestimmen Sie alle Punkte (x, y) auf der Kurve. Hinweis: Es gibt sieben Stück (ohne das neutrale Element der Gruppe).

c) Mit der Kurve soll das Diffie-Hellman-Verfahren durchgeführt werden (ECDH). Welche der folgenden Punkte kommen als öffentliches Element g in Frage? Welche sind sicher, d. h. welche sind primitive Elemente (Generatoren)?
$(1, 2), (7, 2), (9, 3)$

d) Das öffentliche Element sei $g = (4, 7)$. Alice wählt als geheime Zahl $x_A = 3$, Bob wählt $x_B = 6$. Bestimmen Sie den gemeinsamen Schlüssel, indem Sie die Berechnungen für beide Teilnehmer durchführen, also sowohl für Alice als auch für Bob.

4.10 Alice und Bob möchten sich mittels des ECC-Diffie-Hellman-Verfahrens (ECDH) auf einen gemeinsamen Schlüssel für ein symmetrisches Kryptographieverfahren einigen. Sie verwenden die folgende Kurve: $y^2 = x^3 + 10x + 5$. Gerechnet wird im endlichen Körper mit 13 Elementen. Sie einigen sich öffentlich auf den Punkt $g = (3, 6)$.

a) Zeigen Sie: Die Gleichung erfüllt die Bedingungen, die an eine elliptische Kurve gestellt werden.

b) Zeigen Sie: Der Punkt g liegt auf der Kurve.

c) Die Gruppe dieser Kurve hat 10 Elemente. Zeigen Sie: Der Punkt g ist ein primitives Element.

d) Alice wählt zufällig die geheime Zahl 5, Bob wählt 7. Was schickt Alice an Bob?

e) Alice erhält von Bob den Punkt $(8, 8)$. Was rechnet Alice, um den gemeinsamen Schlüssel zu erhalten? Was rechnet Bob?

4.11 Wir betrachten nun die elliptische Kurve $y^2 = x^3 + 2x + 1$, gerechnet wird modulo 23.

a) Zeigen Sie: Die Gleichung erfüllt die Bedingungen, die an eine elliptische Kurve gestellt werden.

b) Bestimmen Sie alle Elemente der Gruppe dieser elliptischen Kurve.

c) Welche davon sind primitive Elemente (Generatoren)?

d) Das öffentliche Element sei $g = (2,6)$. Alice wählt als geheime Zahl $x_A = 4$, Bob wählt $x_B = 9$. Bestimmen Sie den gemeinsamen Schlüssel, indem Sie die Berechnungen für beide Teilnehmer durchführen, also sowohl für Alice als auch für Bob.

2.5 Boolesche Algebra, Schaltnetze und Schaltwerke

Dieser Abschnitt enthält Übungsaufgaben zu den Themen boolesche Algebra, Schaltnetze und Schaltwerke. Im *Grundkurs Informatik* wird dies durch die Kapitel 5.2 *Boolesche Algebra und Schaltfunktionen* und 5.3 *Schaltnetze und Schaltwerke* abgedeckt. Die Lösungen zu den Aufgaben befinden sich in Abschnitt 3.5 ab Seite 89.

5.1 Vereinfachen Sie den folgenden booleschen Ausdruck durch algebraische Umformungen:
$(\neg a \wedge b \wedge \neg c) \vee (a \wedge b \wedge \neg c) \vee (\neg a \wedge \neg b \wedge c) \vee (\neg a \wedge b \wedge c) \vee (a \wedge \neg b \wedge c)$

5.2 Es sei $f(a,b) = \neg((a \wedge (a \vee b)) \wedge (b \vee (\neg a \wedge a)))$

a) Vereinfachen Sie f durch algebraische Umformungen so weit wie möglich.

b) Bringen Sie f durch algebraische Umformung in disjunktive Normalform.

c) Bringen Sie f durch algebraische Umformung in konjunktive Normalform.

d) Erstellen Sie eine Wertetabelle von f und lesen Sie dort die disjunktive und die konjunktive Normalform ab. Stimmen diese mit Ihrem Ergebnis aus den vorherigen Teilaufgaben überein?

e) Vereinfachen Sie f mit Hilfe eines KV-Diagramms, ausgehend von der Darstellung in disjunktiver Normalform.

f) Stellen Sie das Ergebnis der vereinfachten Funktion durch NAND-Gatter dar.

5.3 Es sei $f(a,b,c) = a \vee (b \wedge c) \vee (a \wedge \neg b \wedge c) \vee (a \wedge b \wedge c)$

a) Bringen Sie f durch algebraische Umformung in disjunktive Normalform.

b) Bringen Sie f durch algebraische Umformung in konjunktive Normalform.

c) Erstellen Sie eine Wertetabelle von f und lesen Sie dort die disjunktive und die konjunktive Normalform ab. Stimmen diese mit Ihrem Ergebnis aus den vorherigen Teilaufgaben überein?

d) Vereinfachen Sie f durch algebraische Umformungen so weit wie möglich.

e) Vereinfachen Sie f mit Hilfe eines KV-Diagramms, ausgehend von der Darstellung in disjunktiver Normalform.

f) Stellen Sie das Ergebnis der vereinfachten Funktion durch NAND-Gatter dar.

5.4 Es sei $f(a,b,c,d) = (a \vee \overline{\overline{cd}})(\overline{bcd}) \vee (\overline{a} \vee (\overline{b}(\overline{a} \vee c))) \vee abcd$.

Der besseren Übersichtlichkeit wegen wurde hier $\wedge$ durch einen Multiplikationsoperator ersetzt, der weggelassen wird. Außerdem $\neg$ durch einen Querstrich. $\wedge$ hat Vorrang vor $\vee$.

a) Vereinfachen Sie f durch algebraische Umformungen so weit wie möglich.

b) Erstellen Sie eine Wertetabelle von f und lesen Sie dort die konjunktive Normalform ab. Warum würde man hier die konjunktive Normalform gegenüber der disjunktiven bevorzugen?

c) Vereinfachen Sie f mit Hilfe eines KV-Diagramms.

d) Stellen Sie das Ergebnis der vereinfachten Funktion durch NAND-Gatter dar.

5.5 Eine Schaltfunktion y mit drei Eingängen x_1, x_2, x_3 sei durch die nachfolgende Funktionstabelle definiert. Geben Sie die Schaltfunktion in disjunktiver Normalform an, erstellen Sie das zugehörige KV-Diagramm und vereinfachen Sie die Funktion so weit wie möglich.

x_1	0 0 0 0 1 1 1 1
x_2	0 0 1 1 0 0 1 1
x_3	0 1 0 1 0 1 0 1
$y = f(x_1, x_2, x_3)$	1 0 1 1 0 0 0 0

5.6 Eine Schaltfunktion y mit vier Eingängen a, b, c, d sei durch die folgende Funktionstabelle definiert. Geben Sie die Schaltfunktion in konjunktiver Normalform an (warum nicht in disjunktiver?), erstellen Sie das KV-Diagramm und vereinfachen Sie die Funktion so weit wie möglich.

a	0 0 0 0 0 0 0 0 1 1 1 1 1 1 1 1
b	0 0 0 0 1 1 1 1 0 0 0 0 1 1 1 1
c	0 0 1 1 0 0 1 1 0 0 1 1 0 0 1 1
d	0 1 0 1 0 1 0 1 0 1 0 1 0 1 0 1
$f(a,b,c,d)$	1 1 1 0 1 1 1 0 1 1 1 0 1 1 1 0

5.7 Es sei abc ein binäres Codewort, das durch ein Paritätsbit p auf gerade Parität ergänzt wird: $abcp$. Geben Sie eine logische Schaltung an, die prüft, ob die Daten korrekt empfangen wurden. Die Schaltung soll 0 liefern, wenn die Parität korrekt ist, und 1, wenn sie falsch ist.

5.8 Gegeben sei ein fehlertoleranter, progressiver, vierstelliger Gray-Code für die Ziffern von 0 bis 9, der wie folgt erzeugt wurde (zu Gray-Codes siehe *Grundkurs Informatik* Kap. 3.3 *Codesicherung und Kanalcodierung*):

	00	01	11	10
00	0 0000	1 0001	2 0011	3 0010
01				4 0110
11	8 1100	7 1101	6 1111	5 1110
10	9 1000			

Vereinfachen Sie in den folgenden Aufgaben jeweils so weit wie möglich.

a) Geben Sie eine Schaltfunktion an, die prüft, ob ein gültiger Gray-Code vorliegt. In diesem Fall soll die Funktion 1 liefern, im Fehlerfall 0.

b) Geben Sie ein Schaltnetz zur Decodierung des Gray-Codes an: Eingabe ist ein vierstelliger Gray-Code, Ausgabe eine vierstellige Binärcodierung der jeweiligen Ziffer. Im Fall eines ungültigen Codeworts soll der Binärcode 1111 entstehen.

c) Wie sieht das Schaltnetz der vorherigen Teilaufgabe aus, wenn bei einem ungültigen Gray-Code ein beliebiger Binärcode ausgegeben werden darf, das Verhalten des Schaltnetzes in diesem Fall also undefiniert ist?

d) Wie sieht das Schaltnetz aus, wenn bei einem ungültigen Gray-Code immer auf die kleinstmögliche Binärzahl decodiert wird, die sich durch Änderung eines einzelnen Bits ergibt?

5.9   Es sollen verschiedene Varianten eines Zählerschaltwerks entwickelt werden, unter Verwendung taktgesteuerter T-Flip-Flops. Der Zähler soll kontinuierlich (binär) die Werte von 1 bis 6 durchlaufen und beim Anliegen eines Taktsignals weiterschalten. Gestartet wird der Zähler durch anlegen von Nullen an den Eingängen (Reset).

a) Geben Sie ein Schaltwerk an, das zyklisch vorwärts zählt.

b) Geben Sie ein Schaltwerk an, das zyklisch rückwärts zählt.

c) Geben Sie ein Schaltwerk an, bei dem man mittels eines zusätzlichen Signals zwischen vorwärts (Signal $= 1$) und rückwärtszählen (Signal $= 0$) umschalten kann.

Zeichnen Sie die Schaltungen.

2.6 Automatentheorie und formale Sprachen

Dieser Abschnitt enthält Übungsaufgaben zum Thema Automatentheorie und formale Sprachen. Im *Grundkurs Informatik* wird dies durch Kapitel 11 *Automatentheorie und formale Sprachen* abgedeckt. Die Lösungen zu den Aufgaben befinden sich in Abschnitt 3.6 ab Seite 102.

6.1   Gegeben sei die Sprache L über dem Alphabet $\Sigma = \{a, b\}$: $L = \{aa^n b(ab)^m \mid n, m \in \mathbb{N}_0\}$.

a) Zeichnen Sie das Übergangsdiagramm eines erkennenden endlichen Automaten, der L akzeptiert. Der Automat soll vollständig sein (d. h. inkl. Fangzustände).

b) Ist Ihr Automat deterministisch oder nichtdeterministisch?

c) Welchem Typ der Chomsky-Hierarchie entspricht die akzeptierte Sprache?

d) Geben Sie die akzeptierte Sprache als regulären Ausdruck an.

6.2   Gegeben sei die Sprache L über dem Alphabet $\Sigma = \{a, b, c\}$:
$L = \{a^n(bca)^m cc \mid n, m \in \mathbb{N}_0\} \cup \{a^n b \mid n \in \mathbb{N}_0\} \cup \{a^n bca^m \mid n, m \in \mathbb{N}_0\}$.
Zeichnen Sie das Übergangsdiagramm eines erkennenden endlichen Automaten, der L akzeptiert. Fangzustände sollen nicht eingezeichnet werden.

6.3   Gegeben sei die Sprache L über dem Alphabet $\Sigma = \{w, x, y, z\}$:
$L = \{(xy)^n(xyz)^m w \mid n, m \in \mathbb{N}_0\} \cup \{wx\} \cup \{xy\}$.

a) Zeichnen Sie das Übergangsdiagramm eines erkennenden endlichen Automaten, der L akzeptiert. Fangzustände sollen nicht eingezeichnet werden.

b) Ist Ihr Automat deterministisch oder nichtdeterministisch?

c) Welchem Typ der Chomsky-Hierarchie entspricht die akzeptierte Sprache?

d) Geben Sie die akzeptierte Sprache als regulären Ausdruck an.

e) Geben Sie eine Grammatik an, die L erzeugt. Von welchem Typ der Chomsky-Hierarchie ist Ihre Grammatik?

6.4 Gegeben sei die Übergangstabelle eines endlichen Automaten:

σ_i	q_0	q_1	q_2	q_3	q_4	q_5
0	q_3	q_1, q_2	–	q_2, q_3, q_4	q_5	–
1	q_1	q_1, q_2	–	–	q_4, q_5	–

Startzustand ist q_0, Endzustände sind q_2 und q_5.

a) Woran erkennt man in der Tabelle, dass es sich um einen nichtdeterministischen endlichen Automaten handelt?

b) Zeichnen Sie das Übergangsdiagramm dieses Automaten. Fangzustände sollen nicht eingezeichnet werden.

c) Geben Sie einen äquivalenten deterministischen Automaten an. Verwenden Sie hierfür die Potenzmengenkonstruktion nach Rabin/Scott.

6.5 Über dem Alphabet $\Sigma = \{0, 1\}$ sollen deterministische endliche Automaten konstruiert werden, die folgende Sprachen akzeptieren:

a) Die Sprache enthält alle Wörter, die doppelt so viele Nullen wie Einsen enthalten, aber mit der Einschränkung, dass niemals zwei Nullen unmittelbar aufeinander folgen dürfen.

b) Die Sprache enthält alle Wörter, die doppelt so viele Nullen wie Einsen enthalten; es dürfen höchstens zwei Nullen unmittelbar aufeinander folgen.

c) Die Sprache enthält alle Wörter, die doppelt so viele Nullen wie Einsen enthalten (ohne Einschränkung).

6.6 Gegeben sei der folgende nichtdeterministische endliche Automat:

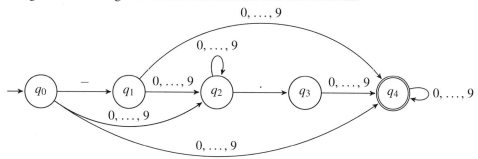

a) Geben Sie die akzeptierte Sprache in Mengenschreibweise an.

b) Geben Sie einen äquivalenten deterministischen Automaten an. Verwenden Sie hierfür die Potenzmengenkonstruktion nach Rabin/Scott.

c) Zeichnen Sie das Übergangsdiagramm des entstandenen Automaten.

6.7　Konstruieren Sie für den folgenden Automaten den Minimalautomat und zeichnen Sie das Übergangsdiagramm. Geben Sie die akzeptierte Sprache als regulären Ausdruck an.

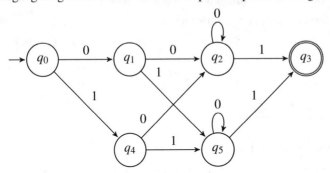

6.8　Konstruieren Sie für den folgenden Automaten den Minimalautomat und zeichnen Sie das Übergangsdiagramm:

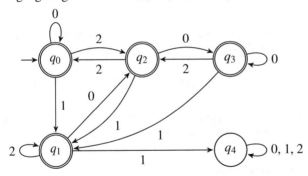

6.9　Konstruieren Sie für den folgenden Automaten den Minimalautomat und zeichnen Sie das Übergangsdiagramm:

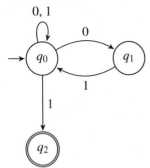

6.10　Konstruieren Sie einen äquivalenten Automaten ohne ε-Übergänge:

→ q_s —— $\varepsilon, -$ → q_1 —— $0, 1, \ldots, 9$ → q_e　$0, 1, \ldots, 9$

6.11 Gegeben sei der folgende Automat:

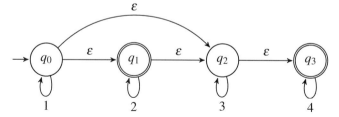

a) Wie lautet die akzeptierte Sprache in Mengenschreibweise bzw. als regulärer Ausdruck?

b) Konstruieren Sie einen äquivalenten Automaten ohne ε-Übergänge.

6.12 Gegeben sei eine Grammatik über dem Alphabet $\Sigma = \{(,),[,]\}$ mit Startsymbol S und den Produktionen $S \to (S) \mid [S] \mid SS \mid \varepsilon$.

a) Von welchem Typ ist die Grammatik? Geben Sie eine äquivalente kontextfreie Grammatik an.

b) Ändern Sie die Grammatik so ab, dass das leere Wort nicht mehr Teil der Sprache ist.

c) Bringen Sie die neue Grammatik in Chomsky-Normalform.

d) Konstruieren Sie vier Kellerautomaten, die die Sprache akzeptieren: mit bzw. ohne leeres Wort als Teil der Sprache, Akzeptanz über leeren Keller bzw. über Endzustand.

6.13 Gegeben sei das Übergangsdiagramm einer 2-Band Turing-Maschine mit Eingabealphabet $\Sigma = \{0, 1, 2\}$ und Bandalphabet $\Gamma = \Sigma \cup \{\llcorner\}$ (Fangzustände wurden weggelassen):

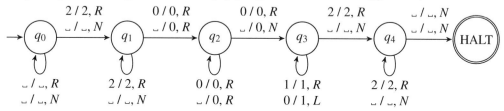

Band 1 dient als Eingabeband, Band 2 zum Speichern von Daten während der Verarbeitung.

Band 1 enthält zu Beginn das Eingabewort, links und rechts davon ist das Band mit $\llcorner$ gefüllt. Der Schreib-/Lesekopf von Band 1 befindet sich an beliebiger Stelle links des Eingabeworts.

Band 2 ist mit $\llcorner$ gefüllt. Der Schreib-/Lesekopf von Band 2 befindet sich an beliebiger Stelle. Für den Schreib-/Lesekopf sind die Bewegungsrichtungen links (L), neutral (N, d.h. keine Bewegung) und rechts (R) zulässig.

Die Notation der Zustandsübergänge im Diagramm ist entsprechend der im *Grundkurs Informatik* definierten 1-Band Maschine gewählt. Jede Beschriftung besteht aus zwei Zeilen, oben ist jeweils Band 1 angegeben, unten Band 2. Ein Übergang kann nur ausgeführt werden, wenn das aktuelle Zeichen auf beiden Bändern passt. Beispiel:

$$q_4 \xrightarrow[\llcorner\,/\,1,\,N]{0\,/\,0,\,L} q_5$$

Bedeutet: Der Übergang von Zustand q_4 nach q_5 ist möglich, wenn aktuell auf Band 1 eine 0 steht und auf Band 2 ein ⊔. Auf Band 1 wird eine 0 geschrieben, der Kopf bewegt sich nach links. Auf Band 2 wird eine 1 geschrieben, der Kopf bleibt stehen.

a) Zeigen Sie: 22001122 ist Teil der akzeptierten Sprache:

- Wie lautet die Zustandsfolge, wenn der Schreib-/Lesekopf auf Band 1 direkt links neben dem ersten Zeichen steht?
- Was steht am Ende auf den beiden Bändern?

b) Geben Sie die Sprache in Mengenschreibweise an. Von welchem Typ ist die Sprache? Was wäre das adäquate Automatenmodell?

c) Ist die berechnete Funktion μ-rekursiv?

d) Geben Sie eine äquivalente Grammatik an. Von welchem Typ ist Ihre Grammatik?

6.14 Gegeben sei das Alphabet $\Sigma = \{a, b, c\}$ und der reguläre Ausdruck $b^+(a \mid cb^+)^*c^*$

a) Welches Automatenmodell ist äquivalent zu Sprachen, die durch solche Ausdrücke definiert werden? Welchem Typ in der Chomsky-Hierarchie entspricht die Sprache?

b) Zeichnen Sie das Übergangsdiagramm eines zu diesem Typ passenden Automaten, der die Sprache akzeptiert. Fangzustände dürfen weggelassen werden.

c) Geben Sie eine Grammatik an, die die gleiche Sprache definiert. Von welchem Typ ist Ihre Grammatik?

6.15 Gegeben sei eine Grammatik über dem Alphabet $\Sigma = \{a, b, c\}$ mit Nichtterminalsymbolen $V = \{S, X, Y, Z\}$, dem Startsymbol S und den Produktionen:
$S \rightarrow XYZ \mid YZ, \quad X \rightarrow Xab \mid ab, \quad Y \rightarrow c \mid b, \quad Z \rightarrow Zab \mid ab$

a) Von welchem Typ in der Chomsky-Hierarchie ist diese Grammatik?

b) Geben Sie einen äquivalenten regulären Ausdruck an.

c) Welchem Typ in der Chomsky-Hierarchie entspricht die Sprache?

d) Zeichnen Sie das Übergangsdiagramm eines zu diesem Typ passenden Automaten, der die Sprache akzeptiert. Fangzustände dürfen weggelassen werden.

e) Bringen Sie die Grammatik in Chomsky-Normalform.

f) Prüfen Sie, ob das Wort abcab Teil der akzeptierten Sprache ist.

6.16 Gegeben sei eine Grammatik über dem Alphabet $\Sigma = \{u, v, w\}$ mit Nichtterminalsymbolen $V = \{S, M, N\}$, dem Startsymbol S und den Produktionen:
$S \rightarrow Sw \mid Muu, \quad M \rightarrow Mu \mid Nv, \quad N \rightarrow vN \mid w$

a) Von welchem Typ in der Chomsky-Hierarchie ist diese Grammatik?

b) Wie lauten die kürzesten Wörter der Sprache, also diejenigen, die durch höchstens einmalige Anwendung jeder Regel entstehen?

c) Geben Sie die zugehörige Sprache in Mengenschreibweise an. Von welchem Typ ist die Sprache? Kann man einen äquivalenten regulären Ausdruck angeben?

d) Zeichnen Sie das Übergangsdiagramm eines linear beschränkten Automaten, der die Sprache akzeptiert. Fangzustände dürfen weggelassen werden.
Der Schreib-/Lesekopf soll zu Beginn auf dem linken Zeichen stehen, er kann sich nach links (L) oder rechts (R) bewegen oder stehen bleiben (N). Damit die Maschine nicht über den rechten Rand hinausläuft, wird das rechte Zeichen der Eingabe üblicherweise markiert, indem man das Eingabealphabet durch markierte Zeichen ergänzt, hier z. B. $\Sigma' = \{u, v, w, \bar{u}, \bar{v}, \bar{w}\}$. Statt eines Eingabeworts wie beispielsweise uvwuu verwendet man dann uvwu$\bar{u}$.

e) Ist ein linear beschränkter Automat das angemessene Modell? Falls nicht, zeichnen Sie das Übergangsdiagramm des passenden Automaten, der die Sprache akzeptiert.

6.17 Gegeben sei eine Grammatik über dem Alphabet $\Sigma = \{1, 2, 3, 4\}$ mit dem Startsymbol S und den Produktionen: $S \rightarrow 1S2 \mid 3SS4 \mid 3S1S \mid 12 \mid 34$

a) Von welchem Typ in der Chomsky-Hierarchie ist diese Grammatik?

b) Von welchem Typ ist die Sprache? Kann man einen äquivalenten regulären Ausdruck angeben?

c) Bringen Sie die Grammatik in Chomsky-Normalform.

d) Prüfen Sie mit Hilfe des CYK-Algorithmus, ob das Wort 334112 Teil der Sprache ist.

6.18 Gegeben sei folgende kontextfreie Grammatik über dem Alphabet $\Sigma = \{1, 2\}$ mit Nichttermi-nalen $V = \{S, A, B, C\}$, dem Startsymbol S und den Produktionen:
$S \rightarrow AB \mid BC$, $\quad A \rightarrow BA \mid 1$, $\quad B \rightarrow CC \mid 2$, $\quad C \rightarrow AB \mid 1$

a) Ist diese Grammatik in Chomsky-Normalform?

b) Prüfen Sie mit Hilfe des CYK-Algorithmus, ob das Wort 11221121 Teil der Sprache ist.

6.19 Gegeben sei folgende kontextfreie Grammatik über dem Alphabet $\Sigma = \{x, y, z\}$ mit Nichtter-minalen $V = \{S, A, B, C, Y, Z\}$, dem Startsymbol S und den Produktionen:
$A \rightarrow x$, $\quad B \rightarrow y$, $\quad C \rightarrow z$, $\quad S \rightarrow AS \mid AY$, $\quad Y \rightarrow BY \mid BZ$, $\quad Z \rightarrow CZ \mid z$

a) Prüfen Sie mit Hilfe des CYK-Algorithmus, ob das Wort xxyyyzzz Teil der Sprache ist.

b) Die Grammatik definiert tatsächlich eine reguläre Sprache. Ist der CYK-Algorithmus das angemessene Verfahren zum Parsing?

6.20 Gegeben sei folgende Grammatik über dem Alphabet $\Sigma = \{x, y, z\}$ mit Nichtterminalen $V = \{S, Y, Z\}$, dem Startsymbol S und den Produktionen:
$S \rightarrow xS \mid xY$, $\quad Y \rightarrow yY \mid Zy$, $\quad Z \rightarrow Zz \mid z$

a) Von welchem Typ in der Chomsky-Hierarchie ist diese Grammatik?

b) Geben Sie die zugehörige Sprache in Mengenschreibweise an. Von welchem Typ ist die Sprache? Kann man einen äquivalenten regulären Ausdruck angeben?

c) Zeichnen Sie das Übergangsdiagramm eines Automaten, der die Sprache akzeptiert und dem Typ der Sprache angemessen ist.

d) Zeichnen Sie das Übergangsdiagramm einer Turingmaschine, die die Sprache akzeptiert. Wie sieht die Startkonfiguration Ihrer Maschine aus?

6.21 Wir betrachten die Sprache $L = \{a^n b^{2n} c^m \mid n, m \in \mathbb{N}\}$ über dem Eingabealphabet $\Sigma = \{a, b, c\}$.

a) Zeichnen Sie das Übergangsdiagramm eines deterministischen Kellerautomaten mit Kelleralphabet $\Gamma = \{\#, A\}$, der über Endzustände akzeptiert.

b) Wie sieht das Übergangsdiagramm eines äquivalenten (ggf. nichtdeterministischen) Kellerautomaten aus, der über leeren Keller akzeptiert?

6.22 Konstruieren Sie einen Kellerautomaten mit Eingabealphabet $\Sigma = \{[,], x\}$ und Kelleralphabet $\Gamma = \Sigma \cup \{\#\}$, der Klammerstrukturen durch Endzustand akzeptiert, die wie folgt aufgebaut sind:

1. Ein Wort darf mit beliebig vielen (auch null) x beginnen und enden, es muss jedoch mindestens ein x enthalten.

2. Insgesamt muss die Anzahl der öffnenden und schließenden Klammern gleich sein, zu jeder schließenden Klammer muss es vorher eine öffnende geben (es muss also eine korrekte Klammerung vorliegen).

3. Es darf nie eine schließende Klammer unmittelbar auf eine öffnende folgen (also nicht [ ]).

4. Auf eine öffnende Klammer dürfen beliebig viele (auch null) x folgen, die vorherige Regel muss aber beachtet werden.

Geben Sie zunächst einige Beispiele für gültige Wörter an.

6.23 Gegeben sei folgende Grammatik über dem Alphabet $\Sigma = \{+, *, =, :, (,), a, b, c\}$ mit Nichtterminalen $V = \{S, A, B\}$, dem Startsymbol S und den Produktionen:
$S \rightarrow B = A;$
$A \rightarrow B \mid A + A \mid A * A \mid (A)$
$B \rightarrow aB \mid bB \mid cB \mid a \mid b \mid c$

a) Von welchem Typ ist die Grammatik? Von welchem die erzeugte Sprache?

b) Konstruieren Sie einen Kellerautomaten, der die Sprache akzeptiert.

c) Prüfen Sie mit Hilfe des CYK-Algorithmus, ob folgende Wörter Teil der Sprache sind, die von der Grammatik erzeugt wird:
$b = c;$ $b = c$ $a = b * c;$ $c = a * ((b * c) + ba);$ $a = (b * c;$

6.24 Zeigen Sie mit Hilfe des Pumping-Lemmas, dass folgende Sprachen nicht regulär sind:

a) $L = \{(^i a^j)^i \mid i, j \in \mathbb{N}\}$

b) $L = \{0^i 1^i 2^i \mid i \in \mathbb{N}_0\}$

c) $L = \{c^k a^i b^j \mid j > k; i, j, k \in \mathbb{N}_0\}$

d) $L = \{1^i 2^j \mid j \leq i; i, j \in \mathbb{N}\}$

e) $L = \{u^k v^i a^j v^p \mid j > k, p > k; j, k, p \in \mathbb{N}; i \in \mathbb{N}_0\}$

6.25 Zeigen Sie mit Hilfe des Pumping-Lemmas, dass folgende Sprachen nicht kontextfrei sind:

a) $L = \{0^i 1^i 2^i \mid i \in \mathbb{N}_0\}$

b) $L = \{b^k a^i c^k d^k \mid i, k \in \mathbb{N}\}$

c) $L = \{u^k v^i a^j v^p \mid j > k, p > k; j, k, p \in \mathbb{N}; i \in \mathbb{N}_0\}$

2.7 Berechenbarkeit und Komplexität

Dieser Abschnitt enthält Übungsaufgaben zum Thema Berechenbarkeit und Komplexität. Im *Grundkurs Informatik* wird dies durch Kapitel 12 *Algorithmen – Berechenbarkeit und Komplexität*, Abschnitte 12.1 *Berechenbarkeit* und 12.2 *Komplexität* abgedeckt. Die Lösungen zu den Aufgaben befinden sich in Abschnitt 3.7 ab Seite 126.

7.1 Im *Grundkurs Informatik* wurde gezeigt, dass die Addition von zwei natürlichen Zahlen und die IF $x_i = 0$ THEN Anweisung zur Klasse der LOOP-berechenbaren Funktionen gehören. Zeigen Sie, dass auch die folgenden Funktionen LOOP-berechenbar sind. Falls nötig, dürfen Sie die beiden eingangs genannten Funktionen verwenden; ebenso Funktionen der jeweils vorhergehenden Teilaufgabe, von denen die LOOP-Berechenbarkeit nachgewiesen wurde. Das Ergebnis der Berechnung soll nach der Konvention für LOOP-Programme am Ende in der Variablen x_0 stehen.

a) (modifizierte) Subtraktion von zwei Variablen $x_0 := x_1 - x_2$, wobei bei negativen Ergebnissen $x_0 := 0$ gilt.

b) IF $x_1 = 0$ THEN P_1 ELSE P_2 END, wobei P_1 und P_2 jeweils LOOP-Programme sind.

c) Multiplikation von zwei Variablen $x_0 := x_1 * x_2$.

d) (ganzzahlige) Division von zwei Variablen $x_0 := x_1/x_2$.

e) Berechnung des Rests bei ganzzahliger Division von zwei Variablen $x_0 := x_1 \bmod x_2$.

f) Exponentialfunktion $x_0 := x_1^{x_2}$.

g) Fakultät $x_0 := x_1!$.

h) Fibonacci-Zahlen mit

$$x_0 := \operatorname{fib}(x_1) = \operatorname{fib}(x_1 - 1) + \operatorname{fib}(x_1 - 2), \qquad \operatorname{fib}(0) = 0, \qquad \operatorname{fib}(1) = 1.$$

7.2 Es sei $p(x)$ ein Polynom: $p(x) = a_0 + a_1 x + a_2 x^2 + a_3 x^3 + \cdots + \cdots + a_n x^n$ mit Koeffizienten $a_0, a_1, \ldots, a_n \in \mathbb{N}_0$.

a) Zeigen Sie durch vollständige Induktion, dass alle Polynome $p(x)$ LOOP-berechenbar sind.

b) Zeigen Sie, dass die Funktion $2^{p(x)}$ LOOP-berechenbar ist.

Neben der Definition der LOOP-Berechenbarkeit darf auch die Additions- und Multiplikationsfunktion verwendet werden, ebenso IF $x_i = 0$ THEN P END, wobei P ein LOOP-Programm ist.

7.3 Im *Grundkurs Informatik* wurde gezeigt, dass die Addition und Multiplikation von zwei natürlichen Zahlen zur Klasse der primitiv rekursiven Funktionen gehören. Zeigen Sie auf Basis der Definition, dass auch die folgenden Funktionen primitiv rekursiv sind. Falls nötig, dürfen Sie die Addition und Multiplikation verwenden; ebenso Funktionen der jeweils vorhergehenden Teilaufgabe, von denen dann bereits nachgewiesen wurde, dass sie primitiv rekursiv sind.

a) die Vorgängerfunktion $v(n) = n - 1$ für $n \geq 1$, $v(0) = 0$.

b) die (modifizierte) Subtraktion von zwei Variablen $d(m, n) = m - n$, d. h. negative Ergebnisse werden zu Null.

c) die Exponentialfunktion $\exp(m, n) := m^n$.

d) die Fakultät $n!$.

7.4 In dieser Aufgabe betrachten wir die Ackermannfunktion $A(x,y)$. Es sollen geschlossene (nicht rekursive) Formeln für die nachfolgend definierten Funktionen gefunden werden:

a) $a_0(x) = A(0,x)$

b) $a_1(x) = A(1,x)$

c) $a_2(x) = A(2,x)$

d) $a_3(x) = A(3,x)$

Für (b) bis (d): Berechnen Sie dazu zunächst einige Funktionswerte und stellen Sie auf dieser Basis eine Vermutung für eine geschlossene Lösung auf. Beweisen Sie die Korrektheit der gefundenen Formel mit vollständiger Induktion.

Sind diese Funktionen LOOP-berechenbar? Sind sie primitiv rekursiv?

7.5 Es wird folgende Funktion betrachtet:

$$f(n) = \frac{n!}{3!(n-3)!}, \qquad n \in \mathbb{N}, n \geq 3.$$

a) Zeigen Sie, dass $f(n)$ primitiv rekursiv ist. Zusätzlich zur Definition der primitiven Rekursion dürfen Sie verwenden, dass Multiplikation $m(x,y) = xy$, Division $d(x,y) = \frac{x}{y}$ und Vorgängerfunktion $v(x) = x - 1$ ebenfalls primitiv rekursiv sind.

b) Geben Sie ein WHILE-Programm an, das $f(n)$ berechnet. Auch hier dürfen die Operationen Multiplikation und Division als gegebene WHILE-berechenbare Funktionen verwendet werden.

7.6 Beantworten Sie die folgenden Fragen mit *richtig* oder *falsch*:

a) Das Halteproblem ist für alle μ-rekursiven Funktionen berechenbar.

b) Das Halteproblem ist für alle LOOP-berechenbaren Probleme berechenbar.

c) Jede GOTO-berechenbare Funktion ist auch LOOP-berechenbar.

d) Jede LOOP-berechenbare Funktion ist auch GOTO-berechenbar.

e) Die Ackermann-Funktion ist total, aber nicht WHILE-berechenbar.

f) Das Wortproblem für Typ 2 Sprachen ist NP-vollständig.

g) Das Wortproblem für Typ 1 Sprachen ist NP-vollständig.

h) Das Wortproblem für Typ 0 Sprachen ist NP-vollständig.

i) Das Äquivalenzproblem für Typ-1 Sprachen ist unentscheidbar.

j) Nichtdeterministische Kellerautomaten können mehr Probleme berechnen als deterministische Kellerautomaten.

k) Kann man für einen Algorithmus mit Komplexität $\mathcal{O}(n)$ nachweisen, dass er NP-vollständig ist, dann gilt P = NP.

l) Ein Problem aus NP ist mit einer nichtdeterministischen Turing-Maschine in polynomieller Zeit lösbar.

7.7 Zur Lösung eines Problems stehen ein Algorithmus A und ein Algorithmus B zur Verfügung. Die Ausführungszeiten sind $t_A = 2n^2$ und $t_B = 8n^{1,75}$, dabei ist n die Größe der Eingabedaten. Es ist vernünftig, in Abhängigkeit von n zwischen den Algorithmen zu wechseln. Wann sollte welcher Algorithmus verwendet werden? Berechnen Sie das dabei auftretende kritische n.

7.8   Zur Lösung eines Problems haben Sie zwei Algorithmen A und B zu Auswahl, die $T_A(n) = 10n$ und $T_B(n) = 2n\log_{10} n$ Millisekunden für ein Problem der Größe n benötigen. Welcher Algorithmus ist im Sinne der $\mathcal{O}$-Notation der bessere? Ab welcher Datenmenge gilt die bessere Performance?

7.9   Ein Sortieralgorithmus benötigt 1 ms um 1000 Datensätze zu sortieren. Die Zeit $T(n)$ zum Sortieren von n Datensätzen sei $T(n) = cn\log n$, wobei c eine unbekannte Konstante ist.

a) Es sei nun $T(N)$ die benötigte Zeit zum Sortieren von N Datensätzen. Bestimmen Sie die Konstante c.

b) Berechnen Sie die benötigte Zeit zum Sortieren von 1.000.000 Datensätzen.

7.10 Ein Algorithmus mit Komplexität $\mathcal{O}(n^2)$ benötigt zur Verarbeitung von 400 Datensätzen 2 ms. Wie lange braucht er für 8000 Datensätze?

7.11 Ein Algorithmus benötigt zur Verarbeitung von 1000 Datensätzen 10 s. Wie lange braucht er für 100.000 Datensätze, wenn die Komplexität $\mathcal{O}(n)$ ist? Wie lange bei Komplexität $\mathcal{O}(n^3)$?

7.12 Sie vermuten, dass sich ein Algorithmus wie die Funktion $an^2 + bn + c + dn^2\log_2 n$ verhält.

a) Wie lautet die Darstellung in $\mathcal{O}$-Notation, wenn Sie so weit wie möglich vereinfachen?

b) Um die unbekannten Konstanten a, b, c, d zu bestimmen, machen Sie vier Zeitmessungen mit Ihrer Implementierung:
    8 Datensätze: 452 ms
   16 Datensätze: 2,308 s
   32 Datensätze: 11,268 s
   64 Datensätze: 53,252 s

c) Was würde bei jeder der vier Messungen herauskommen, wenn man stattdessen die vereinfachte $\mathcal{O}$-Notation (mit nur einem unbekannten Proportionalitätsfaktor) verwendet? Bestimmen Sie daraus anschließend die Laufzeiten für die verbleibenden drei anderen Datenmengen. Wie stark weichen diese von den tatsächlichen Messungen ab?

d) Ist bei den Rechnungen in den vorherigen Teilaufgaben die Basis des Logarithmus relevant?

7.13 Geben Sie für die unten stehenden Ausdrücke jeweils die kleinstmögliche Komplexitätsordnung in $\mathcal{O}$-Notation an:

a) $10n^4 + 9n^3 + 8n^2 + 7n + 6$

b) $0{,}034n + 6 + 0{,}001n^3$

c) 15

d) $n(\log_2 n)^2 + n^2\log_2 n$

e) $10n\log_{10} n + 100n + 20n^{1{,}5}$

f) $n\log_2 n + n\log_3 n$

g) $100000n + 3n^2$

h) $\log_2\log_2 n + 0{,}01\log_4 n$

i) $n^2 + 2^n$

j) $1000n^{10000} + 2^n$

k) $n^{10000} + (1{,}001)^n$

l) $n^2 + 2^n + 5^n$

Warum wird hier nach der „kleinstmöglichen Komplexitätsordnung in $\mathcal{O}$-Notation" gefragt? Was bedeutet das?

7.14 Beantworten Sie die folgenden Fragen mit *richtig* oder *falsch*:

a) Ein Algorithmus mit exponentieller Zeitkomplexität ist für jede Größe der Eingangsdaten langsamer als ein polynomieller.

b) $\mathcal{O}(f(n)) + \mathcal{O}(f(n)) = \mathcal{O}(f(n))$

c) $\mathcal{O}(f(n)) \cdot \mathcal{O}(g(n)) = \mathcal{O}(f(n)g(n))$

d) Wenn $f(n) = \mathcal{O}(g(n))$ und $h(n) = \mathcal{O}(g(n))$ dann gilt $f(n) = \mathcal{O}(h(n))$

e) $3n\log_4 n + \log_2 n + n + n^2 = \mathcal{O}(n\log n)$

f) $1000n + 4n^2 + 2n^3 = \mathcal{O}(n)$

g) $n + 2n^2 + 4n^3 = \mathcal{O}(n^5)$

h) $n + 2n^2 + 4n^3 = \mathcal{O}(n^3)$

i) $n + 2n^2 + 4n^3 = \mathcal{O}(n^2)$

j) $n + 2n^2 + 4n^3 = \Theta(n^5)$

k) $n + 2n^2 + 4n^3 = \Theta(n^3)$

l) $n + 2n^2 + 4n^3 = \Theta(n^2)$

m) $n + 2n^2 + 4n^3 = \Omega(n^5)$

n) $n + 2n^2 + 4n^3 = \Omega(n^3)$

o) $n + 2n^2 + 4n^3 = \Omega(n^2)$

7.15 Sie stellen fest, dass ein Problem der Größe n nach dem Prinzip „Teile und Herrsche" so in vier Teilprobleme zerlegt werden kann, dass diese jeweils nur noch halbe Größe haben. Der Aufwand für die Kombination der Teillösungen zur Gesamtlösung sei in der Größenordnung $\mathcal{O}(n^2)$. Geben Sie die resultierende Zeitkomplexität an.

7.16 Im *Grundkurs Informatik* wird das Multiplikationsverfahren von Karatsuba und Ofman als Beispiel eines „Teile und Herrsche" Algorithmus besprochen. Multiplizieren Sie die beiden Zahlen 1234 und 2001 (dezimal) mit diesem Verfahren. Die Rekursion soll bei einstelligen Zahlen enden, wo dann „normal" multipliziert wird. Ersichtlich sein sollte: Welche rekursiven Aufrufe in welcher Reihenfolge mit welchen Parametern gibt es? Wie werden die Zahlen auf jeder Rekursionsebene jeweils zerlegt? Wie werden die Teilergebnisse kombiniert?

7.17 Bestimmen Sie die Komplexität des folgenden Codeausschnitts in $\mathcal{O}$-Notation (n Datenmenge):
```
for(int i = 2; i < n; i = 2 * i){
   for(int j = n; j > 0; j = j / 2){
      for(int k = 1; k < n; k = k + 1){
         ... // konstante Anzahl Operationen
      }
   }
}
```

7.18 Bestimmen Sie die Komplexität des folgenden Codeausschnitts in $\mathcal{O}$-Notation (n Datenmenge):
```
int sum = 0;
for(int i = 2; i < n; i = 2 * i){
   for(int j = n; j > i; j = j - 1){
      for(int k = 0; k < n; k = k + 2){
         sum++;
      }
      for(int k = n; k >= 0 ; k = k / 4){
         sum++;
      }
   }
}
```

7.19 Bestimmen Sie die Komplexität des folgenden Codeausschnitts in $\mathcal{O}$-Notation (n Datenmenge) für den besten und den schlechtesten Fall (bzgl. der Struktur der Daten):

```
void sort(int *a, int n){
   int s = 1;
   while(s == 1){
      s = 0;
      for(int i = 1; i < n; i++){
         if(a[i] < a[i - 1]) {
            int t = a[i];
            a[i] = a[i - 1];
            a[i - 1] = t;
            s = 1;
         }
      }
   }
}
```

7.20 Bestimmen Sie die Zeit- und die Speicherkomplexität der Java-Funktion in $\mathcal{O}$-Notation:

```
int[] daten; // enthält die Daten
int anzahl; // enthält die Anzahl der Daten in „daten"

public boolean eineFunktion(int schluessel){
   int unten = 0;
   int oben = anzahl - 1;
   while(oben >= unten){
      int mitte = (unten + oben) / 2;
      if(daten[mitte] == schluessel) return true;
      if(daten[mitte] > schluessel) oben = mitte - 1;
      if(daten[mitte] < schluessel) unten = mitte + 1;
   }
   return false;
}
```

7.21 Die folgende Funktion berechnet rekursiv das arithmetische Mittel der Zahlen, die im Array *a* gespeichert sind. Die Parameter *start* und *end* geben jeweils die Indizes des zu betrachtenden Array-Teils an. Hat man z. B. 10 Zahlen in einem Array *feld* gespeichert, dann wird die Funktion wie folgt aufgerufen (*mw* enthält dann den Mittelwert): `float mw = mittel(feld, 0, 9);`
Bestimmen Sie die Zeitkomplexität der Funktion in $\mathcal{O}$-Notation.

```
float mittel(float a[], int start, int end){
   int n = end - start + 1;
   if(n == 1) return a[start];
   else {
      int mitte = n / 2 - 1;
      float m1 = mittel(a, start, start + mitte);
      float m2 = mittel(a, start + mitte + 1, end);
      float m = (m1 * (mitte + 1) +
                m2 * (end - (start + mitte + 1) + 1)) / n;
      return m;
   }
}
```

2.8 Probabilistische Algorithmen

Dieser Abschnitt enthält Übungsaufgaben zum Thema probabilistische Algorithmen. Im *Grundkurs Informatik* wird dies durch Kapitel 12.3 *Probabilistische Algorithmen* abgedeckt. Die Lösungen zu den Aufgaben befinden sich in Abschnitt 3.8 ab Seite 140.

8.1 Mit der Formel $x_{n+1} = (ax_n + c)$ mod m lassen sich gleichverteilte, ganzzahlige Zufallszahlen erzeugen (lineares Modulo-Kongruenzverfahren). Es sei nun: $a = 3, c = 9, m = 16$.

a) Berechnen Sie die ersten fünf Zufallszahlen, beginnend mit Startwert $x_0 = 1$.

b) Wie lang ist die grundsätzlich überhaupt mögliche maximale Periodenlänge? Ist garantiert, dass sich mit dieser Parameterwahl die maximal mögliche Periodenlänge ergibt?

8.2 Für das lineare Modulo-Kongruenzverfahren sei $a = 7, c = 3, m = 12$.

a) Ist garantiert, dass sich mit dieser Parameterwahl die maximal mögliche Periodenlänge ergibt?

b) Berechnen Sie die ersten vier Zufallszahlen, einmal beginnend mit Startwert $x_0 = 2$, einmal beginnend mit $x_0 = 3$.

8.3 Für das lineare Modulo-Kongruenzverfahren sei $a = 16, c = 2, m = 45$.

a) Ist garantiert, dass sich mit dieser Parameterwahl die maximal mögliche Periodenlänge ergibt?

b) Berechnen Sie die ersten fünf Zufallszahlen, beginnend mit Startwert $x_0 = 0$.

c) Rechnen Sie die Zahlen x_0 bis x_5 auf das ganzzahlige Intervall $[4; 20]$ um.

d) Rechnen Sie die Zahlen x_0 bis x_5 auf das ganzzahlige Intervall $[-4; 20]$ um.

e) Rechnen Sie die Zahlen x_0 bis x_5 auf das ganzzahlige Intervall $[-100; -90]$ um.

f) Rechnen Sie die Zahlen x_0 bis x_5 auf das reellwertige Intervall $[4; 20]$ um.

g) Rechnen Sie die Zahlen x_0 bis x_5 auf das reellwertige Intervall $[-1; 1]$ um.

h) Bestimmen Sie mit Hilfe der Polarmethode aus x_2 und x_3 zwei standardnormalverteilte Zufallszahlen. Ebenso aus x_2 und x_4. Warum ist die Bestimmung aus x_1 und x_2 nicht möglich?

i) Berechnen Sie aus den standardnormalverteilten Zufallszahlen aus der vorherigen Teilaufgabe vier Zufallszahlen aus einer Normalverteilung mit Mittelwert Null und Standardabweichung 2. Ebenso für Mittelwert 10 und Standardabweichung 0,1.

8.4 Prüfen Sie mit dem Fermat Test, ob die Zahlen 13, 21, 61 bzw. 1729 prim sind. Verwenden Sie zum Test die Zahlen $a = 2, 5, 8, 11$. Wann ist eine Aussage über die Primheit möglich? Müssen immer alle a getestet werden?

8.5 Prüfen Sie mit dem Miller-Rabin Test, ob die Zahlen 13, 21, 61 bzw. 1729 prim sind. Verwenden Sie zum Test die Zahlen $a = 2, 5, 8, 11$. Wie hoch ist die Wahrscheinlichkeit, dass das Ergebnis richtig ist? Müssen immer alle a getestet werden?

2.9 Suchen und Sortieren

Dieser Abschnitt enthält Übungsaufgaben zum Thema Such- und Sortieralgorithmen. Im *Grundkurs Informatik* wird dies durch Kapitel 13 *Suchen und Sortieren* abgedeckt. Die Lösungen zu den Aufgaben befinden sich in Abschnitt 3.9 ab Seite 146. Aufgaben zu Algorithmen, die auf Bäumen basieren (z. B. Heapsort), befinden sich in Abschnitt 2.10.

9.1 Demonstrieren Sie den Ablauf einer binären Suche mit folgenden bereits sortierten Feldern:

a) Gesucht ist einmal die Zahl 8192 und einmal 20:

    1 2 4 8 16 32 64 128 256 512 1024 2048 4096 8192 16384 32768 65536 131072

b) Gesucht ist einmal die Zahl 8192 und einmal 20:

    1 2 2 2 4 8 16 16 32 64 64 128 256 512 1024 2048 4096 8192

c) Gesucht ist einmal der Buchstabe S und einmal J:

    A B C D E F H I L M O P Q R S T U V W X Y Z

d) Gesucht ist einmal der Buchstabe S und einmal J:

    A A B B B C D E E E F H I L M O P Q R S S S S T U V W X Y Z

e) Welche Zeitkomplexität hat eine binäre Suche? Wie passt das mit der Anzahl Schritte zusammen, die Sie in den Beispielen durchführen mussten? Sind das nicht manchmal zu wenige oder zu viele Schritte?

9.2 Demonstrieren Sie den Ablauf einer Interpolationssuche mit folgenden bereits sortierten Feldern. Verwenden Sie eine lineare Interpolation. Für die Buchstaben sei angenommen, dass diesen ein numerischer Wert entsprechend ihrer Position im Alphabet zugewiesen sei, beginnend mit $A = 1$.

a) Gesucht ist einmal die Zahl 8192 und einmal 20:

    1 2 4 8 16 32 64 128 256 512 1024 2048 4096 8192 16384 32768 65536 131072

b) Gesucht ist einmal die Zahl 8192 und einmal 20:

    1 2 2 2 4 8 16 16 32 64 64 128 256 512 1024 2048 4096 8192

c) Gesucht ist einmal der Buchstabe S und einmal J:

    A B C D E F H I L M O P Q R S T U V W X Y Z

d) Gesucht ist einmal der Buchstabe S und einmal J:

    A A B B B C D E E E F H I L M O P Q R S S S S T U V W X Y Z

e) Warum ist das Verhalten der Interpolationssuche verglichen mit binärer Suche in den Beispielen a) und b) so schlecht, während sie in den Beispielen c) und d) besser funktioniert?

f) Würde sich der Ablauf in den Teilaufgaben c) und d) ändern, wenn man an Stelle einer Numme-rierung beginnend mit $A = 1$ den ASCII-Wert für A-Z verwenden würde?

9.3 Gegeben seien die Werte 1234, 4321, 256, 2222, 16, 1111, 954, 7532, 368, 600, 86. Fügen Sie die Werte in dieser Reihenfolge in eine Hash-Tabelle der Größe 11 ein. Verwenden Sie die Hash-Funktion $h(K) = K \bmod 11$ und jeweils folgende Strategien zur Kollisionsauflösung:

a) verkettete lineare Listen,

b) lineare Kollisionsauflösung,

c) quadratische Kollisionsauflösung,

d) doppeltes Hashen mit der Hash-Funktion $h'(K) = 1 + (K \bmod 9)$.

9.4 Die Werte 4, 8, 16, 20, 24, 32, 40, 44 sollen in eine Hash-Tabelle eingetragen werden; die Kollisionsauflösung erfolgt mit verketteten linearen Listen. Begründen Sie, warum die Verwendung von 8 Speicheradressen und der Hash-Funktion $h(K) = K \bmod 8$ ungünstig ist, ohne tatsächlich die Werte zu hashen. Was wäre eine bessere Wahl mit möglichst kleiner Anzahl Speicheradressen? Führen Sie anschließend das Hash-Verfahren durch, einmal mit der eingangs genannten Hash-Funktion und einmal mit der von Ihnen vorgeschlagenen besseren.

9.5 Was ist der Belegungsfaktor beim Hashing? Kann es vorkommen, dass Belegungsfaktoren größer als 1 auftreten?

9.6 Eine Hash-Tabelle der Größe 47 habe aktuell einen Belegungsfaktor, der bereits größer als 0,8 ist. Es wird daher entschieden, den Speicher zu vergrößern und die Einträge neu zu hashen. Wie groß sollte der neue Speicherbereich mindestens sein, und welcher Modul m der Hash-Funktion $h(K) = K \bmod m$ sollte gewählt werden, damit der Belegungsfaktor auf unter 50% sinkt. Wie kann man sicherstellen, dass der gesamte Speicherbereich auch tatsächlich nutzbar ist und möglichst wenig Kollisionen auftreten?

9.7 Gegeben seien die Zeichenketten HUND, KATZE, MAUS, HASE, MARDER, KAMEL, WALLER, WAL, UHU, ESEL, MAULTIER. Fügen Sie die Werte in dieser Reihenfolge in eine Hash-Tabelle der Größe 13 ein. Der Schlüssel K soll als Summe der ASCII-Werte der ersten beiden Zeichen berechnet werden. Verwenden Sie die Hash-Funktion $h(K) = K \bmod 13$ und jeweils folgende Strategien zur Kollisionsauflösung:

a) verkettete lineare Listen,

b) lineare Kollisionsauflösung,

c) quadratische Kollisionsauflösung,

d) doppeltes Hashen mit der Hash-Funktion $h'(K) = 1 + (K \bmod 11)$.

9.8 Sortieren Sie die folgenden Felder aufsteigend durch direktes Einfügen (Insertion Sort):

a) 56, 10, 15, 98, 99, 12, 30, 80   c) 80, 70, 60, 50, 40, 30, 20, 10

b) 10, 20, 30, 40, 50, 60, 70, 80   d) 87, 90, 94, 11, 10, 40, 88, 22, 50, 70, 42, 73

9.9 Sortieren Sie die folgenden Felder aufsteigend durch direktes Auswählen (Selection Sort):

a) 56, 10, 15, 98, 99, 12, 30, 80   c) 80, 70, 60, 50, 40, 30, 20, 10

b) 10, 20, 30, 40, 50, 60, 70, 80   d) 87, 90, 94, 11, 10, 40, 88, 22, 50, 70, 42, 73

9.10 Sortieren Sie die folgenden Felder aufsteigend mit Bubblesort:

a) 56, 10, 15, 98, 99, 12, 30, 80   c) 80, 70, 60, 50, 40, 30, 20, 10

b) 10, 20, 30, 40, 50, 60, 70, 80   d) 87, 90, 94, 11, 10, 40, 88, 22, 50, 70, 42, 73

9.11 Sortieren Sie die folgenden Felder aufsteigend mit Shakersort:

a) 56, 10, 15, 98, 99, 12, 30, 80

b) 10, 20, 30, 40, 50, 60, 70, 80

c) 80, 70, 60, 50, 40, 30, 20, 10

d) 87, 90, 94, 11, 10, 40, 88, 22, 50, 70, 42, 73

9.12 Sortieren Sie die folgenden Felder aufsteigend mit Shellsort. Verwenden Sie die Schrittweitenfolge $h_1 = \frac{n-1}{2}$, $h_k = \frac{h_{k-1}-1}{2}$, wobei n die Anzahl Elemente des jeweiligen Felds ist. Die Sortierung der Teilsequenzen soll durch Insertion Sort erfolgen.

a) 56, 10, 15, 98, 99, 12, 30, 80

b) 10, 20, 30, 40, 50, 60, 70, 80

c) 80, 70, 60, 50, 40, 30, 20, 10

d) 87, 90, 94, 11, 10, 40, 88, 22, 50, 70, 42, 73

9.13 Sortieren Sie die folgenden Felder aufsteigend mit Quicksort:

a) 56, 10, 15, 98, 99, 12, 30, 80

b) 10, 20, 30, 40, 50, 60, 70, 80

c) 80, 70, 60, 50, 40, 30, 20, 10

d) 87, 90, 94, 11, 10, 40, 88, 22, 50, 70, 42, 73

9.14 Sortieren Sie die folgenden Felder aufsteigend mit Mergesort, in der Variante direktes 2-Phasen-3-Band-Mischen:

a) 56, 10, 15, 98, 99, 12, 30, 80

b) 10, 20, 30, 40, 50, 60, 70, 80

c) 80, 70, 60, 50, 40, 30, 20, 10

d) 87, 90, 94, 11, 10, 40, 88, 22, 50, 70, 42, 73

9.15 Sortieren Sie die folgenden Felder aufsteigend mit Mergesort, in der Variante natürliches mischen (Natural Merge):

a) 56, 10, 15, 98, 99, 12, 30, 80

b) 10, 20, 30, 40, 50, 60, 70, 80

c) 80, 70, 60, 50, 40, 30, 20, 10

d) 87, 90, 94, 11, 10, 40, 88, 22, 50, 70, 42, 73

2.10 Bäume und Graphen

Dieser Abschnitt enthält Übungsaufgaben zum Thema Bäume und Graphen. Im *Grundkurs Informatik* wird dies durch Kapitel 14 *Datenstrukturen, Bäume und Graphen* abgedeckt. Die Lösungen zu den Aufgaben befinden sich in Abschnitt 3.10 ab Seite 168.

2.10.1 Binärbäume und Vielwegbäume

10.1   Gegeben sei der folgende Baum:

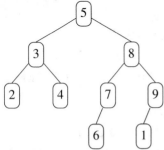

Geben Sie die Knotenreihenfolge der Ausgabe beim Durchsuchen des Baums an für

a) Hauptreihenfolge (Preorder),

b) Symmetrische Reihenfolge (Inorder),

c) Nebenreihenfolge (Postorder).

10.2   Betrachtet wird das Einfügen und Löschen in einen binären Suchbaum:

a) Fügen Sie die folgenden Werte in dieser Reihenfolge in einen leeren binären Suchbaum ein:
    8, 3, 12, 10, 11, 1, 5, 2, 4, 6, 9, 7.

b) Löschen Sie nun die Elemente 6, 10, 8 in dieser Reihenfolge.

10.3   Betrachtet wird das Einfügen und Löschen in einen binären Suchbaum:

a) Fügen Sie die folgenden Werte in dieser Reihenfolge in einen leeren binären Suchbaum ein:
    1, 2, 3, 4, 5, 6, 7, 8.

b) Löschen Sie nun die Elemente 4, 1, 7 in dieser Reihenfolge.

10.4   Betrachtet wird das Einfügen und Löschen in einen AVL-Baum:

a) Fügen Sie die folgenden Werte in dieser Reihenfolge in einen leeren AVL-Baum ein:
    8, 3, 12, 10, 11, 1, 5, 2, 4, 6, 9, 7.

b) Löschen Sie nun die Elemente 2, 8, 6 in dieser Reihenfolge.

10.5   Betrachtet wird das Einfügen und Löschen in einen AVL-Baum:

a) Fügen Sie die folgenden Werte in dieser Reihenfolge in einen leeren AVL-Baum ein:
    1, 2, 3, 4, 5, 6, 7, 0, −1.

b) Löschen Sie nun die Elemente −1, 4, 6 in dieser Reihenfolge.

10.6 Betrachtet wird der Aufbau eines MAX-Heap und ein darauf aufbauender Heapsort:

a) Fügen Sie die folgenden Werte in dieser Reihenfolge in einen leeren MAX-Heap ein:
8, 3, 12, 10, 11, 1, 5, 2, 4, 6, 9, 7.

b) Sortieren Sie die Elemente mit Heapsort.

10.7 Betrachtet wird der Aufbau eines MAX-Heap und ein darauf aufbauender Heapsort:

a) Fügen Sie die folgenden Werte in dieser Reihenfolge in einen leeren MAX-Heap ein:
1, 2, 3, 4, 5, 6, 7, 8.

b) Sortieren Sie die Elemente mit Heapsort.

10.8 Betrachtet wird der Aufbau eines MIN-Heap und ein darauf aufbauender Heapsort:

a) Fügen Sie die folgenden Werte in dieser Reihenfolge in einen leeren MIN-Heap ein:
8, 3, 12, 10, 11, 1, 5, 2, 4, 6, 9, 7.

b) Sortieren Sie die Elemente mit Heapsort.

10.9 Betrachtet wird der Aufbau eines MIN-Heap und ein darauf aufbauender Heapsort:

a) Fügen Sie die folgenden Werte in dieser Reihenfolge in einen leeren MIN-Heap ein:
1, 2, 3, 4, 5, 6, 7, 8.

b) Sortieren Sie die Elemente mit Heapsort.

10.10 Betrachtet wird das Einfügen und Löschen in einen B-Baum:

a) Fügen Sie die folgenden Werte in dieser Reihenfolge in einen leeren B-Baum ein:
8, 3, 12, 10, 11, 1, 5, 2, 4, 6, 9, 7.

b) Löschen Sie nun die Elemente 6, 10, 8 in dieser Reihenfolge.

10.11 Betrachtet wird das Einfügen und Löschen in einen B-Baum:

a) Fügen Sie die folgenden Werte in dieser Reihenfolge in einen leeren B-Baum ein:
1, 2, 3, 4, 5, 6, 7, 8.

b) Löschen Sie nun die Elemente 4, 3, 2 in dieser Reihenfolge.

2.10.2 Graphen und Graphsuche

10.12 Eine Person informiert zwei andere, diese wiederum je zwei neue, usw. Zeichnen Sie einen Graphen für vier derartige Informationsschritte. Wie viele Knoten hat der Graph? Wie viele Kanten?

10.13 Welchen Grad haben die Knoten eines ungerichteten vollständigen Graphen mit n Knoten? Wie viele Kanten hat ein solcher Graph?

10.14 Gegeben ist ein (ungerichteter) Graph, definiert durch die Knotenmenge V und die Kantenmenge E:

$$V = \{a, b, c, d, e, f, g\}, \qquad E = \{\{a, b\}, \{b, c\}, \{a, c\}, \{a, e\}, \{f, g\}\}$$

a) Zeichnen Sie den Graphen.

b) Wie viele Zusammenhangskomponenten hat der Graph? Welche sind dies?

c) Gibt es trennende Knoten?

d) Geben Sie den Grad jedes Knotens an.

e) Hat der Graph Zyklen?

10.15 Gegeben sei der folgende gerichtete Graph:

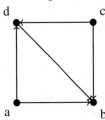

Bestimmen Sie die Adjazenzmatrix A und ihre Potenzen A^r, $(r = 2, 3, 4)$. Berechnen Sie anschließend die Erreichbarkeitsmatrix (auch: Wegematrix). Welche Aussagen können Sie über mögliche Kantenfolgen, Zyklen und Wege machen? Warum ist es nicht sinnvoll, noch höhere Potenzen der Adjazenzmatrix zu betrachten?

10.16 Gegeben sei der folgende gerichtete Graph:

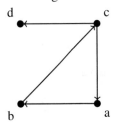

Bestimmen Sie die Adjazenzmatrix A und ihre Potenzen. Berechnen Sie anschließend die Erreichbarkeitsmatrix. Welche Aussagen können Sie über mögliche Kantenfolgen, Zyklen und Wege machen?

10.17 Gegeben sei der Graph:

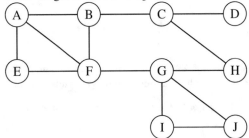

Bestimmen Sie einen Weg von A nach D. Geben Sie an, welchen Inhalt die nötigen Datenstrukturen (Stack, Warteschlange, fertig bearbeitete Knoten) in jedem Schritt haben. Betrachten Sie jeweils zwei Varianten der Algorithmen: (1) Jeder Knoten des Graphen tritt höchstens einmal im Suchbaum auf, das Verfahren prüft also immer auch die Liste der offenen Knoten; (2) es können Knoten doppelt auftreten, das Verfahren prüft vor dem Einfügen nur die Liste der geschlossenen (bereits expandierten Knoten):

a) mit Tiefensuche. Die Knoten in Richtung *rechts* sollen zuerst weiter verfolgt werden, anschließend im Uhrzeigersinn.

b) mit Tiefensuche. Die Knoten in Richtung *unten* sollen zuerst weiter verfolgt werden, anschließend gegen den Uhrzeigersinn.

c) mit Breitensuche. Die Knoten in Richtung *rechts* sollen zuerst weiter verfolgt werden, anschließend im Uhrzeigersinn.

d) mit Breitensuche. Die Knoten in Richtung *unten* sollen zuerst weiter verfolgt werden, anschließend gegen den Uhrzeigersinn.

10.18 Der in Abb. 2.1 dargestellte gewichtete Graph zeigt einen Ausschnitt einer vereinfachten Landkarte mit deutschen Städten. Die Gewichte entsprechen den Entfernungen in Kilometern, die auf Straßen zu fahren sind. Bestimmen Sie den kürzesten Weg von Berlin nach Konstanz

a) mit uniformer Kosten Suche.

b) mit dem A*-Algorithmus. Verwenden Sie als Heuristik die Luftlinie zum Ziel Konstanz aus folgender Tabelle:

Stadt	Entfernung Luftlinie von Konstanz (km)	Stadt	Entfernung Luftlinie von Konstanz (km)
Konstanz	0	Leipzig	470
Stuttgart	124	Dresden	501
München	186	Hannover	525
Saarbrücken	236	Magdeburg	527
Nürnberg	243	Berlin	619
Frankfurt	277	Hamburg	658
Köln	398	Kiel	744

10.19 Finden Sie einen Weg durch das Labyrinth vom Start A zum Ziel T! Bewegungen dürfen nur waagrecht und senkrecht erfolgen. Erstellen Sie zunächst einen Graphen, der das Labyrinth modelliert. Betrachten Sie dann die folgenden Methoden:

	A							
	B			S	R		T	
		E	D		P			
	C		F					
			L		M	Q		
I	G	H						
				N				
K		J			O			

a) Tiefensuche.

b) uniforme Kosten Suche.

c) A*-Algorithmus. Verwenden Sie als Heuristik den Manhattan-Abstand.

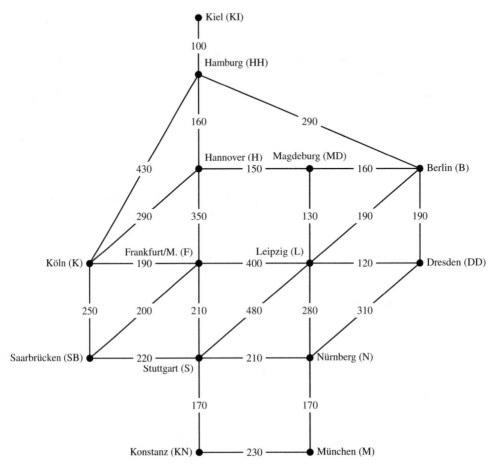

Abb. 2.1 Vereinfachte Landkarte mit deutschen Städten. Die Gewichte entsprechen den Entfernungen in Straßenkilometern.

10.20 In Aufgabe 10.19 wird als A*-Heuristik der Manhattan-Abstand verwendet, wobei man im Labyrinth nur waagrechte und senkrechte Bewegungen machen durfte. Angenommen, man würde auch diagonale Bewegungen zulassen: Könnte man dann immer noch den Manhattan-Abstand verwenden? Welche Auswirkungen hätte dies?

10.21 In dieser Aufgabe wird ein Schiebepuzzle, bestehend aus einem 3×3 Feld, betrachtet, auf dem sich 8 Spielsteine und ein leeres Feld befinden. Die Spielsteine sind mit den Ziffern 1-9 beschriftet und können jeweils senkrecht bzw. waagrecht in das angrenzende leere Feld geschoben werden. Ziel des Spiels ist es, die Steine in die folgende Anordnung zu bekommen:

1	2	3
4	5	6
7	8	

Es soll mit Hilfe des A*-Algorithmus die kürzeste Zugfolge gefunden werden, die die Start- in die

Zielkonfiguration überführt. Als Bewertungsfunktion soll verwendet werden:

- für die bisherigen Kosten vom Start: Anzahl der Züge,
- als heuristische Funktion: Entfernungssumme der Spielsteine.

Die Entfernungssumme der Spielsteine ist die Summe der Entfernungen aller Spielsteine von ihrer Zielposition, wobei die Lücke nicht mit aufsummiert wird. Die Entfernung eines einzelnen Spielsteins von seiner Zielposition wird als Summe der Abstände in horizontaler und in vertikaler Richtung berechnet.

Beispielkonfiguration: Entfernungen der einzelnen Spielsteine von der Zielposition:

1	5	7
2	8	4
6		3

0	1	4
2	1	2
3		2

Entfernungssumme: 15

Erstellen Sie den sich ergebenden A*-Suchbaum, ausgehend von der folgenden Startanordnung:

1		3
4	2	6
7	5	8

10.22 Bestimmen Sie mit dem Algorithmus von Kruskal den minimalen Spannbaum für

a) die Landkarte aus Abb. 2.1.

b) das Labyrinth aus Aufgabe 10.19.

Kapitel 3

Lösungen

3.1 Zahlendarstellung

Dieser Abschnitt enthält die Lösungen zu den Aufgaben aus 2.1 *Zahlendarstellung*, Seite 3.

1.1 Summenform und die Darstellung im Dezimalsystem:

$$1111_2 = 1 \cdot 2^3 + 1 \cdot 2^2 + 1 \cdot 2^1 + 1 \cdot 2^0 = 15_{10}$$

$$1111_4 = 1 \cdot 4^3 + 1 \cdot 4^2 + 1 \cdot 4^1 + 1 \cdot 4^0 = 85_{10}$$

$$AB3_{12} = 10 \cdot 12^2 + 11 \cdot 12^1 + 3 \cdot 12^0 = 1575_{10}$$

$$1234_5 = 1 \cdot 5^3 + 2 \cdot 5^2 + 3 \cdot 5^1 + 4 \cdot 5^0 = 194_{10}$$

$$1753,5_8 = 1 \cdot 8^3 + 7 \cdot 8^2 + 5 \cdot 8^1 + 3 \cdot 8^0 + 5 \cdot 8^{-1} = 1003,625_{10}$$

$$ABC,CBA_{16} = 10 \cdot 16^2 + 11 \cdot 16^1 + 12 \cdot 16^0 + 12 \cdot 16^{-1} + 11 \cdot 16^{-2} + 10 \cdot 16^{-3}$$
$$= 2748,79541015625_{10}$$

1.2 Umrechnung mit Horner-Schema:

$$1211_8 = ((1 \cdot 8 + 2) \cdot 8 + 1) \cdot 8 + 1 = 649_{10}$$

$$777_9 = (7 \cdot 9 + 7) \cdot 9 + 7 = 637_{10}$$

$$AB1_{12} = (10 \cdot 12 + 11) \cdot 12 + 1 = 1573_{10}$$

$$1111_2 = ((1 \cdot 2 + 1) \cdot 2 + 1) \cdot 2 + 1 = 15_{10}$$

$$0,AB_{16} = (11 \cdot 16^{-1} + 10) \cdot 16^{-1} = 0,66796875_{10}$$

Für Umrechnung von $10101,01101_2$: Vor- und Nachkommaanteil getrennt.

$$10101 = (((1 \cdot 2 + 0) \cdot 2 + 1) \cdot 2 + 0) \cdot 2 + 1 = 21_{10}$$

$$0,01101 = ((((1 \cdot 2^{-1} + 0) \cdot 2^{-1} + 1) \cdot 2^{-1} + 1) \cdot 2^{-1} + 0) \cdot 2^{-1} = 0,40625_{10}$$

Ergebnis: $10101,01101_2 = 21,40625_{10}$.

© Der/die Autor(en), exklusiv lizenziert an
Springer Fachmedien Wiesbaden GmbH, ein Teil von Springer Nature 2023
J. Schmidt, *Grundkurs Informatik – Das Übungsbuch*,
https://doi.org/10.1007/978-3-658-43443-4_3

1.3 Konvertierung vom Dezimalsystem in eines zu einer anderen Basis:

$447_{10} = 110111111_2$ $7310_{10} = 16216_8$ $58192_{10} = 2221211021_3$

$447 : 2 = 223$	Rest 1	$7310 : 8 = 913$	Rest 6	$58192 : 3 = 19397$	Rest 1
$223 : 2 = 111$	Rest 1	$913 : 8 = 114$	Rest 1	$19397 : 3 = 6465$	Rest 2
$111 : 2 = 55$	Rest 1	$114 : 8 = 14$	Rest 2	$6465 : 3 = 2155$	Rest 0
$55 : 2 = 27$	Rest 1	$14 : 8 = 1$	Rest 6	$2155 : 3 = 718$	Rest 1
$27 : 2 = 13$	Rest 1	$1 : 8 = 0$	Rest 1	$718 : 3 = 239$	Rest 1
$13 : 2 = 6$	Rest 1			$239 : 3 = 79$	Rest 2
$6 : 2 = 3$	Rest 0			$79 : 3 = 26$	Rest 1
$3 : 2 = 1$	Rest 1			$26 : 3 = 8$	Rest 2
$1 : 2 = 0$	Rest 1			$8 : 3 = 2$	Rest 2
				$2 : 3 = 0$	Rest 2

$83503_{10} = 1462F_{16}$ $2778_{10} = ADA_{16}$ $1234_{10} = 3412_7$

$83503 : 16 = 5218$	Rest $15 \rightarrow$ F	$2778 : 16 = 173$	Rest $10 \rightarrow$ A	$1234 : 7 = 176$	Rest 2
$5218 : 16 = 326$	Rest 2	$173 : 16 = 10$	Rest $13 \rightarrow$ D	$176 : 7 = 25$	Rest 1
$326 : 16 = 20$	Rest 6	$10 : 16 = 0$	Rest $10 \rightarrow$ A	$25 : 7 = 3$	Rest 4
$20 : 16 = 1$	Rest 4			$3 : 7 = 0$	Rest 3
$1 : 16 = 0$	Rest 1				

1.4 Konvertierung echt gebrochener Zahlen

$0{,}25_{10} = 0{,}01_2$ $0{,}25_{10} = 0{,}4_{16}$ $0{,}25_{10} = 0{,}3_{12}$

$0{,}25 \cdot 2 = 0{,}5$ 0 abspalten $0{,}25 \cdot 16 = 4{,}0$ 4 abspalten $0{,}25 \cdot 12 = 3{,}0$ 3 abspalten

$0{,}5 \cdot 2 = 1{,}0$ 1 abspalten

$0{,}2_{10} = 0{,}\overline{0011}_2$ $0{,}2_{10} = 0{,}\overline{3}_{16}$ $0{,}2_{10} = 0{,}\overline{2497}_{12}$

$0{,}2 \cdot 2 = 0{,}4$ 0 abspalten $0{,}2 \cdot 16 = 3{,}2$ 3 abspalten $0{,}2 \cdot 12 = 2{,}4$ 2 abspalten

$0{,}4 \cdot 2 = 0{,}8$ 0 abspalten $0{,}2 \cdot 16 = 3{,}2$ 3 abspalten $0{,}4 \cdot 12 = 4{,}8$ 4 abspalten

$0{,}8 \cdot 2 = 1{,}6$ 1 abspalten $\ldots$ $0{,}8 \cdot 12 = 9{,}6$ 9 abspalten

$0{,}6 \cdot 2 = 1{,}2$ 1 abspalten $0{,}6 \cdot 12 = 7{,}2$ 7 abspalten

$0{,}2 \cdot 2 = 0{,}4$ 0 abspalten $0{,}2 \cdot 12 = 2{,}4$ 2 abspalten

$\ldots$ $\ldots$

$0,3_{10} = 0,0\overline{1001}_2$ $\qquad\qquad$ $0,3_{10} = 0,4\overline{C}_{16}$ $\qquad\qquad\qquad$ $0,3_{10} = 0,3\overline{7249}_{12}$

$0,3 \cdot 2 = 0,6$	0 abspalten	$0,3 \cdot 16 = 4,8$		4 abspalten	$0,3 \cdot 12 = 3,6$	3 abspalten
$0,6 \cdot 2 = 1,2$	1 abspalten	$0,8 \cdot 16 = 12,8$	$12 = C$ abspalten		$0,6 \cdot 12 = 7,2$	7 abspalten
$0,2 \cdot 2 = 0,4$	0 abspalten	$0,8 \cdot 16 = 12,8$	$12 = C$ abspalten		$0,2 \cdot 12 = 2,4$	2 abspalten
$0,4 \cdot 2 = 0,8$	0 abspalten	$\dots$			$0,4 \cdot 12 = 4,8$	4 abspalten
$0,8 \cdot 2 = 1,6$	1 abspalten				$0,8 \cdot 12 = 9,6$	9 abspalten
$0,6 \cdot 2 = 1,2$	1 abspalten				$0,6 \cdot 12 = 7,2$	7 abspalten

$\dots$ $\qquad\qquad\qquad\qquad\qquad\qquad\qquad\qquad\qquad\qquad$ $\dots$

$0,234375_{10} = 0,001111_2$ $\qquad\qquad\qquad\qquad$ $0,234375_{10} = 0,3C_{16}$

$0,234375 \cdot 2 = 0,46875$	0 abspalten	$0,234375 \cdot 16 = 3,75$	3 abspalten
$0,46875 \cdot 2 = 0,9375$	0 abspalten	$0,75 \cdot 16 = 12,0$	$12 = C$ abspalten
$0,9375 \cdot 2 = 1,875$	1 abspalten		
$0,875 \cdot 2 = 1,75$	1 abspalten		
$0,75 \cdot 2 = 1,5$	1 abspalten		
$0,5 \cdot 2 = 1,0$	1 abspalten		

$0,234375_{10} = 0,299_{12}$

$0,234375 \cdot 12 = 2,8125$	2 abspalten
$0,8125 \cdot 12 = 9,75$	9 abspalten
$0,75 \cdot 12 = 9,0$	9 abspalten

$\frac{2}{3}_{10} = 0,\overline{10}_2$ $\qquad\qquad\qquad$ $\frac{2}{3}_{10} = 0,\overline{A}_{16}$ $\qquad\qquad\qquad$ $\frac{2}{3}_{10} = 0,8_{12}$

$\frac{2}{3} \cdot 2 = \frac{4}{3}$	1 abspalten	$\frac{2}{3} \cdot 16 = \frac{32}{3}$	$10 = A$ abspalten	$\frac{2}{3} \cdot 12 = 8,0$	8 abspalten
$\frac{1}{3} \cdot 2 = \frac{2}{3}$	0 abspalten	$\dots$			

$\dots$

1.5 Konvertierung zwischen beliebigen Basen. Grundsätzliche Vorgehensweise: Konvertierung erfolgt immer über das Dezimalsystem. Ausnahmen sind Konvertierungen zwischen Basen, die Potenzen einer Zahl b sind, z. B. Oktal- ($b = 2$, Basis 2^3) und Hexadezimalsystem (Basis 2^4), wo die Umrechnung einfacher durch Übergang auf das b-System durch Gruppierung von Ziffern erfolgen kann.

$445_7 = 274_9$:

$$445_7 = 4 \cdot 7^2 + 4 \cdot 7^1 + 5 = 229_{10}$$

$229 : 9 = 25$	Rest 4
$25 : 9 = 2$	Rest 7
$2 : 9 = 0$	Rest 2

Konvertierung von 101101_2 ins Oktalsystem: Bildung von Dreiergruppen (von rechts beginnend).
$101101_2 = 101\ 101_2 = 55_8$.
Konvertierung von 101101_2 ins Hexadezimalsystem: Bildung von Vierergruppen.
$101101_2 = 0010\ 1101_2 = 2D_{16}$.

Konvertierung von 445_8 ins Hexadezimalsystem über Dualsystem:
$445_8 = 100\ 100\ 101_2 = 0001\ 0010\ 0101_2 = 125_{16}$.

Konvertierung von 101101011_2 ins Vierersystem: Bildung von Zweiergruppen.
$101101011_2 = 01\ 01\ 10\ 10\ 11_2 = 11223_4$.

Konvertierung von 103_{49} ins System zur Basis 7: Da $49 = 7^2$ ist die Umrechnung möglich, indem aus jeder Ziffer ein Zweierblock gemacht wird.
$103_{49} = 01\ 00\ 03_7 = 10003_7$.

Konvertierung von $1101101{,}00101_2$ ins Oktalsystem: Bildung von Dreiergruppen; immer beim Komma beginnend, für den Vorkommaanteil nach links gehend, für den Nachkommaanteil nach rechts):
$1101101{,}00101_2 = 001\ 101\ 101,\ 001\ 010_2 = 155{,}12_8$.
Konvertierung von $1101101{,}00101_2$ ins Hexadezimalsystem: Bildung von Vierergruppen.
$1101101{,}00101_2 = 0110\ 1101,\ 0010\ 1000_2 = 6D{,}28_{16}$.

Konvertierung von $2BA{,}B_{16}$ ins Oktalsystem: Zunächst Konvertierung ins Dualsystem, aus einer Hexadezimalziffer werden vier Dualziffern; immer beim Komma beginnend, für den Vorkommaanteil nach links gehend, für den Nachkommaanteil nach rechts):
$2BA{,}B_{16} = 0010\ 1011\ 1010,\ 1011_2 = 1010111010{,}1011_2$.
Anschließend Konvertierung ins Oktalsystem durch Bildung von Dreiergruppen:
$1010111010{,}1011_2 = 001\ 010\ 111\ 010,\ 101\ 100_2 = 1272{,}54_8$.

1.6 Konvertierung in BCD-Darstellung (Binär Codierte Dezimalzahl): Direkte Umrechnung jeder einzelnen Ziffer in einen dualen Viererblock (wie beim Hexadezimalsystem):

$814_{10} = 1000\ 0001\ 0100_{BCD}$
$6932_{10} = 0110\ 1001\ 0011\ 0010_{BCD}$

1.7 Konvertierung von BCD-Darstellung ins Dezimalsystem: Bildung von Vierergruppen (von rechts bzw. vom Komma ausgehend bei gebrochenen Zahlen):

$100111_{BCD} = 0010\ 0111_{BCD} = 27_{10}$
$11110010101_{BCD} = 0111\ 1001\ 0101_{BCD} = 795_{10}$

1.8 Darstellung ganzer Zahlen mit 6 Bit:
a) Größte Zahl mit 6 Bit vorzeichenlos: $2^6 - 1 = 63$.
b) Größte Zahl mit 6 Bit Zweierkomplement: $2^5 - 1 = 31$.
    Kleinste Zahl mit 6 Bit Zweierkomplement: $-2^5 = -32$.

1.9 Unixzeit:

a) Problem: Zählerüberlauf. Es sind höchstens $2^{31} - 1 = 2\,147\,483\,647$ Sekunden speicherbar. Dies entspricht $2\,147\,483\,647/(60 \cdot 60 \cdot 24 \cdot 365,25) = 68,05$ Jahren. Der Überlauf passiert folglich im Jahr 2038, genauer am 19.1.2038 um 3:14:08 Uhr UTC (Schaltsekunden werden nicht berücksichtigt). Dies ist als das *Jahr-2038-Problem* bekannt.

b) Eine vorzeichenbehaftete Speicherung der Zeit (d. h. eben auch des Datums) ist sinnvoll, da nur so Daten vor dem Referenzdatum 1.1.1970 dargestellt werden können.

1.10 04_{16} ist eine positive Zahl, da das linkeste Bit 0 ist. Daher kann die Zahl direkt ins Dezimalsystem umgewandelt werden, das Ergebnis ist für alle drei Fälle gleich.
$FA_{16} = 1111\,1010_2$ ist negativ, wenn die Darstellung im Einer- oder Zweierkomplement erfolgte, weil das linkeste Bit 1 ist. Um den Betrag der Zahl im Dezimalsystem zu bekommen, muss zunächst invertiert werden, es ergibt sich $0000\,0101_2$ und damit für das Einerkomplement der Betrag 5. Für das Zweierkomplement muss noch eine 1 addiert werden, was zu $0000\,0110_2 = 6_{10}$ führt. Ist der Datentyp unsigned, so kann direkt umgewandelt werden, $1111\,1010_2 = 250_{10}$.

Speicherinhalt	Einerkomplement	Zweierkomplement	unsigned
04_{16}	4	4	4
FA_{16}	-5	-6	250

1.11 Zunächst: Bruch vollständig kürzen: $\frac{42}{70} = \frac{3}{5}$. Da der Nenner 5 kein Primfaktor der Basis 16 ist, ist der Bruch bei Umrechnung ins Hexadezimalsystem nicht exakt darstellbar. Dies sieht man auch bei Anwendung der Restwertmethode durch fortlaufende Multiplikation mit der Basis; es entsteht eine Periode: $\frac{3}{5}_{10} = 0,6_{10} = 0,\overline{9}_{16}$

$$0,6 \cdot 16 = 9,6 \qquad \text{9 abspalten}$$
$$0,6 \cdot 16 = 9,6 \qquad \text{9 abspalten}$$
$$\cdots$$

1.12 Zweierkomplement: Positive Zahlen direkt umwandeln; bei negativen Zahlen Betrag umwandeln, invertieren, 1 addieren. Ein bei der Addition ggf. entstehender Überlauf wird gestrichen.

$15 + 31$:

00001111	15		
+ 00011111	31		
= 00101110	46		

$43 - 11$:

00101011	43
+ 11110101	-11
= $\not{1}$00100000	32

$17 - 109$:

00010001	17
+ 10010011	-109
= 10100100	-92

$-57 - 12$:

11000111	-57
+ 11110100	-12
= $\not{1}$10111011	-69

Einerkomplement: Positive Zahlen direkt umwandeln; bei negativen Zahlen Betrag umwandeln, invertieren. Ein bei der Addition ggf. entstehender Überlauf wird zusätzlich addiert (Einerrücklauf).

$15 + 31$: s. o.

$43 - 11$:

00101011	43
+ 11110100	-11
= 100011111	Überlauf
→ 00011111	
+ 1	
= 00100000	32

$17 - 109$:

00010001	17
+ 10010010	-109
= 10100011	-92

$-57 - 12$:

11000110	-57
+ 11110011	-12
= 110111001	Überlauf
→ 10111001	
+ 1	
= 10111010	-69

1.13 Die Beträge der verwendeten Zahlen in Dualdarstellung sind:

$80,5_{10} = 0101\,0000,1000_2$ $10,0625_{10} = 0000\,1010,0001_2$ $21,5625_{10} = 0001\,0101,1001_2$
$20,25_{10} = 0001\,0100,0100_2$ $111,9375_{10} = 0110\,1111,1111_2$ $102,4375_{10} = 0110\,0110,0111_2$

$80,5 + 20,25$ (im Einer- und Zweierkomplement identisch):

```
   0101 0000,1000      80,50
 + 0001 0100,0100      20,25
 = 0110 0100,1100     100,75
```

Zweierkomplement:

$80,5 - 20,25$:

```
     0001 0100,0100                        20,25
     1110 1011,1011           Stellenkomplement
     1110 1011,1100    Zweierkomplement = −20,25
 +   0101 0000,1000                        80,50
 = 1̸0011 1100,0100                        60,25
```

$10,0625 - 111,9375$:

```
     0110 1111,1111                       111,9375
     1001 0000,0000          Stellenkomplement
     1001 0000,0001    Zweierkomplement = −111,9375
 +   0000 1010,0001                        10,0625
 =   1001 1010,0010                      −101,875
```

$-21,5625 - 102,4375$:

```
     0001 0101,1001                        21,5625
     1110 1010,0110          Stellenkomplement
     1110 1010,0111    Zweierkomplement = −21,5625

     0110 0110,0111                       102,4375
     1001 1001,1000          Stellenkomplement
     1001 1001,1001    Zweierkomplement = −102,4375
 +   1110 1010,0111                  = −21,5625
 = 1̸1000 0100,0000                        −124
```

Einerkomplement:

$80,5 - 20,25$:

```
     0001 0100,0100                          20,25
     1110 1011,1011    Einerkomplement = −20,25
 +   0101 0000,1000                          80,50
 = 10011 1100,0011                        Überlauf
 →   0011 1100,0011
 +               1
 =   0011 1100,0100                          60,25
```

10,0625 − 111,9375:

0110 1111,1111		111,9375
1001 0000,0000	Stellenkomplement $=-111{,}9375$	
+ 0000 1010,0001		10,0625
= 1001 1010,0001		−101,875

−21,5625 − 102,4375:

0001 0101,1001		21,5625
1110 1010,0110	Stellenkomplement $=-21{,}5625$	
0110 0110,0111		102,4375
1001 1001,1000	Stellenkomplement $=-102{,}4375$	
+ 1110 1010,0110		$=-21{,}5625$
= 11000 0011,1110		Überlauf
→ 1000 0011,1110		
+ 1		
= 1000 0011,1111		−124

1.14 Aufbau einer 32-Bit Gleitkommazahl:

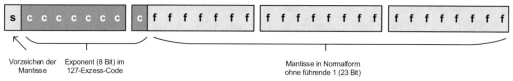

Vorzeichen der Mantisse	Exponent (8 Bit) im 127-Exzess-Code	Mantisse in Normalform ohne führende 1 (23 Bit)

Im Folgenden bezeichnet d die Zahl in Dezimaldarstellung, b die Zahl in Binärdarstellung, e den Exponenten, c den Exponenten mit Bias und g die Zahl im 32-Bit IEEE Gleitkommaformat.

$d = 1{,}67125 \cdot 10^2 = 167{,}125$
$b = 10100111{,}001_2 = 1{,}0100111001_2 \cdot 2^7$
$e = 7_{10}, c = 7_{10} + 127_{10} = 134_{10} = 10000110_2$
$g = 01000011\,00100111\,00100000\,00000000 = 43272000_{16}$

$d = -8{,}012225 \cdot 10^4 = -80122{,}25$
$b = -1001\,1100\,1111\,1010{,}01_2 = -1{,}0011\,1100\,1111\,101001_2 \cdot 2^{16}$
$e = 16_{10}, c = 16_{10} + 127_{10} = 143_{10} = 10001111_2$
$g = 11000111\,1001\,11000111\,11010\,01000000 = \mathrm{C79C7D20}_{16}$

$d = -4{,}0125 \cdot 10^3 = -4012{,}5$
$b = -1111\,1010\,1100{,}1_2 = -1{,}1111\,0101\,1001_2 \cdot 2^{11}$
$e = 11_{10}, c = 11_{10} + 127_{10} = 138_{10} = 10001010_2$
$g = 11000101\,0111\,1010\,1100\,100\,00000\,0000 = \mathrm{C57AC800}_{16}$

1.15 Im Folgenden bezeichnet d die Zahl in Dezimaldarstellung, b die Zahl in Binärdarstellung, e den Exponenten, c den Exponenten mit Bias und g die Zahl im 32-Bit IEEE Gleitkommaformat.

a) Umwandlung ins Dezimalsystem:

$g = 461\mathrm{CA180}_{16} = 01000110\,0001\,1100\,1010\,0001\,1000\,00000_2$
Vorzeichen $= 0$ (positiv)
$c = 10001100_2 = 140_{10}, e = 140_{10} - 127_{10} = 13_{10}$

$b = 1{,}0011\,1001\,0100\,0011_2 \cdot 2^{13} = 1001\,1100\,10\,1000{,}011_2$
$d = 10024{,}375$

$g = C79C7D20_{16} = 1100\,0111\,1001\,1100\,0111\,1101\,0010\,0000_2$
Vorzeichen $= 1$ (negativ)
$c = 1000\,1111_2 = 143_{10},\, e = 143_{10} - 127_{10} = 16_{10}$
$b = -1{,}0011\,1000\,1111\,101001_2 \cdot 2^{16} = -1\,0011\,1000\,1111\,1010{,}01_2$
$d = -80122{,}25$

b) Multiplikation mit $2 = 2^1$: Es muss zum Exponenten 1 addiert werden.

$g = 461CA180_{16} = 0100\,0110\,0001\,1100\,1010\,0001\,1000\,0000_2$
$c = 1000\,1100_2$ neuer Exponent: $c = 1000\,1100_2 + 1 = 1000\,1101_2$
$g = 0100\,0110\,1001\,1100\,1010\,0001\,1000\,0000_2 \,\widehat{=}\, 20048{,}75_{10}$

$g = C79C7D20_{16} = 1100\,0111\,1001\,1100\,0111\,1101\,0010\,0000_2$
$c = 1000\,1111_2$ neuer Exponent: $c = 1000\,1111_2 + 1 = 1001\,0000_2$
$g = 1100\,1000\,0001\,1100\,0111\,1101\,0010\,0000_2 \,\widehat{=}\, -160\,244{,}5_{10}$

Multiplikation mit $4 = 2^2$: Es muss zum Exponenten 2 addiert werden.

$g = 461CA180_{16} = 0100\,0110\,0001\,1100\,1010\,0001\,1000\,0000_2$
$c = 1000\,1100_2$ neuer Exponent: $c = 1000\,1100_2 + 10_2 = 1000\,1110_2$
$g = 0100\,0111\,0001\,1100\,1010\,0001\,1000\,0000_2 \,\widehat{=}\, 40097{,}5_{10}$

$g = C79C7D20_{16} = 1100\,0111\,1001\,1100\,0111\,1101\,0010\,0000_2$
$c = 1000\,1111_2$ neuer Exponent: $c = 1000\,1111_2 + 10_2 = 1001\,0001_2$
$g = 1100\,1000\,1001\,1100\,0111\,1101\,0010\,0000_2 \,\widehat{=}\, -320\,489_{10}$

c) Division durch $2 = 2^1$: Es muss vom Exponenten 1 subtrahiert werden.

$g = 461CA180_{16} = 0100\,0110\,0001\,1100\,1010\,0001\,1000\,0000_2$
$c = 1000\,1100_2$ neuer Exponent: $c = 1000\,1100_2 - 1 = 1000\,1011_2$
$g = 0100\,0101\,1001\,1100\,1010\,0001\,1000\,0000_2 \,\widehat{=}\, 5012{,}1875_{10}$

$g = C79C7D20_{16} = 1100\,0111\,1001\,1100\,0111\,1101\,0010\,0000_2$
$c = 1000\,1111_2$ neuer Exponent: $c = 1000\,1111_2 - 1 = 1000\,1110_2$
$g = 1100\,0111\,0001\,1100\,0111\,1101\,0010\,0000_2 \,\widehat{=}\, -40061{,}125_{10}$

Division durch $4 = 2^2$: Es muss vom Exponenten 2 subtrahiert werden.

$g = 461CA180_{16} = 0100\,0110\,0001\,1100\,1010\,0001\,1000\,0000_2$
$c = 1000\,1100_2$ neuer Exponent: $c = 1000\,1100_2 - 10_2 = 1000\,1010_2$
$g = 0100\,0101\,0001\,1100\,1010\,0001\,1000\,0000_2 \,\widehat{=}\, 2506{,}09375_{10}$

$g = C79C7D20_{16} = 1100\,0111\,1001\,1100\,0111\,1101\,0010\,0000_2$
$c = 1000\,1111_2$ neuer Exponent: $c = 1000\,1111_2 - 10_2 = 1000\,1101_2$
$g = 1100\,0110\,1001\,1100\,0111\,1101\,0010\,0000_2 \,\widehat{=}\, -20030{,}5625_{10}$

1.16 Im Folgenden bezeichnet d die Zahl in Dezimaldarstellung, b die Zahl in Binärdarstellung, e den Exponenten, c den Exponenten mit Bias, m die Mantisse (inkl. der nicht gespeicherten 1) und g die Zahl im 16-Bit IEEE Gleitkommaformat.

a) Umwandlung ins Dezimalsystem:

$d = 5{,}0625$
$b = 101{,}0001_2 = 1{,}010001_2 \cdot 2^2$
$e = 2_{10}, c = 2_{10} + 15_{10} = 17_{10} = 10001_2$
$g = 0100\,0101\,0001\,0000_2 = 4510_{16}$

$d = 3{,}125$
$b = 11{,}001_2 = 1{,}1001_2 \cdot 2^1$
$e = 1_{10}, c = 1_{10} + 15_{10} = 16_{10} = 10000_2$
$g = 0100\,0010\,0100\,0000_2 = 4240_{16}$

b) Addition der Gleitkommazahlen $g_1 = 4100_{16}$ und $g_2 = 4580_{16}$:

$g_1 = 4100_{16} = 0100\,0001\,0000\,0000_2$
$g_2 = 4580_{16} = 0100\,0101\,1000\,0000_2$

Vorzeichen ist bei beiden Zahlen positiv, d. h. es wird tatsächlich addiert und nicht subtrahiert.

$c_1 = 10000_2 = 16_{10}, m_1 = 1{,}0100000000_2$
$c_2 = 10001_2 = 17_{10}, m_2 = 1{,}0110000000_2$

Der Exponent c_1 wird angepasst auf c_2, es ergibt sich die neue Mantisse $m_1' = 0{,}1010000000_2$.

Addition von m_1' und m_2:

$$\begin{array}{r} 0{,}1010\,00000 \\ +\quad 1{,}0110\,00000 \\ \hline = 10{,}0000\,00000 \end{array}$$

Normalisierung:
Mantisse anpassen $10{,}0000\,00000_2 \rightarrow 1{,}0000\,00000_2$,
und dafür Exponent um 1 erhöhen $10001_2 \rightarrow 10010_2$

Ergebnis: $g = 0100\,1000\,0000\,0000_2 = 4800_{16}$.

1.17 Gegeben: $a = 3D800000_{16}$ und $b = 40000000_{16}$ im 32-Bit IEEE-Format. Im Folgenden bezeichnet d die Zahl in Dezimaldarstellung, b die Zahl in Binärdarstellung, e den Exponenten, c den Exponenten mit Bias, m die Mantisse (inkl. der nicht gespeicherten 1) und g die Zahl im 32-Bit IEEE Gleitkommaformat.

a) Summe $a + b$:

$a = 3D800000_{16} = 0011\,1101\,1000\,0000\,0000\,0000\,0000\,0000_2$
$c_a = 0111\,1011_2 = 123_{10}, m_a = 1{,}0\ldots0$

$b = 40000000_{16} = 0100\,0000\,0000\,0000\,0000\,0000\,0000\,0000_2$
$c_b = 1000\,0000_2 = 128_{10}, m_b = 1{,}0\ldots0$

Exponent von a (der kleinere) anpassen auf den von b:
$c_a = c_b = 1000\,0000_2 = 128_{10}, m_a = 0{,}000010\ldots0$

Addition der Mantissen:

$$1{,}0000\,0000\dots 0$$
$$+\ 0{,}0000\,1000\dots 0$$
$$=\ 1{,}0000\,1000\dots 0$$

Das Ergebnis ist hier bereits normalisiert. Damit erhält man:
$a+b = 0100\,0000\,0000\,0100\,0000\,0000\,0000\,0000_2 = 40040000_{16}$.

b) Produkt $a \cdot b$:

Multiplikation der Mantissen: $m_a \cdot m_b = 1{,}0\dots 0 \cdot 1{,}0\dots 0 = 1{,}0\dots 0$. Das Ergebnis ist hier bereits normalisiert.

Addition der Exponenten: $c_a + c_b = 123_{10} + 128_{10} = 251_{10}$.

Korrektur um den Bias (der nun doppelt enthalten ist): $251_{10} - 127_{10} = 124_{10} = 0111\,1100_2$.

Ergebnis: $a \cdot b = 0011\,1110\,0000\,0000\,0000\,0000\,0000\,0000_2 = 3E000000_{16}$.

1.18 Dezimale Gleitkommaarithmetik mit insgesamt drei Stellen:

a) $a = 1470 = 1{,}47 \cdot 10^3$, $b = 2 = 2{,}00 \cdot 10^0$ und $c = 4 = 4{,}00 \cdot 10^0$.

b) $(a+b)+c$:

$z = a+b = 1{,}47 \cdot 10^3 + 2{,}00 \cdot 10^0 = 1{,}47 \cdot 10^3 + 0{,}002 \cdot 10^3 = 1{,}472 \cdot 10^3 = 1{,}47 \cdot 10^3$.

$(a+b)+c = z+c = 1{,}47 \cdot 10^3 + 4{,}00 \cdot 10^0 = 1{,}47 \cdot 10^3 + 0{,}004 \cdot 10^3 = 1{,}474 \cdot 10^3 = 1{,}47 \cdot 10^3$.

$a+(b+c)$:

$z = b+c = 2{,}00 \cdot 10^0 + 4{,}00 \cdot 10^0 = 6{,}00 \cdot 10^0$.

$a+(b+c) = a+z = 1{,}47 \cdot 10^3 + 6{,}00 \cdot 10^0 = 1{,}47 \cdot 10^3 + 0{,}006 \cdot 10^3 = 1{,}476 \cdot 10^3 = 1{,}48 \cdot 10^3$.

Man erhält demnach $(a+b)+c = 1470$ und $a+(b+c) = 1480$. Das Assoziativgesetz gilt bei Gleitkommaarithmetik nicht.

Anmerkung: Die Zahlen $0{,}002 \cdot 10^3$, $0{,}004 \cdot 10^3$ und $0{,}006 \cdot 10^3$ haben natürlich bereits 4 Stellen. Man könnte schon hier, direkt nach der Anpassung der Exponenten, runden auf $0{,}00 \cdot 10^3$, $0{,}00 \cdot 10^3$ bzw. $0{,}01 \cdot 10^3$. Um solche Rundungsverluste zumindest während der Rechnung gering zu halten, haben Gleitkommarechenwerke typischerweise mehr Bit zur Verfügung als der IEEE-Standard für die Speicherung vorsieht. Erst wenn das Ergebnis wieder im Hauptspeicher abgelegt wird, wird auf die geringere Anzahl Bit gekürzt.

3.2 Information und Quellencodierung

Dieser Abschnitt enthält die Lösungen zu Abschnitt 2.2 *Information und Quellencodierung*, Seite 5.

2.1   Tabelle mit Informationsgehalt $I(x_i) = -\operatorname{ld} p_i$:

x_i	p_i	$I(x_i)$
u	0,05	4,32
v	0,1	3,32
w	0,15	2,74
x	0,3	1,74
y	0,15	2,74
z	0,25	2,00

Entropie: $H = \sum_{i=1}^{n} p_i I(x_i) = 2{,}39$ Bit/Zeichen.

2.2

a)   In einem typischen Text treten statistisch betrachtet die Zeichen entsprechend der angegebenen Wahrscheinlichkeiten auf (sonst wären diese falsch; je länger der Text, desto besser ist die Übereinstimmung). Man bestimmt daher zunächst die mittleren Wortlängen der beiden Codes mit $L = \sum_{i=1}^{n} p_i l_i$. Hierbei ist l_i die Länge des zugeordneten Codewortes.

x_i	w	x	y	z
p_i	0,5	0,1	0,2	0,2
Code	1	000	010	001
l_i	1	3	3	3

y_i	a	b	c	d
p_i	0,25	0,15	0,05	0,55
Code	10	000	0111	0
l_i	2	3	4	1

Es ergibt sich: $L_A = 2$ Bit und $L_B = 1{,}7$ Bit.

Ein typischer Text mit n Zeichen des Alphabets A umfasst dann $2n$ Bit, ein Text mit n Zeichen des Alphabets B umfasst $1{,}7n$ Bit.

b)   Die Länge des längeren Textes (also aus A) entspricht 100%. Dann ergibt sich für den kürzeren eine Länge von $100 \cdot \frac{1{,}7n}{2n} = 85\%$. Dieser ist also um 15% kürzer als der längere Text.

c)   Zur Bestimmung der Entropie benötigt man die Informationsgehalte der Zeichen:

x_i	p_i	$I(x_i)$
w	0,5	1,00
x	0,1	3,32
y	0,2	2,32
z	0,2	2,32

x_i	p_i	$I(x_i)$
a	0,25	2,00
b	0,15	2,74
c	0,05	4,32
d	0,55	0,86

Entropie: $H_A = 1{,}76$ Bit/Zeichen, $H_B = 1{,}60$ Bit/Zeichen.

d)   Redundanzen:
$R_A = L_A - H_A = 2 - 1{,}76 = 0{,}24$ Bit/Zeichen, $R_B = L_B - H_B = 1{,}7 - 1{,}6 = 0{,}1$ Bit/Zeichen.

2.3

a) Informationsgehalte der Zeichen:

x_i	p_i	$I(x_i)$
a	0,25	2,00
b	0,25	2,00
c	0,18	2,47
d	0,16	2,64
e	0,1	3,32
f	0,06	4,06

Entropie: $H_A = 2,44$ Bit/Zeichen

b) Beispiel für eine Binärcodierung, wobei für die Wortlängen der Codewörter die ganzzahlig
aufgerundeten zugehörigen Informationsgehalte gewählt wurden:

x_i	a	b	c	d	e	f
Code	00	01	100	110	1110	11111

Es sind hier viele andere Lösungen möglich; zu beachten ist, dass für eine sinnvolle Decodierung
kein Codewort Präfix eines anderen sein sollte. Im Codebaum äußert sich dies darin, dass alle
Codewörter Blätter sind:

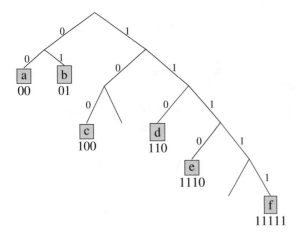

Mittlere Wortlänge: $L_a = 2,70$ Bit.
Redundanz: $R_a = L_a - H_A = 2,70 - 2,44 = 0,26$ Bit/Zeichen.

Man erkennt am Baum sofort Optimierungspotential: So könnten die Codes für c und f z. B.
einfach um eine Position nach oben geschoben werden. Es ergäbe sich:

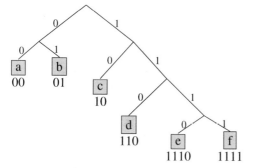

Mittlere Wortlänge: $L_{a'} = 2{,}48$ Bit.
Redundanz: $R_{a'} = L_{a'} - H_A = 2{,}48 - 2{,}44 = 0{,}04$ Bit/Zeichen.

c) Der Huffman-Baum sieht wie folgt aus:

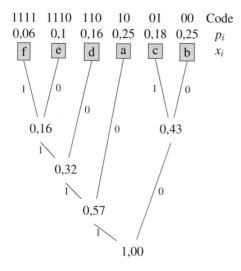

Es sind hier auch andere Codes richtig, die die gleiche Baumstruktur liefern (d. h. isomorph sind), weil die Beschriftung der Äste willkürlich ist. Würde man beispielsweise alle linken Äste mit 0 und alle rechten Äste mit 1 beschriften, ergäbe sich ein invertierter Code (es sind alle Nullen und Einsen vertauscht). Weiterhin können die Zeichen an Blättern mit gleicher Wahrscheinlichkeit miteinander vertauscht werden (betrifft hier a und b).

Mittlere Wortlänge: $L_b = 2{,}48$ Bit.
Redundanz: $R_b = L_b - H_A = 2{,}48 - 2{,}44 = 0{,}04$ Bit/Zeichen.

d) Nachricht adafbdbecdc als Huffman-Code: 10 110 10 1111 00 110 00 1110 01 110 01

e) Ablauf des Fano-Algorithmus:

Start		
x_i	p_i	$\sum p_i$
a	0,25	1,00
b	0,25	0,75
c	0,18	0,50
d	0,16	0,32
e	0,10	0,16
f	0,06	0,06

Schritt 1			
x_i	p_i	$\sum p_i$	Code
a	0,25	1,00	0
b	0,25	0,75	0
c	0,18	0,50	1
d	0,16	0,32	1
e	0,10	0,16	1
f	0,06	0,06	1

Schritt 2			
x_i	p_i	$\sum p_i$	Code
a	0,25	1,00	00
b	0,25	0,75	01
c	0,18	0,50	1
d	0,16	0,32	1
e	0,10	0,16	1
f	0,06	0,06	1

Schritt 3			
x_i	p_i	$\sum p_i$	Code
a	0,25	1,00	00
b	0,25	0,75	01
c	0,18	0,50	10
d	0,16	0,32	11
e	0,10	0,16	11
f	0,06	0,06	11

Schritt 4			
x_i	p_i	$\sum p_i$	Code
a	0,25	1,00	00
b	0,25	0,75	01
c	0,18	0,50	10
d	0,16	0,32	110
e	0,10	0,16	111
f	0,06	0,06	111

Schritt 5			
x_i	p_i	$\sum p_i$	Code
a	0,25	1,00	00
b	0,25	0,75	01
c	0,18	0,50	10
d	0,16	0,32	110
e	0,10	0,16	1110
f	0,06	0,06	1111

Es wurde der gleiche Code wie beim Huffman-Verfahren erzeugt; damit sind auch mittlere Codewortlänge und Redundanz identisch. Ebenso wie oben ergaben sich durch eine andere Verteilung der Nullen und Einsen andere, genauso korrekte, Codewörter.

f) Die für einen Block-Code notwendige Bitanzahl ergibt sich aus ld$n$, wobei n die Anzahl der Zeichen ist; hier also ld6 = 2,58. Man benötigt demnach mindestens 3 Bit für einen Block-Code bzw. exakt 3 Bit für einen optimal kurzen Code. Wie die Codewörter gewählt werden ist dabei irrelevant (sie müssen natürlich verschieden sein), eine Möglichkeit wäre z. B.:

x_i	a	b	c	d	e	f
Code	000	001	010	011	100	101

Redundanz: $R_f = 3 - 2,44 = 0,55$ Bit/Zeichen.

Kompressionsfaktor im Vergleich zu Huffman: Die mittlere Codewortlänge des Block-Codes (3 Bit) entspricht 100%. Dann ergibt sich für den Huffman-Code (mittlere Codewortlänge 2,48 Bit) relativ dazu eine Länge von $\frac{2,48}{3} = 0,827$ (= Kompressionsfaktor).

2.4   Gesendet wurde: xswvwxss

2.5

a) Informationsgehalte der Zeichen:

x_i	a	b	c	d	e	f	g	h
p_i	0,2	0,0625	0,125	0,15	0,15	0,0625	0,125	0,125
$I(x_i)$	2,32	4,00	3,00	2,74	2,74	4,00	3,00	3,00

Entropie: $H_A = 2,91$ Bit/Zeichen

b) Der Huffman-Baum sieht wie folgt aus:

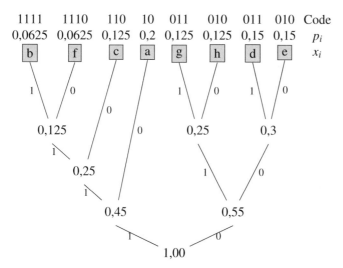

Wie bereits vorher angemerkt, sind hier auch andere Codes mit gleicher Baumstruktur richtig.

Mittlere Wortlänge: $L = 2{,}93$ Bit.
Redundanz: $R = L - H_A = 2{,}93 - 2{,}91 = 0{,}02$ Bit/Zeichen.

c) Die für einen Block-Code notwendige Bitanzahl ergibt sich aus $\mathrm{ld}\,8 = 3$. Ein Block-Code wäre auf jeden Fall dann optimal, wenn alle Zeichen gleich wahrscheinlich sind. Die Codewörter können wieder beliebig gewählt werden, z. B.:

x_i	a	b	c	d	e	f	g	h
Code	000	001	010	011	100	101	110	111

Redundanz: $R = 3 - 2{,}91 = 0{,}09$ Bit/Zeichen.

Mit Huffman $= 100\%$ erhält man für die Länge des Block-Codes $100 \cdot \frac{3}{2{,}93} = 102{,}39\%$. Eine mit dem Block-Code codierte Nachricht ist demnach typischerweise um $2{,}39\%$ länger als eine, die mit Huffman codiert wurde.

2.6

a) Informationsgehalte der Zeichen:

x_i	a	b	c	d	e	f	g
p_i	0,12	0,15	0,25	0,1	0,18	0,06	0,14
$I(x_i)$	3,06	2,74	2,00	3,32	2,47	4,06	2,84

Entropie: $H_A = 2{,}70$ Bit/Zeichen

b) Der Huffman-Baum sieht wie folgt aus:

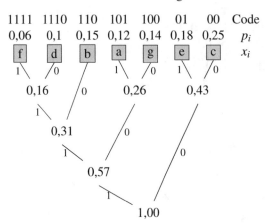

Wie bereits vorher angemerkt, sind hier auch andere Codes mit gleicher Baumstruktur richtig.

c) Ablauf des Fano-Algorithmus:

Schritt 1

x_i	p_i	$\sum p_i$ Code
c	0,25	1,00 **0**
e	0,18	0,75 **0**
b	0,15	0,57 **1**
g	0,14	0,42 **1**
a	0,12	0,28 **1**
d	0,10	0,16 **1**
f	0,06	0,06 **1**

Schritt 2

x_i	p_i	$\sum p_i$ Code
c	0,25	1,00 **00**
e	0,18	0,75 **01**
b	0,15	0,57 1
g	0,14	0,42 1
a	0,12	0,28 1
d	0,10	0,16 1
f	0,06	0,06 1

Schritt 3

x_i	p_i	$\sum p_i$ Code
c	0,25	1,00 00
e	0,18	0,75 01
b	0,15	0,57 **10**
g	0,14	0,42 **10**
a	0,12	0,28 **11**
d	0,10	0,16 **11**
f	0,06	0,06 **11**

Schritt 4

x_i	p_i	$\sum p_i$ Code
c	0,25	1,00 00
e	0,18	0,75 01
b	0,15	0,57 **100**
g	0,14	0,42 **101**
a	0,12	0,28 11
d	0,10	0,16 11
f	0,06	0,06 11

Schritt 5

x_i	p_i	$\sum p_i$ Code
c	0,25	1,00 00
e	0,18	0,75 01
b	0,15	0,57 100
g	0,14	0,42 101
a	0,12	0,28 **110**
d	0,10	0,16 **111**
f	0,06	0,06 **111**

Schritt 6

x_i	p_i	$\sum p_i$ Code
c	0,25	1,00 00
e	0,18	0,75 01
b	0,15	0,57 100
g	0,14	0,42 101
a	0,12	0,28 110
d	0,10	0,16 **1110**
f	0,06	0,06 **1111**

Auch hier könnte man die Nullen und Einsen oben/unten anders verteilen und würde einen anderen, aber äquivalenten, Code erhalten.

d) Die mittlere Codewortlänge und damit die Redundanz ist bei beiden Verfahren gleich:

Mittlere Wortlänge: $L = 2{,}73$ Bit.
Redundanz: $R = L - H_A = 2{,}73 - 2{,}70 = 0{,}03$ Bit/Zeichen.

2.7   Initiale Code-Tabelle:

Zeichenkette	Ausgabe-Code (dezimal)
K	0
A	1
D	2
U	3

Der Codierungsvorgang läuft damit folgendermaßen ab:

Code-Tabelle am Schluss:

Schritt	Zeichen c	Präfix P	Eintrag in Code-Tabelle	Ausgabe		Zeichenkette	Code
0	–	–	Vorbesetzung	–		K	0
1	K	K	–	–		A	1
2	A	A	KA = 4	0		D	2
3	K	K	AK = 5	1		U	3
4	A	KA	–	–		KA	4
5	D	D	KAD = 6	4		AK	5
6	U	U	DU = 7	2		KAD	6
7	–	–	–	3		DU	7

Decodierung von 0, 1, 4, 2, 3; beginnend wieder mit der initialen Code-Tabelle der Einzelzeichen:

Schritt	Code c	Zeichen k	Präfix P = Ausgabe	Eintrag in Code-Tabelle
0	–	–	–	Vorbesetzung
1	0	K	K	–
2	1	A	A	KA = 4
3	4	K	KA	AK = 5
4	2	D	D	KAD = 6
5	3	U	U	DU = 7

Es entsteht die gleiche Code-Tabelle wie bei der Kompression.

Hinweis: Es wird hier gerade nicht die bei der Kompression erzeugte Tabelle verwendet, sondern man baut diese beginnend mit der initialen Tabelle komplett neu auf. Das hat den entscheidenden Vorteil, dass die Tabelle selbst nicht gespeichert bzw. übertragen werden muss.

2.8   Initiale Code-Tabelle:

Zeichenkette	Ausgabe-Code (dezimal)
D	0
E	1
F	2
G	3
H	4

Der Codierungsvorgang läuft damit folgendermaßen ab:					Code-Tabelle am Schluss:	
Schritt	Zeichen c	Präfix P	Eintrag in Code-Tabelle	Ausgabe	Zeichenkette	Code
0	–	–	Vorbesetzung	–	D	0
1	D	D	–	–	E	1
2	G	G	DG = 5	0	F	2
3	G	G	GG = 6	3	G	3
4	G	GG	–	–	H	4
5	D	D	GGD = 7	6	DG	5
6	G	DG	–	–	GG	6
7	H	H	DGH = 8	5	GGD	7
8	F	F	HF = 9	4	DGH	8
9	G	G	FG = 10	2	HF	9
10	G	GG	–	–	FG	10
11	E	E	GGE = 11	6	GGE	11
12	–	–	–	1		

Decodierung von 0, 3, 6, 5, 4, 2, 6, 1; beginnend wieder mit der initialen Code-Tabelle:

Schritt	Code c	Zeichen k	Präfix P = Ausgabe	Eintrag in Code-Tabelle
0	–	–	–	Vorbesetzung
1	0	D	D	–
2	3	G	G	DG = 5
3	6	G	GG	GG = 6
4	5	D	DG	GGD = 7
5	4	H	H	DGH = 8
6	2	F	F	HF = 9
7	6	G	GG	FG = 10
8	1	E	E	GGE = 11

Es entsteht die gleiche Code-Tabelle wie bei der Kompression. Man beachte, dass bei der Decodierung in Schritt 3 der *Sonst/Sonderfall*-Zweig des Dekompressionsalgorithmus verwendet wird,
da der Code 6 zu diesem Zeitpunkt noch nicht in der Code-Tabelle eingetragen ist. Das passiert,
weil während der Kompression das Codewort 6 für GG in die Tabelle eingetragen und anschließend
sofort verwendet wird.

2.9 Arithmetische Codierung von xyxyz

Intervalle:

Zeichen	Auftrittswahrsch.	Intervall
c_i	p_i	$[u; o[$
w	1/2	$[0,0; 0,5[$
x	1/10	$[0,5; 0,6[$
y	1/5	$[0,6; 0,8[$
z	1/5	$[0,8; 1,0[$

Kompression:

Zeichen	Intervalllänge	Untergrenze	Obergrenze
c_i	d	u	o
Initialisierung 0,0		0,0	1,0
x	1,0	0,5	0,6
y	0,1	0,56	0,58
x	0,02	0,57	0,572
y	0,002	0,5712	0,5716
z	0,0004	0,57152	0,5716

Als Codewort wählt man z. B. die Mitte des letzten Intervalls $\frac{1}{2}(0,57152 + 0,5716) = 0,57156$. Es sind aber auch beliebige andere Zahlen aus dem Intervall gültig. Die Unterschiede bestünden dann in den Zeichen, die nach dem zu codierenden Wort kämen, hier aber irrelevant sind, da die Decodierung nach 5 Zeichen gestoppt wird.

Dekompression:

Code	Intervalllänge	Untergrenze	Obergrenze	Ausgabezeichen
x	d	u	o	c_i
0,57156	0,1	0,5	0,6	x
0,7156	0,2	0,6	0,8	y
0,578	0,1	0,5	0,6	x
0,78	0,2	0,6	0,8	y
0,9	0,2	0,8	1,0	z
0,5	–	–	–	Ende

2.10 Arithmetische Codierung von KCKCZC

Intervalle:

Zeichen	Auftrittswahrsch.	Intervall
c_i	p_i	$[u;o[$
C	$1/2 = 3/6$	$[0,0;1/2[$
K	$1/3 = 2/6$	$[1/2;5/6[$
Z	$1/6$	$[5/6;1,0[$

Kompression:

Zeichen	Intervalllänge	Untergrenze	Obergrenze
c_i	d	u	o
Initialisierung	0,0	0,0	1,0
K	1	0,5	5/6
C	1/3	0,5	2/3
K	1/6	7/12	23/36
C	1/18	7/12	22/36
Z	1/36	131/216	22/36
C	1/216	131/216	263/432
		$= 0,606\overline{481}$	$= 0,6087962$

Als Codewort wählt man z. B. die Mitte des letzten Intervalls $\frac{1}{2}(\frac{131}{216} + \frac{263}{432}) = \frac{525}{864} = 0,607\overline{638}$ bzw. zur Vereinfachung 0,607 oder 0,608.

Dekompression:

Code	Intervalllänge	Untergrenze	Obergrenze	Ausgabezeichen
x	d	u	o	c_i
$0,607\overline{638}$	1/3	1/2	5/6	K
$0,3229\overline{16}$	1/2	0	1/2	C
$0,6458\overline{3}$	1/3	1/2	5/6	K
0,4375	1/2	0	1/2	C
0,875	1/6	5/6	1	Z
0,25	1/2	0	1/2	C
0,5	–	–	–	Ende

2.11

010 101 000 01 011 00 001 1111 111 110 = 2 a 8 e 3 c 1 d 7 f = aaeeeeeeeecccdfffffff

3.3 Codesicherung/Kanalcodierung

Dieser Abschnitt enthält die Lösungen zu Abschnitt 2.3 *Codesicherung/Kanalcodierung*, Seite 8.

3.1 Die Hamming-Distanz des ASCII-Codes ist 1, da die Codewörter dicht sind. D. h. bei Änderung eines Bits entsteht wieder ein gültiges Zeichen. Fehlererkennung oder gar Fehlerkorrektur ist damit nicht möglich.

3.2 Stellendistanzen:

	A5	A6	B7	11	00
	10100101	10100110	10110111	00010001	00000000
10100101	-	-	-	-	-
10100110	2	-	-	-	-
10110111	2	2	-	-	-
00010001	4	6	4	-	-
00000000	4	4	6	2	-

Hamming-Distanz: $h = 2$.
Es können damit garantiert 1-Bit Fehler erkannt werden; eine Korrektur ist nicht möglich.

3.3 Die Decodierung ergibt: HundKatze
Bei der Prüfung wird der Buchstabe t als fehlerhaft erkannt (geradzahlig viele Einsen, es sollten bei ungerader Parität aber ungeradzahlig viele sein). Der Mensch erkennt aus dem Kontext, dass offensichtlich das Paritätsbit selbst fehlerhaft sein muss. Aus der Paritätsprüfung ist dies nicht ersichtlich, hiermit kann man zwar 1-Bit Fehler erkennen, nicht aber korrigieren.

3.4 Empfangene Daten (Paritätsbits fett markiert und aufgeteilt in zu prüfende Blöcke):
1111101**1**1
11001010**0**
01000100**0**
00110101**0**
Die Paritätsprüfung ergibt, dass keine Fehler aufgetreten sind (d. h. zumindest keine, die mit diesem Verfahren erkennbar wären). Nach dem Entfernen der Paritätsbits erhält man den folgenden Datenstrom:
11111011110010100100010000110101
Die Decodierung mit Hilfe der Huffman-Tabelle ergibt: dabeecgeccfa

3.5 (31, 26) Hamming-Code

a) 31 = Gesamtlänge eines Codeworts, 26 = Nutzinformation $\Rightarrow$ 5 Paritätsbits zur Fehlerkorrektur.

b) Die Paritätsbits befinden sich an den Zweierpotenzpositionen $2^0, 2^1, 2^2, 2^3, 2^4$.
    Schematischer Aufbau:

1	2	3	4	5	6	7	8	9	10	11	12	13	14	15	16	17	18	19	20	21	22	23	24	25	26	27	28	29	30	31
p_1	p_2	i_1	p_3	i_2	i_3	i_4	p_4	i_5	i_6	i_7	i_8	i_9	i_{10}	i_{11}	p_5	i_{12}	i_{13}	i_{14}	i_{15}	i_{16}	i_{17}	i_{18}	i_{19}	i_{20}	i_{21}	i_{22}	i_{23}	i_{24}	i_{25}	i_{26}

p_1	$-$	i_1	$-$	i_2	$-$	i_4	$-$	i_5	$-$	i_7	$-$	i_9	$-$	i_{11}	$-$	i_{12}	$-$	i_{14}	$-$	i_{16}	$-$	i_{18}	$-$	i_{20}	$-$	i_{22}	$-$	i_{24}	$-$	i_{26}
$-$	p_2	i_1	$-$	$-$	i_3	i_4	$-$	$-$	i_6	i_7	$-$	$-$	i_{10}	i_{11}	$-$	$-$	i_{13}	i_{14}	$-$	$-$	i_{17}	i_{18}	$-$	$-$	i_{21}	i_{22}	$-$	$-$	i_{25}	i_{26}
$-$	$-$	$-$	p_3	i_2	i_3	i_4	$-$	$-$	$-$	$-$	i_8	i_9	i_{10}	i_{11}	$-$	$-$	$-$	$-$	i_{15}	i_{16}	i_{17}	i_{18}	$-$	$-$	$-$	$-$	i_{23}	i_{24}	i_{25}	i_{26}
$-$	$-$	$-$	$-$	$-$	$-$	$-$	p_4	i_5	i_6	i_7	i_8	i_9	i_{10}	i_{11}	$-$	$-$	$-$	$-$	$-$	$-$	$-$	$-$	i_{19}	i_{20}	i_{21}	i_{22}	i_{23}	i_{24}	i_{25}	i_{26}
$-$	$-$	$-$	$-$	$-$	$-$	$-$	$-$	$-$	$-$	$-$	$-$	$-$	$-$	$-$	p_5	i_{12}	i_{13}	i_{14}	i_{15}	i_{16}	i_{17}	i_{18}	i_{19}	i_{20}	i_{21}	i_{22}	i_{23}	i_{24}	i_{25}	i_{26}

c) Alle Hamming-Codes haben eine Hamming-Distanz von 3. Damit kann man entweder 2-Bit Fehler erkennen oder 1-Bit Fehler korrigieren.

d) Empfangen: $35\ 3A\ D6\ 16_{16} = 011\ 0101\ 0011\ 1010\ 1101\ 0110\ 0001\ 0110_2$.

Es gibt nun zwei Möglichkeiten das Codewort auf Fehler zu prüfen: Getrennte Prüfung der Paritäten und setzen der Prüfbits oder Multiplikation mit der Kontrollmatrix.

Variante 1: Prüfung der Paritäten

```
 1  2  3  4  5  6  7  8  9 10 11 12 13 14 15 16 17 18 19 20 21 22 23 24 25 26 27 28 29 30 31
p₁ p₂ i₁ p₃ i₂ i₃ i₄ p₄ i₅ i₆ i₇ i₈ i₉ i₁₀ i₁₁ p₅ i₁₂ i₁₃ i₁₄ i₁₅ i₁₆ i₁₇ i₁₈ i₁₉ i₂₀ i₂₁ i₂₂ i₂₃ i₂₄ i₂₅ i₂₆

 0  -  1  -  1  -  1  -  0  -  1  -  0  -  0  -  1  -  1  -  1  -  0  -  0  -  1  -  1  -  0
 -  1  1  -  -  0  1  -  -  1  1  -  -  1  0  -  -  0  1  -  -  1  0  -  -  0  1  -  -  1  0
 -  -  -  0  1  0  1  -  -  -  -  1  0  1  0  -  -  -  -  0  1  1  0  -  -  -  -  0  1  1  0
 -  -  -  -  -  -  -  0  0  1  1  1  0  1  0  -  -  -  -  -  -  -  0  0  0  1  0  1  1  0
 -  -  -  -  -  -  -  -  -  -  -  -  -  -  1  1  0  1  0  1  1  0  0  0  0  1  0  1  1  0
```

Ein Paritätsbit ist dann richtig gesetzt, wenn es auf gerade Parität auffüllt. In diesem Fall wird das zugehörige Prüfbit auf Null gesetzt:

Paritätsbit	Richtig?	Prüfbit
p_1	nein	1
p_2	ja	0
p_3	ja	0
p_4	nein	1
p_5	ja	0

Wären alle Paritäten richtig, dann ergäbe sich für jedes Prüfbit Null und man würde davon ausgehen, dass kein Fehler passiert ist. Sonst ergibt sich die fehlerhafte Stelle durch ablesen der Prüfbits von unten nach oben hier zu $01001_2 = 9_{10}$, d. h. Bit Nummer 9 ist falsch: Ändert man dieses von 0 auf 1 hat dies offensichtlich nur Einfluss auf die beiden Paritätsbits p_1 und p_4 und damit sind alle Paritäten korrekt.

Das korrigierte Codewort lautet demnach: 011 0101 0**1**11 1010 1101 0110 0001 0110

Die reinen Nutzdaten: 11 0111 1101 0101 0110 0001 0110

Variante 2: Multiplikation mit der Kontrollmatrix

Die Zeilen der 31×5 Kontrollmatrix M bestehen aus allen Ziffern der Zahlen von 1 bis 32 in Binärdarstellung (hier aus Platzgründen transponiert angegeben):

$$M = \begin{pmatrix} 0\,0\,0\,0\,0\,0\,0\,0\,0\,0\,0\,0\,0\,0\,0\,1\,1\,1\,1\,1\,1\,1\,1\,1\,1\,1\,1\,1\,1\,1\,1 \\ 0\,0\,0\,0\,0\,0\,1\,1\,1\,1\,1\,1\,1\,0\,0\,0\,0\,0\,0\,0\,1\,1\,1\,1\,1\,1\,1 \\ 0\,0\,0\,1\,1\,1\,1\,0\,0\,0\,1\,1\,1\,0\,0\,0\,1\,1\,1\,0\,0\,0\,1\,1\,1 \\ 0\,1\,1\,0\,0\,1\,1\,0\,0\,1\,1\,0\,0\,1\,1\,0\,0\,1\,1\,0\,0\,1\,1\,0\,0\,1\,1 \\ 1\,0\,1\,0\,1\,0\,1\,0\,1\,0\,1\,0\,1\,0\,1\,0\,1\,0\,1\,0\,1\,0\,1\,0\,1\,0\,1 \end{pmatrix}^{\mathsf{T}}$$

Das empfangene Codewort wird als Zeilenvektor x interpretiert und mit der Kontrollmatrix von links multipliziert (die Rechnung erfolgt im endlichen Körper mit zwei Elementen):

$$xM = \begin{pmatrix} 0\ 1\ 0\ 0\ 1 \end{pmatrix}$$

Wie oben codiert diese Binärzahl die fehlerhafte Stelle.

3.6 (31, 26) Hamming-Code

a) Empfangen: $70\,F2\,F0\,F0_{16} = 111\,0000\,1111\,0010\,1111\,0000\,1111\,0000_2$.

Variante 1: Prüfung der Paritäten

1	2	3	4	5	6	7	8	9	10	11	12	13	14	15	16	17	18	19	20	21	22	23	24	25	26	27	28	29	30	31
p_1	p_2	i_1	p_3	i_2	i_3	i_4	p_4	i_5	i_6	i_7	i_8	i_9	i_{10}	i_{11}	p_5	i_{12}	i_{13}	i_{14}	i_{15}	i_{16}	i_{17}	i_{18}	i_{19}	i_{20}	i_{21}	i_{22}	i_{23}	i_{24}	i_{25}	i_{26}
1	–	1	–	0	–	0	–	1	–	1	–	0	–	0	–	1	–	1	–	0	–	0	–	1	–	1	–	0	–	0
–	1	1	–	–	0	0	–	–	1	1	–	–	1	0	–	–	1	1	–	–	0	0	–	–	1	1	–	–	0	0
–	–	–	0	0	0	0	–	–	–	–	0	0	1	0	–	–	–	–	0	0	0	0	–	–	–	–	0	0	0	0
–	–	–	–	–	–	–	1	1	1	1	0	0	1	0	–	–	–	–	–	–	–	–	1	1	1	1	0	0	0	0
–	–	–	–	–	–	–	–	–	–	–	–	–	–	–	1	1	1	1	0	0	0	0	1	1	1	1	0	0	0	0

Ein Paritätsbit ist dann richtig gesetzt, wenn es auf gerade Parität auffüllt. In diesem Fall wird das zugehörige Prüfbit auf Null gesetzt:

Paritätsbit	Richtig?	Prüfbit
p_1	ja	0
p_2	nein	1
p_3	nein	1
p_4	nein	1
p_5	ja	0

Fehlerhafte Stelle: Ablesen der Prüfbits von unten nach oben hier zu $01110_2 = 14_{10}$, d. h. Bit Nummer 14 ist falsch.

Das korrigierte Codewort lautet demnach: $111\,0000\,1111\,\mathbf{0000}\,1111\,0000\,1111\,0000$

Die reinen Nutzdaten: $10\,0011\,1000\,0111\,0000\,1111\,0000$

Variante 2: Multiplikation mit der Kontrollmatrix M wie in der vorherigen Aufgabe.

Das empfangene Codewort wird als Zeilenvektor x interpretiert und mit der Kontrollmatrix von links multipliziert (die Rechnung erfolgt im endlichen Körper mit zwei Elementen):

$$xM = \begin{pmatrix} 0 & 1 & 1 & 1 & 0 \end{pmatrix}$$

Wie oben codiert diese Binärzahl die fehlerhafte Stelle.

b) Was auf der Empfängerseite passiert, falls während der Übertragung mehrere Bits kippen, hängt davon ab, wie viele es sind. Es gibt zwei Fälle:

- Es sieht für den Empfänger aus wie ein einzelner Fehler, er korrigiert damit die falsche Position (z. B. bei einem 2-Bit Fehler oder einem 3-Bit Fehler in den meisten Positionen).
- Es sieht für den Empfänger so aus, als wäre gar kein Fehler passiert (z. B. bei einem 3-Bit Fehler in bestimmten Positionen oder einem 4-Bit Fehler in bestimmten Positionen).

Beide Male sind die decodierten Nutzdaten falsch. Überprüfen wir diese Aussagen an einigen Beispielen, indem wir zusätzlich zu Bit 14 noch weitere Fehler einbauen.

Wir ändern noch Bit Nr. 1 von 1 auf 0 (damit sind Nr. 1 und 14 fehlerhaft). Die Tabelle sieht dann so aus:

1	2	3	4	5	6	7	8	9	10	11	12	13	14	15	16	17	18	19	20	21	22	23	24	25	26	27	28	29	30	31
p_1	p_2	i_1	p_3	i_2	i_3	i_4	p_4	i_5	i_6	i_7	i_8	i_9	i_{10}	i_{11}	p_5	i_{12}	i_{13}	i_{14}	i_{15}	i_{16}	i_{17}	i_{18}	i_{19}	i_{20}	i_{21}	i_{22}	i_{23}	i_{24}	i_{25}	i_{26}
0	-	1	-	0	-	0	-	1	-	1	-	0	-	0	-	1	-	1	-	0	-	0	-	1	-	1	-	0	-	0
-	1	1	-	-	0	0	-	-	1	1	-	-	1	0	-	-	1	1	-	-	0	0	-	-	1	1	-	-	0	0
-	-	-	0	0	0	0	-	-	-	-	0	0	1	0	-	-	-	-	0	0	0	0	-	-	-	-	0	0	0	0
-	-	-	-	-	-	-	1	1	1	1	0	0	1	0	-	-	-	-	-	-	-	-	1	1	1	1	0	0	0	0
-	-	-	-	-	-	-	-	-	-	-	-	-	-	-	1	1	1	1	0	0	0	0	1	1	1	1	0	0	0	0

Paritätsprüfung ergibt:

Paritätsbit	Richtig?	Prüfbit
p_1	nein	1
p_2	nein	1
p_3	nein	1
p_4	nein	1
p_5	ja	0

Fehlerhafte Stelle: Ablesen der Prüfbits von unten nach oben hier zu $01111_2 = 15_{10}$, d. h. Bit Nummer 15 ist falsch. Tatsächlich war es aber ein 2-Bit Fehler.

Wir ändern jetzt auch noch Bit Nr. 31 von 0 auf 1 (damit sind Nr. 1, 14 und 31 fehlerhaft). Die Tabelle sieht dann so aus:

1	2	3	4	5	6	7	8	9	10	11	12	13	14	15	16	17	18	19	20	21	22	23	24	25	26	27	28	29	30	31
p_1	p_2	i_1	p_3	i_2	i_3	i_4	p_4	i_5	i_6	i_7	i_8	i_9	i_{10}	i_{11}	p_5	i_{12}	i_{13}	i_{14}	i_{15}	i_{16}	i_{17}	i_{18}	i_{19}	i_{20}	i_{21}	i_{22}	i_{23}	i_{24}	i_{25}	i_{26}
0	-	1	-	0	-	0	-	1	-	1	-	0	-	0	-	1	-	1	-	0	-	0	-	1	-	1	-	0	-	1
-	1	1	-	-	0	0	-	-	1	1	-	-	1	0	-	-	1	1	-	-	0	0	-	-	1	1	-	-	0	1
-	-	-	0	0	0	0	-	-	-	-	0	0	1	0	-	-	-	-	0	0	0	0	-	-	-	-	0	0	0	1
-	-	-	-	-	-	-	1	1	1	1	0	0	1	0	-	-	-	-	-	-	-	-	1	1	1	1	0	0	0	1
-	-	-	-	-	-	-	-	-	-	-	-	-	-	-	1	1	1	1	0	0	0	0	1	1	1	1	0	0	0	1

Paritätsprüfung ergibt:

Paritätsbit	Richtig?	Prüfbit
p_1	ja	0
p_2	ja	0
p_3	ja	0
p_4	ja	0
p_5	nein	1

Fehlerhafte Stelle: Ablesen der Prüfbits von unten nach oben hier zu $10000_2 = 16_{10}$, d. h. Bit Nummer 16 ist falsch. Tatsächlich war es aber ein 3-Bit Fehler. Kippt hier auch noch Bit Nr. 16, also 4 falsche Bit, wird kein Fehler mehr erkannt.

Zurück zum 3-Bit Fehler. Ändern wir statt Bit Nr. 31 das Bit Nr. 15 von 0 auf 1 (damit sind Nr. 1, 14 und 15 fehlerhaft). Die Tabelle sieht dann so aus:

1	2	3	4	5	6	7	8	9	10	11	12	13	14	15	16	17	18	19	20	21	22	23	24	25	26	27	28	29	30	31
p_1	p_2	i_1	p_3	i_2	i_3	i_4	p_4	i_5	i_6	i_7	i_8	i_9	i_{10}	i_{11}	p_5	i_{12}	i_{13}	i_{14}	i_{15}	i_{16}	i_{17}	i_{18}	i_{19}	i_{20}	i_{21}	i_{22}	i_{23}	i_{24}	i_{25}	i_{26}
0	–	1	–	0	–	0	–	1	–	1	–	0	–	1	–	1	–	1	–	0	–	0	–	1	–	1	–	0	–	0
–	1	1	–	–	0	0	–	–	1	1	–	–	1	1	–	–	1	1	–	–	0	0	–	–	1	1	–	–	0	0
–	–	–	0	0	0	0	–	–	–	–	0	0	1	1	–	–	–	–	0	0	0	0	–	–	–	–	0	0	0	0
–	–	–	–	–	–	–	1	1	1	1	0	0	1	1	–	–	–	–	–	–	–	–	1	1	1	1	0	0	0	0
–	–	–	–	–	–	–	–	–	–	–	–	–	–	–	1	1	1	1	0	0	0	0	1	1	1	1	0	0	0	0

Paritätsprüfung ergibt:

Paritätsbit	Richtig?	Prüfbit
p_1	ja	0
p_2	ja	0
p_3	ja	0
p_4	ja	0
p_5	ja	0

Es wurde kein Fehler detektiert, tatsächlich war es aber ein 3-Bit Fehler.

3.7   Generator $x^5 + x + 1$ entspricht 100011_2.
Für die Bestimmung des CRC werden zunächst 5 Nullen an die Daten angehängt:
1100 1110 → 1100 1110 00000
Gerechnet wird eine Polynomdivision im endlichen Körper mit zwei Elementen. Diese lässt sich leicht durch eine fortlaufende XOR-Verknüpfung mit dem Generator realisieren (immer linksbündig mit ersten 1).

```
110011 1000000
100011
 100001
 100011
     100000
     100011
         1100
```

Der Rest wird als CRC (5-stellig!) den zu sendenden Nutzdaten angehängt: 1100111001100

3.8 Der Empfänger rechnet eine Polynomdivision modulo 2 (mit XOR).
Generator: $A7_{16} = 1010\,0111_2$.
Empfangene Daten (davon sind die letzten 7 Bit der CRC):
$550549_{16} = 101\,0101\,0000\,0101\,0100\,1001_2$.

```
10101010000010101001001
10100111
    11010000
    10100111
     11101111
     10100111
      10010000
      10100111
       11011110
       10100111
        11110011
        10100111
         10101000
         10100111
             11110100
             10100111
              10100111
              10100111
                     00
```

Der Divisionsrest ist 0, die CRC-Prüfung ergibt keinen Fehler; die Daten wurden korrekt übertragen.

3.9 Generator $x^6 + x^5 + x^3 + x^2 + x + 1$ entspricht 1101111_2.

a) Für die Bestimmung des CRC werden zunächst 6 Nullen an die Daten angehängt:
$1101\,1001 \rightarrow 1101\,1001\,000000$

Polynomdivision modulo 2:

```
11011001000000
1101111
    1110000
    1101111
     1111100
     1101111
      10011
```

Der Rest wird als CRC (6-stellig!) den zu sendenden Nutzdaten angehängt: 11011001010011

b) Zeigen Sie: Mit diesem Generator lassen sich alle n-Bit Fehler erkennen, wenn n die Form $n = 2k+1, k = 0,1,2,3,4,\ldots$ hat.

Das geht, wenn das Generatorpolynom den Faktor $(x+1)$ enthält. Dies ist der Fall, wenn eine Polynomdivision ohne Rest aufgeht: $(x^6 + x^5 + x^3 + x^2 + x + 1) : (x+1) = x^5 + x^2 + 1$

Rechnung:
$x^6 + x^5 + x^3 + x^2 + x + 1$ entspricht 1101111_2.
$x + 1$ entspricht 11_2.

```
1101111
11
00011
  11
  0011
   11
   00
```

c) Sicher erkannt werden:

- alle Doppelfehler, da der Generator aus mehr als zwei Termen besteht und die Länge der Daten (8 Bit + 6 Bit CRC = 14 Bit) kürzer ist als die Zykluslänge des enthaltenen primitiven Polynoms 5. Grades (diese wäre $2^4 - 1 = 15$ Bit).
- alle Dreifachfehler, da der Generator den Faktor $x + 1$ enthält.
- alle Bündelfehler der Länge kleiner 6, da der Polynomgrad 6 beträgt und der Generator den konstanten Term enthält.

Nicht sicher erkannt werden Bündelfehler der Länge größer/gleich 6.

3.10
$10 \cdot 3 + 9 \cdot 6 + 8 \cdot 5 + 7 \cdot 8 + 6 \cdot 1 + 5 \cdot 4 + 4 \cdot 6 + 3 \cdot 3 + 2 \cdot 3 + 1 \cdot 8 \mod 11 = 253 \mod 11 = 0$.
Die ISBN ist also richtig.

3.11 $10 \cdot 3 + 9 \cdot 6 + 8 \cdot 5 + 7 \cdot 8 + 6 \cdot 0 + 5 \cdot 1 + 4 \cdot 6 + 3 \cdot 2 + 2 \cdot 7 \mod 11 = 229 \mod 11 = 9$.
Damit der Rest bei Division durch 11 Null ergibt, muss als Prüfziffer folglich $11 - 9 = 2$ gewählt werden, die vollständige ISBN-10 lautet: 3-658-01627-2.

3.12 Abwechselnde Multiplikation mit 1 und 3 und Rechnung modulo 10 muss 0 ergeben:
$1 \cdot 5 + 3 \cdot 0 + 1 \cdot 9 + 3 \cdot 9 + 1 \cdot 2 + 3 \cdot 0 + 1 \cdot 6 + 3 \cdot 0 + 1 \cdot 2 + 3 \cdot 6 + 1 \cdot 0 + 3 \cdot 9 + 1 \cdot 4 \mod 10 = 100 \mod 10 = 0$
Die EAN ist korrekt.

3.13 Abwechselnde Multiplikation mit 1 und 3 und Rechnung modulo 10:
$1 \cdot 1 + 3 \cdot 2 + 1 \cdot 3 + 3 \cdot 4 + 1 \cdot 5 + 3 \cdot 6 + 1 \cdot 7 + 3 \cdot 8 + 1 \cdot 9 + 3 \cdot 0 + 1 \cdot 1 + 3 \cdot 2 \mod 10 = 92 \mod 10 = 2$
Damit ist die Prüfziffer: $10 - 2 = 8$, die vollständige EAN lautet: 1234567890128

3.14 IBAN: DE87 1234 5678 1234 5678 90
Umstellen und DE durch 1314 ersetzen: 123456781234567890131487
Rest bei Division durch 97 muss 1 liefern: $123456781234567890131487 \mod 97 = 1$.
Die IBAN ist also korrekt.

3.15 IBAN: DE$p_1 p_2$ 8765 4321 0987 6543 21
Umstellen, und DE durch 1314 und $p_1 p_2$ durch 00 ersetzen: 8765 4321 0987 6543 21 1314 00
Rest bei Division durch 97: $8765432109876543211131400 \mod 97 = 20$
Da der Rest bei Division durch 97 eins liefern muss, lauten die gesuchten Prüfziffern: $98 - 20 = 78$
Und damit die IBAN: DE78 8765 4321 0987 6543 21

3.16 Bei der üblichen Validierung wird die IBAN als große Dezimalzahl interpretiert wird, was einer Gewichtung der Ziffern mit 1, 10, 100, 1000, ... (von rechts beginnend) entspricht.
Für die IBAN DE91 5678 1234 1234 5678 90:
Umstellen und DE durch 1314 ersetzen: 5678 1234 1234 5678 9013 1491
Rest bei Division durch 97:

567812341234567890131491   mod 97 =

$$10^{24} \cdot 5 + 10^{23} \cdot 6 + 10^{22} \cdot 7 + 10^{21} \cdot 8 + \cdots + 10^4 \cdot 3 + 1000 \cdot 1 + 100 \cdot 4 + 10 \cdot 9 + 1 \quad \text{mod } 97 = 1$$

Bei der Modulorechnung darf aber nicht nur am Ende der Berechnung, sondern an jeder beliebigen Stelle modulo 97 gerechnet werden; insbesondere gilt dies natürlich auch für die Gewichtungsfaktoren, die sich damit reduzieren lassen:
1 mod 97 = 1,   10 mod 97 = 10,   100 mod 97 = 3,   1000 mod 97 = 30,
10000 mod 97 = 9, 10^5 mod 97 = 90, 10^6 mod 97 = 27, ...
Damit ergibt sich für die Validierung der IBAN:

$$56 \cdot 5 + 25 \cdot 6 + 51 \cdot 7 + 73 \cdot 8 + 17 \cdot 1 + 89 \cdot 2 + 38 \cdot 3 + 62 \cdot 4 + 45 \cdot 1 + 53 \cdot 2 + 15 \cdot 3 +$$
$$50 \cdot 4 + 5 \cdot 5 + 49 \cdot 6 + 34 \cdot 7 + 81 \cdot 8 + 76 \cdot 9 + 27 \cdot 0 + 90 \cdot 1 + 9 \cdot 3 + 30 \cdot 1 + 3 \cdot 4 +$$
$$10 \cdot 9 + 1 \cdot 1 \quad \text{mod } 97 = 1.$$

Weiterhin kann auch nach jedem einzelnen Produkt und jedem Summanden sofort modulo 97 gerechnet werden. Die größte Zahl, die in der Rechnung entstehen könnte, ist $96 \cdot 9 = 864$ (für die Rechnung bei einer deutschen IBAN wie oben sogar nur $90 \cdot 9 = 810$). Dafür sind bereits 10 Bit (unsigned) ausreichend.

3.17 Mit der ISBN-10 ist sowohl die Erkennung einer einzelnen falschen Ziffer möglich als auch die Vertauschung von zwei Ziffern an beliebigen Positionen. Zur Erkennung einzelner falscher Ziffern muss geprüft werden, ob für jedes verwendete Gewicht g_i und den Modul m gilt:

$$\text{ggT}(g_i, m) = 1.$$

Die Gewichte g_i der ISBN-10 sind 10, 9, 8, ..., 2, 1. Der Modul ist $m = 11$. Dies ist eine Primzahl, und kein Gewicht ist ein Vielfaches von 11, damit ist die Bedingung für alle Gewichte erfüllt.
Zur Erkennung von Vertauschungen der Ziffern an Position j und k muss geprüft werden, ob gilt:

$$\text{ggT}(g_j - g_k, m) = 1.$$

Die Gewichte sind alle verschieden, es entsteht bei der Differenzbildung niemals 0 oder ein Vielfaches von 11. Da der Modul 11 prim ist, ist die Bedingung daher immer erfüllt.

3.18 Die EAN-13 verwendet von links beginnend abwechselnd die Gewichte 1 und 3, der Modul ist 10. Es gilt $\text{ggT}(1, 10) = \text{ggT}(3, 10) = 1$. Eine einzelne falsche Ziffer kann damit also erkannt werden.
Die möglichen Differenzen zwischen den Gewichten sind:
$3 - 1 = 2$,
$1 - 3 = -2$ ($= 8$ mod 10; das ist natürlich symmetrisch zur vorherigen Differenz und es genügt, eine davon zu prüfen),
$1 - 1 = 0$,
$3 - 3 = 0$.
Wir erhalten $\text{ggT}(2, 10) = \text{ggT}(-2, 10) = 2$ und $\text{ggT}(0, 10) = 10$. Die Erkennung von Vertauschungen ist damit nicht in jedem Fall möglich. Bei Ziffern, die um zwei Positionen auseinanderliegen,

war das sicher von vorneherein klar, es wird schließlich das gleiche Gewicht verwendet. Aber auch bei zwei benachbarten Ziffern ist dies nur in etwa 90% aller Fälle möglich: Eine Vertauschung kann dann nicht erkannt werden, wenn die Differenz der beiden Ziffern 5 beträgt, also z. B. die Folge 27 nebeneinander. Bei der Berechnung der Prüfziffer ergibt sich

$1 \cdot 2 + 3 \cdot 7 \bmod 10 = 23 \bmod 10 = 3$.

Die Vertauschung zu 72 ergibt:

$1 \cdot 7 + 3 \cdot 2 \bmod 10 = 13 \bmod 10 = 3$.

Die Vertauschung hat keinen Einfluss auf die gewichtete Summe und kann nicht erkannt werden.

3.19 Bestellnummer (noch ohne Prüfsumme) mit 6 Dezimalziffern.

a) Gewichte g_i der Bestellnummer: 1, 2, 4, 5, 7, 8, einzelne Prüfziffer mit Gewicht 1, mod $9 = 0$.

   Erkennung einzelner falscher Ziffern ist möglich, da für alle Gewichte g_i gilt $\mathrm{ggT}(g_i, 9) = 1$.

   Vertauschung von zwei benachbarten Ziffern?
   Hier prüfen wir alle Differenzen benachbarter Gewichte; dies sind:
   $2 - 1 = 1, \quad 4 - 2 = 2, \quad 5 - 4 = 1, \quad 7 - 5 = 2, \quad 8 - 7 = 1, \quad 1 - 8 = -7(= 2 \bmod 9)$.
   Es gibt also nur die Gewichtsdifferenzen 1 und 2. Wir prüfen:
   $\mathrm{ggT}(1, 9) = 1, \quad \mathrm{ggT}(2, 9) = 1$.
   Die Vertauschung zweier benachbarter Ziffern wird folglich immer erkannt.

   Wenn man bei der Berechnung der Differenzen benachbarter Gewichte die Reihenfolge umdreht, erhält man die gleichen Zahlen mit umgekehrtem Vorzeichen. Für den ggT macht dies keinen Unterschied. Außerdem lässt sich jede negative Zahl durch Addition des Modul 9 in den positiven Bereich verschieben, wie oben bei -7 gezeigt: $-7 \bmod 9 = -7 + 9 \bmod 9 = 2$.

   Vertauschung beliebiger Ziffern?
   Hier ist die Erkennung nicht mehr garantiert. Man sieht dies bereits in offensichtlicher Weise daran, dass zwei Ziffern das gleiche Gewicht haben, nämlich die ganz links und die Prüfziffer ganz rechts (beide Gewicht 1). Die Differenz ist 0, und $\mathrm{ggT}(0, 9) = 9 \neq 1$. Dies trifft aber noch auf einige andere Kombinationen zu:
   $8 - 2 = 6, \mathrm{ggT}(6, 9) = 3, \quad 8 - 5 = 3, \mathrm{ggT}(3, 9) = 3, \quad 7 - 1 = 6, \mathrm{ggT}(6, 9) = 3$
   $7 - 4 = 3, \mathrm{ggT}(3, 9) = 3, \quad 5 - 2 = 3, \mathrm{ggT}(3, 9) = 3, \quad 4 - 1 = 3, \mathrm{ggT}(3, 9) = 3$.

b) Zweistellige Prüfsumme: Damit diese auf einfache Weise berechnet und angehängt werden kann, muss man die Gewichte 10 (für die linke Ziffer) und 1 (für die rechte) wählen. So interpretiert man die beiden Ziffern nämlich zusammengehängt als Dezimalzahl (Beispiel folgt am Ende). Der Modul sollte so groß wie möglich sein, weil das die Wahrscheinlichkeit verringert, dass zwei verschiedene Bestellnummern die gleiche Prüfsumme haben.

   Der größte Modul, mit dem man eine zweistellige Prüfsumme erhalten würde, wäre 100. Dieser ist aber nicht teilerfremd zum Gewicht 2, da $\mathrm{ggT}(2, 100) = 2$; auch nicht zum Gewicht 10 der einen Prüfziffer: $\mathrm{ggT}(10, 100) = 10$. Die Erkennung einer einzelnen falschen Ziffer wäre also nicht garantiert.

   99 ist teilerfremd zu allen Gewichten und kann verwendet werden. Mit Vertauschungen sieht es allerdings genauso schlecht aus wie bei der vorherigen Aufgabe; da 9 ein Faktor von 99 ist, erhält man die gleichen Ergebnisse.

   98 ist wieder gerade und führt damit zum gleichen Problem wie bei 100:
   $\mathrm{ggT}(2, 98) = \mathrm{ggT}(10, 98) = 2$.

97 ist eine Primzahl und damit teilerfremd zu allen Gewichten und fast allen Gewichtsdifferenzen. Das einzige Problem ist die Gewichtsdifferenz von Null bei den Positionen ganz links und rechts. Dieses Problem ist durch die Wahl des Moduls nicht behebbar, man muss die Gewichte ändern, so dass alle verschieden sind. Die Gewichte der Bestellnummer lassen sich dann beliebig wählen, außer 10 und 1, die man für die beiden Prüfziffern hernimmt.

Zur Bestimmung der Prüfziffern berechnet man einfach die gewichtete Summe der Bestellnummer und reduziert mit dem gewählten Modul. Die beiden Prüfziffern ergeben sich als Differenz des Ergebnisses und des Moduls, z. B.:
Bestellnummer: 232479,
gewichtete Summe mod 97: $1 \cdot 2 + 2 \cdot 3 + 4 \cdot 2 + 5 \cdot 4 + 7 \cdot 7 + 8 \cdot 9 \mod 97 = 157 \mod 97 = 60$,
Prüfziffern: $97 - 60 = 37$,
Bestellnummer mit Prüfziffern: 23247937,
gewichtete Summe mod 97: $1 \cdot 2 + 2 \cdot 3 + 4 \cdot 2 + 5 \cdot 4 + 7 \cdot 7 + 8 \cdot 9 + 10 \cdot 3 + 1 \cdot 7 \mod 97 = 0$.

3.20 Reed-Solomon Codierung bzw. Decodierung im endlicher Körper mit 5 Elementen, Länge der (uncodierten) Nachricht ist 2, die Codewortlänge 4.

a) Codierung der Nachricht $(3, 2)$:

Die Nachricht wird als Polynom aufgefasst: $p(x) = 3 + 2x$

(es wäre auch möglich, $p(x) = 2 + 3x$ zu verwenden; die nachfolgenden Berechnungen müssen dann entsprechend geändert werden).

Das Polynom muss nun an 4 Stellen ausgewertet werden. Da modulo 5 gerechnet wird (endlicher Körper mit 5 Elementen), stehen grundsätzlich die fünf Werte 0, 1, 2, 3, 4 zur Verfügung. Da in der Aufgabenstellung keine Festlegung getroffen wurde, verwenden wir die ersten vier Stellen (auch hier wäre es möglich, andere 4 Stellen zu nehmen und die Rechnungen würden sich ändern):

$$p(0) = 3 + 0 = 3 \quad \mod 5 = 3$$
$$p(1) = 3 + 2 = 5 \quad \mod 5 = 0$$
$$p(2) = 3 + 4 = 7 \quad \mod 5 = 2$$
$$p(3) = 3 + 6 = 9 \quad \mod 5 = 4$$

Das zu sendende Codewort lautet damit $\boldsymbol{c} = (3, 0, 2, 4)$.

b) Der minimale Abstand zwischen zwei Codewörtern (Hamming-Abstand) beträgt $4 - 2 + 1 = 3$. Es sind dann $\lfloor 3/2 \rfloor = 1$ Fehler korrigierbar.

c) Empfangen: $(3, 0, 0, 4)$.

$$f(x) = f_0 + f_1 x \quad \text{vom Grad} \quad \left\lceil \frac{4-2}{2} \right\rceil = 1$$

$$h(x) = h_0 + h_1 x + h_2 x^2 \quad \text{vom Grad} \quad \left\lceil \frac{4-2}{2} \right\rceil + 2 - 1 = 2 \quad .$$

Die Kombination ergibt $r(x, y) = yf(x) + h(x) = f_0 y + f_1 xy + h_0 + h_1 x + h_2 x^2$.
Mit dem empfangenen Wort lauten die Paare (u_i, y_i): $(0, 3)$, $(1, 0)$, $(2, 0)$, $(3, 4)$, was folgendes

unterbestimmte homogene lineare Gleichungssystem ergibt:

I	$3f_0 + h_0 = 0$
II	$h_0 + h_1 + h_2 = 0$
III	$h_0 + 2h_1 + 4h_2 = 0$
IV	$4f_0 + 12f_1 + h_0 + 3h_1 + 9h_2 = 0$

Gleichung (IV) lässt sich noch modulo 5 reduzieren zu:

IV	$4f_0 + 2f_1 + h_0 + 3h_1 + 4h_2 = 0$

d) Nach dem Lösen des Gleichungssystems entstehen die Polynome:

$$f(x) = 1 + 2x, \quad h(x) = 2 + 2x + x^2 \quad .$$

Polynomdivision von $-h(x)$ durch $f(x)$ berechnen (im endlichen Körper modulo 5):

$$
\begin{array}{l}
(-x^2 - 2x - 2) : (2x + 1) = -3x + 3 \\
\underline{-(-x^2 - 3x)} \\
\qquad x - 2 \\
\qquad \underline{-(x + 3)} \\
\qquad\qquad -
\end{array}
$$

Man erhält $p(x) = 3 - 3x = 3 + 2x$ und kann die ursprünglich gesendete Nachricht an den Koeffizienten ablesen: $\boldsymbol{a} = (3, 2)$.

3.21 Reed-Solomon Code, modulo 11, Nachrichtenlänge 4, Nachrichtenpolynom an 6 Stellen (2, 3, …, 7) ausgewertet.

a) Der minimale Abstand zwischen zwei Codewörtern (Hamming-Abstand) beträgt $6 - 4 + 1 = 3$. Es sind dann $\lfloor 3/2 \rfloor = 1$ Fehler korrigierbar.

Ausfälle (also Stellen, an denen bekannt ist, dass sie nicht oder nicht korrekt gelesen wurden) sind $6 - 4 = 2$ tolerierbar.

b) Codierung der Nachricht (1, 0, 3, 4):

Die Nachricht wird als Polynom aufgefasst: $p(x) = 1 + 0x + 3x^2 + 4x^3 = 1 + 3x^2 + 4x^3$.

(es wäre auch möglich, $p(x) = 4 + 3x + 0x^2 + x^3$ zu verwenden; die nachfolgenden Berechnungen müssen dann entsprechend geändert werden).

Das Polynom muss nun an 6 Stellen ausgewertet werden. Da modulo 11 gerechnet wird, stehen grundsätzlich die Werte 0, 1, …, 10 zur Verfügung. Laut Aufgabenstellung sollen die Auswertestellen 2, 3, …, 7 verwendet werden:

$$p(2) = 1 + 12 + 32 = 45 \quad \mathrm{mod}\ 11 = 1, p(3) = 4, p(4) = 8, p(5) = 4, p(6) = 5, p(7) = 2.$$

Das zu sendende Codewort lautet damit $\boldsymbol{c} = (1, 4, 8, 4, 5, 2)$.

c) Empfangen wurde: $(1, \varepsilon, 8, \varepsilon, 5, 2)$.

Wie in der ersten Teilaufgabe bestimmt wurde, sind zwei Ausfälle gerade noch tolerierbar. Das gesuchte Polynom $p(x)$ erhält man aus

$$p(x) = \sum_{i=0}^{m-1} \frac{p(u_i)}{h_i(u_i)} h_i(x) \quad .$$

Zur Verfügung hat man hier die Datenpunkte (2, 1), (4, 8), (6, 5) und (7, 2), aus denen die Polynome $h_i(x)$ bestimmt werden (man beachte auch hier die Reduktion der Koeffizienten modulo 11). Die Indizes der Polynome wurden abweichend von der obigen Rekonstruktionsformel so gewählt, dass sie mit der jeweiligen Auswertestelle übereinstimmen (in der Formel wurde zur Vereinfachung der Notation angenommen, dass die Ausfälle alle am Ende des Codeworts auftreten):

$$h_2(x) = (x-4)(x-6)(x-7) = x^3 - 17x^2 + 94x - 168 = x^3 + 5x^2 + 6x + 8$$
$$h_4(x) = (x-2)(x-6)(x-7) = x^3 - 15x^2 + 68x - 84 = x^3 + 7x^2 + 2x + 4$$
$$h_6(x) = (x-2)(x-4)(x-7) = x^3 - 13x^2 + 50x - 56 = x^3 + 9x^2 + 6x + 10$$
$$h_7(x) = (x-2)(x-4)(x-6) = x^3 - 12x^2 + 44x - 48 = x^3 + 10x^2 + 7$$

Diese Polynome müssen nun an den ursprünglich bei der Codierung benutzten Auswertestellen u_i evaluiert werden, also hier $u_i = 2, 4, 6, 7$. Dies ergibt für $h_i(u_i)$:

$$h_2(2) = 4, h_4(4) = 1, h_6(6) = 3, h_7(7) = 4.$$

Wie in der Rekonstruktionsformel oben ersichtlich, muss durch diese Werte im Körper $\mathbb{F}_{11}$ dividiert werden. Man benötigt dafür die inversen Elemente, mit denen dann anschließend multipliziert wird. Diese sind:

$$h_2^{-1}(2) = 4^{-1} = 3$$
$$h_4^{-1}(4) = 1^{-1} = 1$$
$$h_6^{-1}(6) = 3^{-1} = 4$$
$$h_7^{-1}(7) = 4^{-1} = 3$$

Einsetzen in die Formel liefert

$$p(x) = p(2)h_2^{-1}(2)h_2(x) + p(4)h_4^{-1}(4)h_4(x) + p(6)h_6^{-1}(6)h_6(x) + p(7)h_7^{-1}(7)h_7(x)$$
$$= 1 \cdot 3h_2(x) + 8 \cdot 1h_4(x) + 5 \cdot 4h_6(x) + 2 \cdot 3h_7(x)$$
$$= 3h_2(x) + 8h_4(x) + 9h_6(x) + 6h_7(x)$$
$$= 3(x^3 + 5x^2 + 6x + 8) + 8(x^3 + 7x^2 + 2x + 4) + 9(x^3 + 9x^2 + 6x + 10) + 6(x^3 + 10x^2 + 7)$$
$$= 26x^3 + 212x^2 + 88x + 188$$
$$= 4x^3 + 3x^2 + 1$$

Dieses Polynom entspricht dem ursprünglichen, die gesendete Nachricht lässt sich an den Koeffizienten ablesen und lautete $a = (1, 0, 3, 4)$.

d) Empfangen: (1, 0, 8, 4, 5, 2).

$$f(x) = f_0 + f_1 x \quad \text{vom Grad} \quad \left\lceil \frac{6-4}{2} \right\rceil = 1$$

$$h(x) = h_0 + h_1 x + h_2 x^2 + h_3 x^3 + h_4 x^4 \quad \text{vom Grad} \quad \left\lceil \frac{6-4}{2} \right\rceil + 4 - 1 = 4 \quad .$$

Die Kombination ergibt $r(x, y) = yf(x) + h(x) = f_0 y + f_1 xy + h_0 + h_1 x + h_2 x^2 + h_3 x^3 + h_4 x^4$. Mit dem empfangenen Wort lauten die Paare (u_i, y_i): (2, 1), (3, 0), (4, 8), (5, 4), (6, 5), (7, 2), was folgendes unterbestimmte homogene lineare Gleichungssystem ergibt:

I $\qquad f_0 + 2f_1 + h_0 + 2h_1 + 4h_2 + 8h_3 + 16h_4 = 0$

II $\qquad h_0 + 3h_1 + 9h_2 + 27h_3 + 81h_4 = 0$

III $\qquad 8f_0 + 32f_1 + h_0 + 4h_1 + 16h_2 + 64h_3 + 256h_4 = 0$

IV $\qquad 4f_0 + 20f_1 + h_0 + 5h_1 + 25h_2 + 125h_3 + 625h_4 = 0$

V $\qquad 5f_0 + 30f_1 + h_0 + 6h_1 + 36h_2 + 216h_3 + 1296h_4 = 0$

VI $\qquad 2f_0 + 14f_1 + h_0 + 7h_1 + 49h_2 + 343h_3 + 2401h_4 = 0$

Alle Koeffizienten modulo 11 reduziert ergibt:

I $\qquad f_0 + 2f_1 + h_0 + 2h_1 + 4h_2 + 8h_3 + 5h_4 = 0$

II $\qquad h_0 + 3h_1 + 9h_2 + 5h_3 + 4h_4 = 0$

III $\qquad 8f_0 + 10f_1 + h_0 + 4h_1 + 5h_2 + 9h_3 + 3h_4 = 0$

IV $\qquad 4f_0 + 9f_1 + h_0 + 5h_1 + 3h_2 + 4h_3 + 9h_4 = 0$

V $\qquad 5f_0 + 8f_1 + h_0 + 6h_1 + 3h_2 + 7h_3 + 9h_4 = 0$

VI $\qquad 2f_0 + 3f_1 + h_0 + 7h_1 + 5h_2 + 2h_3 + 3h_4 = 0$

Die Lösung des Systems kann z. B. mit dem Gauß-Eliminationsverfahren erfolgen, welches unten links Nullen erzeugt. Dies ist im Folgenden durchgeführt, wobei nur die Koeffizienten gezeigt werden. Von einem Schritt zum nächsten werden nur die geänderten Gleichungen dargestellt. Rechts hinter den Gleichungen sind die Faktoren angegeben, mit denen jeweils die erste Gleichung des aktuellen Schrittes multipliziert werden muss um in der jeweiligen Zeile eine Null in der entsprechenden Spalte zu erzeugen. Außerdem wurde die Reihenfolge der Gleichungen umgestellt (da in (II) die ersten beiden Koeffizienten bereits Null sind). Man beachte, dass wieder modulo 11 gerechnet wird, d. h. die Division wird ersetzt durch die modularen Inversen, und alle Zahlen sollten möglichst früh wieder modulo 11 reduziert werden, um diese klein zu halten. Außerdem kann (wenn gewünscht) jede negative Zahl durch eine positive ersetzt werden.

	f_0	f_1	h_0	h_1	h_2	h_3	h_4	Faktoren um Nullen zu erzeugen
I	1	2	1	2	4	8	5	
III	8	10	1	4	5	9	3	$\cdot(-7)=4$
IV	4	9	1	5	3	4	9	$\cdot(-3)=8$
II	0	0	1	3	9	5	4	
V	5	8	1	6	3	7	9	$\cdot(-9)=2$
VI	2	3	1	7	5	2	3	$\cdot(-6)=5$
III'	0	9	5	7	2	0	6	
IV'	0	8	9	9	6	7	0	$\cdot(-7)\cdot9=3$
II'	0	0	1	3	9	5	4	
V'	0	7	3	3	10	0	1	$\cdot(-8)\cdot9=5$
VI'	0	6	6	4	7	7	9	$\cdot(-2)\cdot9=4$
IV''	0	0	10	1	9	10	6	
II''	0	0	1	3	9	5	4	$\cdot(-10)=1$
V''	0	0	9	0	8	0	0	$\cdot(-5)\cdot10=5$
VI''	0	0	7	1	8	6	9	$\cdot(-8)\cdot10=8$
II'''	0	0	0	4	7	4	10	
V'''	0	0	0	1	5	10	6	$\cdot(-4)=7$
VI'''	0	0	0	9	7	3	1	$\cdot(-5)\cdot4=2$
V''''	0	0	0	0	9	8	8	
VI''''	0	0	0	0	10	10	1	$\cdot(-10)\cdot9=9$
VI'''''	0	0	0	0	0	10	6	

Da man ein unterbestimmtes System mit sechs Gleichungen für sieben Unbekannte hatte, kann man eine beliebig ($\neq 0$) wählen, z. B. $h_4 = 1$.

Damit erhält man aus (VI'''''): $10h_3 + 6 = 0$, aufgelöst $h_3 = 6$.

Beide eingesetzt in (V'''') ergibt $9h_2 + 8 \cdot 6 + 8 = 0$, aufgelöst $h_2 = 6$.

Einsetzen in (II'''): $4h_1 + 7 \cdot 6 + 4 \cdot 6 + 10 = 0$, aufgelöst $h_1 = 3$.

Einsetzen in (IV''): $10h_0 + 3 + 9 \cdot 6 + 10 \cdot 6 + 6 = 0$, aufgelöst $h_0 = 2$.

Einsetzen in (III'): $9f_1 + 5 \cdot 2 + 7 \cdot 3 + 2 \cdot 6 + 6 = 0$, aufgelöst $f_1 = 8$.

Einsetzen in (I): $f_0 + 2 \cdot 8 + 2 + 2 \cdot 3 + 4 \cdot 6 + 8 \cdot 6 + 5 = 0$, aufgelöst $f_0 = 9$.

Damit sind alle Unbekannten bestimmt und die Polynome $f(x)$ bzw. $h(x)$ lauten:
$$f(x) = 9 + 8x, \quad h(x) = 2 + 3x + 6x^2 + 6x^3 + x^4 \quad .$$
Nun wird das Nachrichtenpolynom $p(x)$ berechnet, indem eine Polynomdivision von $-h(x)$ durch $f(x)$ durchgeführt wird. Diese geht immer ohne Rest auf:

$$
\begin{array}{l}
(-x^4 - 6x^3 - 6x^2 - 3x - 2) : (8x+9) = -7x^3 + 3x^2 + 1 \\
\underline{-(-x^4 - 8x^3)} \\
\qquad 2x^3 - 6x^2 - 3x - 2 \\
\qquad \underline{-(2x^3 + 5x^2)} \\
\qquad\qquad -3x - 2 \\
\qquad\qquad \underline{-(8x+9)} \\
\qquad\qquad\qquad -
\end{array}
$$

Man erhält $p(x) = 1 + 3x^2 - 7x^3 = 1 + 3x^2 + 4x^3$ und kann die ursprünglich gesendete Nachricht an den Koeffizienten ablesen: $\boldsymbol{a} = (1, 0, 3, 4)$.

3.22 Binärcodes $C_1 = \{001, 110\}$ und $C_2 = \{000, 111\}$.

a) Beide Codes haben Hamming-Distanz 3.

b) Damit ein Code linear ist, müssen die Codewörter aufgefasst als Vektoren ein Vektorraum sein. Das bedeutet insbesondere:

   - Es gibt ein Skalarprodukt (bei binären Codes kommen nur die Skalare 0 und 1 vor).
   - Es gibt eine kommutative Vektoraddition (bei Binärcodes ein stellenweises XOR, d. h. eine Addition modulo 2);
   - bzgl. der Addition gibt es für jedes Element ein inverses (XOR ist selbstinvers: $-x = x$).
   - Es gibt neutrale Elemente (das Einselement für die Skalare, die 1; das Nullelement für die Addition, der Nullvektor).
   - Der Raum ist bezüglich der Operationen algebraisch abgeschlossen: Jede Linearkombination von Codewörtern ergibt wieder ein Codewort.

   Bei C_1 ist der Nullvektor nicht als Codewort enthalten: Der Code ist nicht linear.

   In C_2 ist er dagegen enthalten. Es stellt sich hier nun die Frage, ob die Menge bzgl. der beiden Operationen abgeschlossen ist. Bei der Multiplikation eines einzelnen Vektors mit einem Skalar ist die Lage klar, es gibt schließlich nur die Skalare 0 und 1. Sobald der Nullvektor enthalten ist, der bei Multiplikation mit 0 entsteht, werden keine neuen Vektoren erzeugt.
   Es bleibt die Vektoraddition: Egal, welche und wie viele Codevektoren man addiert, es muss immer wieder ein Codevektor aus der ursprünglichen Menge entstehen. Eine Addition des Nullvektors zu sich selbst oder mit 111 ändert nichts. Addiert man 111 zu sich selbst, erhält man den Nullvektor $111 + 111 = 000$ (stellenweise Addition mod 2). Die Menge ist abgeschlossen, der Code C_2 ist linear.

c) Perfekter Binärcode: Wir brauchen Formel (3.25) aus dem *Grundkurs Informatik*:

$$n_e \leq \frac{2^s}{1 + \sum_{i=1}^{e} \binom{s}{i}} \quad .$$

   n_e ist eine obere Grenze für die Anzahl der Codewörter der Länge s eines e-Fehler korrigierenden Codes. Gilt in der Formel die Gleichheit, dann ist der Code perfekt – er ist so dicht wie möglich. Für beide Codes ist $s = 3$ und $e = 1$ (Hamming-Distanz 3 = ein Fehler korrigierbar):

$$n_e \leq \frac{2^3}{1 + \binom{3}{1}} = \frac{8}{4} = 2 \quad . \tag{3.1}$$

   Tatsächlich haben sowohl C_1 als auch C_2 zwei Codewörter, beide sind perfekte Codes.

3.23 Binärcodes $C_1 = \{1000001, 1101100, 0010011\}$ und
$C_2 = \{1101100, 0010011, 1111111, 0000000\}$.

a) Beide Codes haben Hamming-Distanz 3.

b) Bei C_1 ist der Nullvektor nicht als Codewort enthalten: Der Code ist nicht linear.

   In C_2 ist er dagegen enthalten. Wir prüfen die Abgeschlossenheit:
   Jeder Codevektor zu sich selbst addiert ergibt den Nullvektor.
   $1101100 + 0010011 = 1111111$,
   $1101100 + 1111111 = 0010011$,
   $0010011 + 1111111 = 1101100$.
   Alle Ergebnisse sind gültige Codewörter, der Code ist linear.

c) Für beide Codes haben wir eine Länge von $s = 7$ und $e = 1$ (wegen der Hamming-Distanz von 3 kann man einen Fehler korrigieren). Als obere Grenze für die Anzahl Codewörter erhält man:

$$n_e \leq \frac{2^7}{1 + \binom{7}{1}} = \frac{128}{8} = 16 \quad .$$

C_1 hat drei Codewörter, C_2 hat vier. Beide sind weit weg von den maximal 16 möglichen und daher nicht perfekt.

3.24 Wir betrachten nun binäre Blockcodes der Länge 9 Bit.

a) Wenn jede verfügbare Bitkombination als Codewort genutzt werden soll hat der Code $2^9 = 512$ Codewörter.
Seine Hamming-Distanz ist 1, damit kann man weder Fehler korrigieren noch erkennen: Jedes gekippte Bit ergibt wieder ein gültiges Codewort.

b) Für einen 2-korrigierenden Code benötigt man eine Hamming-Distanz von $2 \cdot 2 + 1 = 5$. Die obere Grenze für die Anzahl an Codewörtern ist ($s = 9$, $e = 2$):

$$n_e \leq \frac{2^9}{1 + \binom{9}{1} + \binom{9}{2}} = \frac{512}{46} = 11{,}13 \quad .$$

Nach einem perfekten Code mit diesen Eigenschaften muss man folglich nicht lange suchen: 11,13 ist keine ganze Zahl, daher kann es keinen solchen Code geben.

3.25 Nicht-binärer Code $C = \{000000, 111111, 222222, 111222\}$. Jede Position ist ein Element aus dem endlichen Körper $\mathbb{F}_3$. Es wird also stellenweise modulo 3 gerechnet.

a) Um von 222222 auf 111222 zu kommen, muss man 3 Stellen ändern; dies ist die kleinstmögliche Änderung, um aus einem Codewort ein anderes zu erzeugen. Daher: Hamming-Distanz 3.

b) Der Code ist nicht linear, da die Menge nicht abgeschlossen ist, z. B.
$111111 + 111222 = 222000 \notin C$,
$222222 + 111222 = 000111 \notin C$,
$111222 + 111222 = 222111 \notin C$.

c) Wir haben eine Länge von $s = 6$ und $e = 1$ (wegen der Hamming-Distanz von 3 kann man einen Fehler korrigieren). Da dies ein nicht-binärer Code ist, muss man an Stelle der vorher genannten Formel (3.25) aus dem *Grundkurs Informatik* die folgende allgemeinere verwenden:

$$n_e \leq \frac{q^s}{1 + \sum_{i=1}^{e}(q-1)^i \binom{s}{i}} \quad ,$$

wobei q die Anzahl der möglichen Werte für jede Position ist. Für Binärcodes mit $q = 2$ ergibt sich die vorher verwendete Formel als Spezialfall. Die Gesamtzahl aller mögliche Kombinationen steht wieder im Zähler (für jede Position gibt es q Möglichkeiten). Der Binomialkoeffizient im Nenner gibt wie vorher an, wie viele mögliche Positionen es für einen Fehler gibt. Pro Fehlerstelle können $q - 1$ verschiedene Werte auftreten; bei binären Codes gibt es hier nur eine einzige Möglichkeit, weshalb die Formel sich vereinfacht.

Als obere Grenze für die Anzahl Codewörter erhält man für unseren Code damit:

$$n_e \leq \frac{3^6}{1 + 2 \cdot \binom{6}{1}} = \frac{729}{13} = 56{,}08 \quad .$$

Der Code ist nicht perfekt, es gibt tatsächlich gar keinen perfekten Code über $\mathbb{F}_3$ mit Länge 6 und Hamming-Distanz 3, wie man am gebrochenen Ergebnis erkennen kann.

3.26 Nicht-binärer Code $C = \{000000, 111111, 222222, 333333, 444444, 555555, 666666\}$. Jede Position ist ein Element aus dem endlichen Körper $\mathbb{F}_7$. Es wird also stellenweise modulo 7 gerechnet.

a) Um aus irgendeinem Codewort ein anderes zu erzeugen muss man immer alle 6 Stellen ändern. Daher: Hamming-Distanz 6.

b) Der Code ist linear. Der Nullvektor ist enthalten, die Menge ist abgeschlossen: egal welche Codewörter man addiert und/oder mit einem Skalar multipliziert, es entsteht immer eines der anderen Codewörter aus der Menge.

c) Wir haben $q = 7$, eine Länge von $s = 6$ und $e = 2$ (wegen der Hamming-Distanz von 6 kann man zwei Fehler korrigieren). Als obere Grenze für die Anzahl Codewörter erhält man:

$$n_e \leq \frac{7^6}{1 + 6 \cdot \binom{6}{1} + 6^2 \cdot \binom{6}{2}} = \frac{117649}{577} = 203{,}90 \quad .$$

Der Code ist nicht perfekt.

d) Jetzt: Ersetze 666666 durch 066666.

Die Hamming-Distanz ändert sich auf 5.

Der Code ist nicht mehr linear. Beispielsweise liefert $111111 + 066666 = 100000 \notin C$.

Bei der Berechnung von n_e gibt es keine Änderung, da die Anzahl der korrigierbaren Fehler $e = 2$ bleibt.

3.4 Verschlüsselung

Dieser Abschnitt enthält die Lösungen zu Abschnitt 2.4 *Verschlüsselung*, Seite 12.

4.1 Transpositions-Chiffre mit multiplikativem Schlüssel 7 und additivem Schlüssel 9.

a) Für den multiplikativen Schlüssel k und den Modul n muss gelten: $\mathrm{ggT}(k,n) = 1$. Dies ist für $\mathrm{ggT}(7,26)$ der Fall, der Schlüssel ist zulässig.

b) Die verschlüsselten Zeichen y ergeben sich aus den Klartextzeichen x wie folgt:

$$y = x \cdot k + d \bmod n$$

also hier:

$$y = x \cdot 7 + 9 \bmod 26$$

Bob rechnet:

Klartext:	l	o	e	s	u	n	g
numerische Darstellung:	11	14	4	18	20	13	6
Multiplikation mit 7 (mod 26):	25	20	2	22	10	13	16
Addition von 9 (mod 26):	8	3	11	5	19	22	25
Chiffretext als Buchstaben:	I	D	L	F	T	W	Z

Bob sendet `IDLFTWZ` an Alice.

c) Für die Entschlüsselung muss Alice rechnen:

$$x = (y - d) \cdot k^{-1} \bmod n$$

also hier:

$$x = (y - 9) \cdot 7^{-1} \bmod 26$$

Die modulare Inverse von 7 lässt sich z. B. über den erweiterten euklidischen Algorithmus oder die eulersche Phi-Funktion bestimmen:

$$k^{-1} = k^{\Phi(n)-1} \bmod n$$

mit

$$\Phi(26) = \Phi(2) \cdot \Phi(13) = 1 \cdot 12 = 12$$

$$7^{-1} = 7^{12-1} \bmod 26 = 7^{11} \bmod 26 = 15$$

Alice rechnet:

Chiffretext als Buchstaben:	I	D	L	F	T	W	Z
numerische Darstellung:	8	3	11	5	19	22	25
Subtraktion von 9 (mod 26):	25	20	2	22	10	13	16
Multiplikation mit 15 (mod 26):	11	14	4	18	20	13	6
Klartext:	l	o	e	s	u	n	g

4.2 Klartext buch in 7-Bit ASCII (Hexadezimal): 62 75 63 68
entspricht binär: 110 0010 111 0101 110 0011 110 1000
One-Time-Pad abcd in 7-Bit ASCII (Hexadezimal): 61 62 63 64
entspricht binär: 110 0001 110 0010 110 0011 110 0100
Verschlüsselung durch XOR-Verknüpfung:
110 0010 111 0101 110 0011 110 1000
110 0001 110 0010 110 0011 110 0100
ergibt:
000 0011 001 0111 000 0000 000 1100
Dieser One-Time-Pad wäre in der Praxis ungeeignet, da er nicht zufällig ist und somit keine sichere
Verschlüsselung gewährleistet.

4.3 Diffie-Hellman mit $p = 17$ und $g = 3$.

a) $\Phi(17) = 16$

b) $x_A = 2, x_B = 3$.
Alice $\rightarrow$ Bob:

$$y_A = g^{x_A} \bmod p = 3^2 \bmod 17 = 9 \quad .$$

Bob $\rightarrow$ Alice:

$$y_B = g^{x_B} \bmod p = 3^3 \bmod 17 = 10 \quad .$$

Nun rechnet Alice

$$k_{AB} = y_B^{x_A} \bmod p = 10^2 \bmod 17 = 15 \quad .$$

Bob rechnet

$$k_{AB} = y_A^{x_B} \bmod p = 9^3 \bmod 17 = 15 \quad .$$

Der im weiteren Verlauf zum Nachrichtenaustausch verwendete Schlüssel ist $k_{AB} = 15$.

c) p muss eine sichere Primzahl sein und g eine primitive Wurzel modulo p.

Eine Primzahl p heißt sicher, wenn $p - 1$ möglichst große Primfaktoren als Teiler hat. Diejenige
mit dem größtmöglichen Primfaktor ist $p = 2q + 1$, wobei q wieder eine Primzahl ist. Im
vorliegenden Fall gilt $17 = 2 \cdot 8 + 1$; da 8 keine Primzahl ist, ist p nicht sicher.

Eine Zahl g ist genau dann eine primitive Wurzel, wenn gilt

$$g^{\frac{p-1}{r}} \neq 1 \quad \bmod p \quad \text{für jeden Primfaktor } r \text{ von } p - 1 \quad .$$

Der einzige Primfaktor von $p - 1 = 16$ ist 2. Es gilt:

$$3^{\frac{16}{2}} \bmod 17 = 3^8 \bmod 17 = 16 \neq 1 \quad .$$

Damit ist $g = 3$ eine primitive Wurzel. Dies bedeutet, 3 fortlaufend mit sich selbst multipliziert
erzeugt alle Elemente (außer 0) des verwendeten endlichen Körpers, der sich aus Rechnung
modulo 17 ergibt: 3, 9, 10, 13, 5, 15, 11, 16, 14, 8, 7, 4, 12, 2, 6, 1.

4.4 Diffie-Hellman mit $p = 19$ und $g = 3$.

a) $x_A = 3$, $x_B = 2$.
Alice $\rightarrow$ Bob:

$$y_A = g^{x_A} \bmod p = 3^3 \bmod 19 = 8 \quad .$$

Bob $\rightarrow$ Alice:

$$y_B = g^{x_B} \bmod p = 3^2 \bmod 19 = 9 \quad .$$

Nun rechnet Alice

$$k_{AB} = y_B^{x_A} \bmod p = 9^3 \bmod 19 = 7 \quad .$$

Bob rechnet

$$k_{AB} = y_A^{x_B} \bmod p = 8^2 \bmod 19 = 7 \quad .$$

Der im weiteren Verlauf zum Nachrichtenaustausch verwendete Schlüssel ist $k_{AB} = 7$.

b) Im vorliegenden Fall gilt $19 = 2 \cdot 9 + 1$; da 9 keine Primzahl ist, ist p nicht sicher.

c) Die Primfaktoren von $p - 1 = 18$ sind 2 und 3. Es gilt:

$$3^{\frac{18}{2}} \bmod 19 = 3^9 \bmod 19 = 18 \neq 1 \quad .$$

$$3^{\frac{18}{3}} \bmod 19 = 3^6 \bmod 19 = 7 \neq 1 \quad .$$

Damit ist $g = 3$ eine primitive Wurzel.

d) Schlüssel: $7_{10} = 111_2$. Chiffretext: $5_{10} = 101_2$.
Entschlüsselung: $111 \, \text{XOR} \, 101 = 010$. Der Klartext war $010_2 = 2_{10}$.

4.5 RSA mit $p = 29$ und $q = 17$.

a) $n = p \cdot q = 29 \cdot 17 = 493$.
$\Phi(n) = \Phi(p \cdot q) = (p-1)(q-1) = 28 \cdot 16 = 448$.

b) Anforderungen an öffentlichen Schlüssel c:
$1 < c < \Phi(n)$ und teilerfremd zur eulerschen Phi-Funktion: $\text{ggT}(\Phi(n), c) = 1$.

$$\text{ggT}(448, 13) = \text{ggT}(13, 6) = \text{ggT}(6, 1) = \text{ggT}(1, 0) = 1 \quad .$$

Damit ist $c = 13$ als Teil des öffentlichen Schlüssels geeignet.

c) Der passende geheime Schlüssel d ergibt sich aus der modularen Inversen zu $c = 13$ bzgl. $\Phi(n) = 448$. Berechnung z. B. über den erweiterten euklidischen Algorithmus oder mit Hilfe der eulerschen Phi-Funktion:

$$d = c^{-1} = c^{\Phi(\Phi(n))-1} \bmod \Phi(n)$$

mit

$$\Phi(\Phi(n)) = \Phi(448) = \Phi(2^6 \cdot 7) = 2^5 \cdot 1 \cdot 1 \cdot 6 = 192$$

$$d = 13^{-1} = 13^{192-1} \bmod 448 = 13^{191} \bmod 448 = 69 \quad .$$

Die modulare Exponentiation kann beispielsweise durch Zerlegung des Exponenten in Zweier-potenzen und Wiederverwendung des jeweils direkt vorherigen Teilergebnisses erfolgen (alle Teilrechnungen werden sofort modulo 448 reduziert):

$$
\begin{aligned}
13^{191} &= 13^{1+2+4+8+16+32+128} \\
&= 13 \cdot 13^2 \cdot 13^4 \cdot (13^4)^2 \cdot (13^8)^2 \cdot (13^{16})^2 \cdot (13^{32})^4 \\
&= 13 \cdot 169 \cdot 337 \cdot 337^2 \cdot (13^8)^2 \cdot (13^{16})^2 \cdot (13^{32})^4 \\
&= 13 \cdot 169 \cdot 337 \cdot 225 \cdot 225^2 \cdot (13^{16})^2 \cdot (13^{32})^4 \\
&= 13 \cdot 169 \cdot 337 \cdot 225 \cdot 1 \cdot 1^2 \cdot 1^4 \\
&= 13 \cdot 169 \cdot 113 \\
&= 13 \cdot 281 \\
&= 69
\end{aligned}
$$

Zur Probe kann man die beiden Schlüssel multiplizieren, das Ergebnis modulo 448 muss 1 ergeben:

$$
c \cdot d \bmod \Phi(n) = 13 \cdot 69 \bmod 448 = 1 \quad .
$$

d) Es gilt $p = 29 = 2 \cdot 14 + 1$; da 14 keine Primzahl ist, ist p nicht sicher.

e) Zur Verschlüsselung des Klartextes $x = 321$ rechnet Bob:

$$
y = x^c \bmod n = 321^{13} \bmod 493 = 478 \quad .
$$

Bestimmung des Ergebnisses wieder mit Zerlegung des Exponenten in Zweierpotenzen und sofortiger Reduktion modulo 493:

$$
\begin{aligned}
321^{13} &= 321^{1+4+8} \\
&= 321 \cdot (321^2)^2 \cdot (321^4)^2 \\
&= 321 \cdot 4^2 \cdot (321^4)^2 \\
&= 321 \cdot 16 \cdot 16^2 \\
&= 321 \cdot 16 \cdot 256 \\
&= 321 \cdot 152 \\
&= 478
\end{aligned}
$$

Alice rechnet zur Entschlüsselung:

$$
x = y^d \bmod n = 478^{69} \bmod 493 = 321 \quad .
$$

Bestimmung des Ergebnisses wieder mit Zerlegung des Exponenten in Zweierpotenzen und sofortiger Reduktion modulo 493:

$$478^{69} = 478^{1+4+64}$$
$$= 478 \cdot (478^2)^2 \cdot (478^4)^{16}$$
$$= 478 \cdot (478^2)^2 \cdot ((((478^4)^2)^2)^2)^2$$
$$= 478 \cdot 225^2 \cdot ((((478^4)^2)^2)^2)^2$$
$$= 478 \cdot 339 \cdot (((339^2)^2)^2)^2$$
$$= 478 \cdot 339 \cdot ((52^2)^2)^2$$
$$= 478 \cdot 339 \cdot (239^2)^2$$
$$= 478 \cdot 339 \cdot 426^2$$
$$= 478 \cdot 339 \cdot 52$$
$$= 478 \cdot 373$$
$$= 321$$

4.6 RSA: Verschlüsseltes Zeichen $y = 128$, öffentlicher Schlüssel $n = 187$, $c = 7$.
Die Berechnung des Schlüssels kann z. B. über eine Primfaktorisierung von n erfolgen. Dazu dividiert man im einfachsten Fall n durch alle Primfaktoren bis $\sqrt{187} = 13{,}7$, das sind die Zahlen 3, 5, 7, 11, 13. Dies liefert die Faktoren $p = 11$ und $q = 17$ und

$$\Phi(n) = (p-1)(q-1) = 10 \cdot 16 = 160 \quad .$$

Der passende geheime Schlüssel d ergibt sich aus der modularen Inversen zu $c = 7$ bzgl. $\Phi(n) = 160$. Berechnung z. B. über den erweiterten euklidischen Algorithmus oder mit Hilfe der eulerschen Phi-Funktion:

$$d = c^{-1} = c^{\Phi(\Phi(n))-1} \bmod \Phi(n)$$

mit

$$\Phi(\Phi(n)) = \Phi(160) = \Phi(2^5 \cdot 5) = 2^4 \cdot 1 \cdot 1 \cdot 4 = 64$$

$$d = 7^{-1} = 7^{64-1} \bmod 160 = 7^{63} \bmod 160 = 23 \quad .$$

Die modulare Exponentiation kann beispielsweise durch Zerlegung des Exponenten in Zweierpotenzen und Wiederverwendung des jeweils direkt vorherigen Teilergebnisses erfolgen (alle Teilrechnungen werden sofort modulo 160 reduziert):

$$7^{63} = 7^{1+2+4+8+16+32}$$
$$= 7 \cdot 7^2 \cdot (7^2)^2 \cdot (7^4)^2 \cdot (7^8)^2 \cdot (7^{16})^2$$
$$= 7 \cdot 49 \cdot 49^2 \cdot (7^4)^2 \cdot (7^8)^2 \cdot (7^{16})^2$$
$$= 7 \cdot 49 \cdot 1 \cdot 1^2 \cdot 1^2 \cdot 1^2$$
$$= 23$$

Entschlüsselung:

$$x = y^d \bmod n = 128^{23} \bmod 187 = 2 \quad .$$

Dies entspricht dem Zeichen B.

Bestimmung des Ergebnisses wieder mit Zerlegung des Exponenten in Zweierpotenzen und sofortiger Reduktion modulo 187:
$$128^{23} = 128^{1+2+4+16}$$

$$= 128 \cdot 128^2 \cdot (128^2)^2 \cdot ((128^4)^2)^2$$
$$= 128 \cdot 115 \cdot 115^2 \cdot ((128^4)^2)^2$$
$$= 128 \cdot 115 \cdot 135 \cdot (135^2)^2$$
$$= 128 \cdot 115 \cdot 135 \cdot 86^2$$
$$= 128 \cdot 115 \cdot 135 \cdot 103$$
$$= 128 \cdot 115 \cdot 67$$
$$= 128 \cdot 38$$
$$= 2$$

4.7 Öffentliche Schlüssel: Alice (69, 1003), Bob (41, 85).

a) $\Phi_A(1003) = 928$ (Alice), $\Phi_B(85) = 64$ (Bob). Privater Schlüssel d_A von Alice:
$$d_A = c^{-1} = c^{\Phi(\Phi(n))-1} \bmod \Phi(n)$$

mit

$$\Phi(\Phi(n)) = \Phi(928) = \Phi(2^5 \cdot 29) = 2^4 \cdot 1 \cdot 1 \cdot 28 = 448$$
$$d_A = 69^{-1} = 69^{448-1} \bmod 928 = 69^{447} \bmod 928 = 269 \quad .$$

Die modulare Exponentiation kann beispielsweise durch Zerlegung des Exponenten in Zweierpotenzen und Wiederverwendung des jeweils direkt vorherigen Teilergebnisses erfolgen (alle Teilrechnungen werden sofort modulo 928 reduziert):
$$69^{447} = 69^{1+2+4+8+16+32+128+256}$$

$$= 69 \cdot 69^2 \cdot (69^2)^2 \cdot (69^4)^2 \cdot (69^8)^2 \cdot (69^{16})^2 \cdot ((69^{32})^2)^2 \cdot (69^{128})^2$$
$$= 69 \cdot 121 \cdot 121^2 \cdot (69^4)^2 \cdot (69^8)^2 \cdot (69^{16})^2 \cdot ((69^{32})^2)^2 \cdot (69^{128})^2$$
$$= 69 \cdot 121 \cdot 721 \cdot 721^2 \cdot (69^8)^2 \cdot (69^{16})^2 \cdot ((69^{32})^2)^2 \cdot (69^{128})^2$$
$$= 69 \cdot 121 \cdot 721 \cdot 161 \cdot 161^2 \cdot (69^{16})^2 \cdot ((69^{32})^2)^2 \cdot (69^{128})^2$$
$$= 69 \cdot 121 \cdot 721 \cdot 161 \cdot 865 \cdot 865^2 \cdot ((69^{32})^2)^2 \cdot (69^{128})^2$$
$$= 69 \cdot 121 \cdot 721 \cdot 161 \cdot 865 \cdot 257 \cdot 865 \cdot 865^2$$
$$= 69 \cdot 121 \cdot 721 \cdot 161 \cdot 865 \cdot 257 \cdot 865 \cdot 257$$
$$= 69 \cdot 121 \cdot 721 \cdot 161 \cdot 865 \cdot 257 \cdot 513$$
$$= 69 \cdot 121 \cdot 721 \cdot 161 \cdot 865 \cdot 65$$
$$= 69 \cdot 121 \cdot 721 \cdot 161 \cdot 545$$
$$= 69 \cdot 121 \cdot 721 \cdot 513$$
$$= 69 \cdot 121 \cdot 529$$
$$= 69 \cdot 905$$
$$= 269$$

Die Zahl $d_B = 25$ ist als privater Schlüssel von Bob geeignet, da
$$d_B \cdot c_B \bmod \Phi_B(85) = 25 \cdot 41 \bmod 64 = 1 \quad .$$

b) Die digitale Signatur wird durch Anwendung des privaten Schlüssels von Alice auf den Hashwert $x = 15$ berechnet:

$$s = x^{d_A} \bmod n = 15^{269} \bmod 1003 = 835 \quad .$$

Dieser Wert wird zusammen mit der Nachricht an Bob gesendet. Bob kann nun den Hashwert der empfangenen Nachricht berechnen. Diesen vergleicht er mit dem Wert x', den er durch Anwendung des öffentlichen Schlüssels von Alice auf s erhält:

$$x' = s^{c_A} \bmod n = 835^{69} \bmod 1003 = 15 \quad .$$

Bei unverfälschter Nachricht sind beide Werte gleich.

4.8 Zu zeigen: Die für Kryptographie mit elliptischen Kurve verwendete Gruppe ist kommutativ. Für zwei Punkte $P_1 = (x_1, y_1)$ und $P_2 = (x_2, y_2)$ auf der Kurve gilt immer $P_1 + P_2 = P_2 + P_1$.
Die Formeln zur Berechnung der Summe zweier Gruppenelemente entnehmen wir dem *Grundkurs Informatik*, (4.40) und (4.41):

$$P_1 + P_2 = (x_1, y_1) + (x_2, y_2) = (x_3, y_3) \text{ mit}$$
$$x_3 = m^2 - x_1 - x_2 \bmod p$$
$$y_3 = m(x_1 - x_3) - y_1 \bmod p$$

wobei

$$m = \begin{cases} \frac{y_2 - y_1}{x_2 - x_1} \bmod p & \text{für } P_1 \neq P_2, x_1 \neq x_2 \text{ (Addition)} \\ \frac{3x_1^2 + a}{2y_1} \bmod p & \text{für } P_1 = P_2, y_1 \neq 0 \text{ (Verdopplung)} \end{cases}$$

Für den Fall der Verdopplung gilt $P_1 = P_2$, dieser ist trivialerweise kommutativ. Es bleibt die Punktaddition, betrachten wir zunächst m: Eine Vertauschung der beiden Punkte bewirkt eine Vorzeichenänderung sowohl im Zähler als auch im Nenner, was am Ende keinen Effekt hat; m bleibt gleich.
Die Formel für x_3 behandelt die beiden Koordinaten x_1 und x_2 absolut symmetrisch, auch hier gibt es keine Änderung. Problematisch sieht auf den ersten Blick ggf. die Formel für y_3 aus. Es lässt sich aber leicht prüfen, dass auch diese die Punkte symmetrisch behandelt. Wir setzen die Formeln für m (die Addition) und x_3 in die für y_3 ein und fassen Teile zusammen (das $\bmod p$ lassen wir der Übersichtlichkeit halber weg, es macht keinen Unterschied; zudem gelten die Formeln ohnehin auch für reelle Zahlen):

$$y_3 = \frac{y_2 - y_1}{x_2 - x_1}\left(x_1 - \frac{(y_2 - y_1)^2}{(x_2 - x_1)^2} - x_1 - x_2\right) - y_1 = \frac{y_2 - y_1}{x_2 - x_1}\left(-\frac{(y_2 - y_1)^2}{(x_2 - x_1)^2} - x_2\right) - y_1$$

$$= -\frac{(y_2 - y_1)^3}{(x_2 - x_1)^3} - \frac{y_2 - y_1}{x_2 - x_1}x_2 - y_1 = -\frac{(y_2 - y_1)^3}{(x_2 - x_1)^3} - \frac{(y_2 - y_1)x_2 + (x_2 - x_1)y_1}{x_2 - x_1}$$

$$= -\frac{(y_2 - y_1)^3}{(x_2 - x_1)^3} - \frac{x_2 y_2 - x_2 y_1 + x_2 y_1 - x_1 y_1}{x_2 - x_1} = -\frac{(y_2 - y_1)^3}{(x_2 - x_1)^3} - \frac{x_2 y_2 - x_1 y_1}{x_2 - x_1} .$$

Man sieht nun: Ähnlich wie oben ändert sich bei einer Vertauschung der Punkte bei beiden entstandenen Termen jeweils sowohl im Zähler als auch im Nenner nur das Vorzeichen. Dieses lässt sich damit wieder kürzen, der gesamte Ausdruck bleibt unverändert. Die Gruppe ist kommutativ.

4.9   Elliptische Kurve $y^2 = x^3 + 2x + 10$ über dem endlichen Körper mit 11 Elementen = Rechnung mod 11.

a) Die Gleichung erfüllt die Bedingungen, die an eine elliptische Kurve gestellt werden: Sie hat die erforderliche Form $y^2 = x^3 + ax + b$ mit $a = 2$ und $b = 10$, und die Diskriminante ist nicht Null: $4a^3 + 27b^2 \bmod 11 = 4 \cdot 2^3 + 27 \cdot 10^2 \bmod 11 = 2732 \bmod 11 = 4 \neq 0$.

b) Bestimmung aller Punkte (x, y) auf der Kurve: Wir prüfen mit (4.43) alle möglichen $x \in \{0, 1, 2, \ldots, 10\}$, ob $c = y^2$ quadratische Reste sind (also Elemente von R_{11}):

$$c^{\frac{p-1}{2}} \bmod p = 1 \quad .$$

Ist dies der Fall, wird die Wurzel mit (4.44) gezogen:

$$y_1 = c^{\frac{p+1}{4}} \bmod p, \quad y_2 = p - y_1 \quad .$$

Das geht, da $p + 1 = 12$ durch 4 teilbar ist.

Für diesen x-Wert gibt es dann zwei zugehörige y-Werte, mit denen die Punkte auf der Kurve liegen. Außerdem liegt im Fall $c = 0$ der Punkt mit $y = 0$ auf der Kurve

x	$c = y^2 = x^3 + 2x + 10 \bmod 11$	$c^5 \bmod 11$	ist $c = y^2$ in R_{11}?	y_1, y_2
0	10	10	$-$	
1	2	10	$-$	
2	0	0	$\checkmark$	0
3	10	10	$-$	
4	5	1	$\checkmark$	4, 7
5	2	10	$-$	
6	7	10	$-$	
7	4	1	$\checkmark$	9, 2
8	10	10	$-$	
9	9	1	$\checkmark$	3, 8
10	7	10	$-$	

Die kommutative Gruppe enthält somit 8 Elemente (die 7 Punkte aus der Tabelle und das neutrale Element $\emptyset$): $(2, 0), (4, 4), (4, 7), (7, 9), (7, 2), (9, 3), (9, 8), \emptyset$.

c) Welche der drei gelisteten Punkte kommen als öffentliches Element g für ECDH in Frage?

$(1, 2)$: Nein, der Punkt liegt nicht auf der Kurve.
$(7, 2)$: Ja, der Punkt liegt auf der Kurve.
$(9, 3)$: Ja, der Punkt liegt auf der Kurve.

Um herauszufinden, ob einer der beiden in Frage kommenden Punkte ein primitives Element ist (d. h. wenn man ihn immer wieder addiert entstehen nach und nach alle Gruppenelemente, er generiert die Gruppe), benötigen wir zunächst die Gruppenordnung. Diese entspricht der Anzahl ihrer Elemente, sie ist also 8. Der einzige Primfaktor von 8 ist $r = 2$. Um zu prüfen, ob $g = (7, 2)$ primitiv ist, muss geprüft werden, ob $\frac{8}{2} \cdot (7, 2)$ das neutrale Element ergibt: Falls ja, ist der Punkt nicht primitiv, andernfalls schon. Wir rechnen also

$$\frac{8}{2} \cdot (7, 2) = 4 \cdot (7, 2) = (7, 2) + (7, 2) + (7, 2) + (7, 2).$$

Bestimmen wir zunächst die Summe $(7,2) + (7,2)$ mit (4.40) und (4.41) (Formeln: siehe auch Lösung zur vorherigen Aufgabe); hier also durch Punktverdopplung. Man erhält:

$$m = \frac{3 \cdot 7^2 + 2}{2 \cdot 2} \bmod 11 = \frac{149}{4} \bmod 11 = \frac{149 \bmod 11}{4} \bmod 11 = \frac{6}{4} \bmod 11 = 6 \cdot 3 \bmod 11 = 7.$$

Hinweis: Hier wurde verwendet, dass man an jeder beliebigen Stelle die Modulo-Operation anwenden kann, und dass 3 die modulare Inverse zu 4 mod 11 ist (da $3 \cdot 4 = 12 \bmod 11 = 1$), daher gilt $\frac{1}{4} \bmod 11 = 3$. Mit m erhalten wir die Koordinaten des neuen Punkts:

$$x_3 = 7^2 - 7 - 7 \bmod 11 = 35 \bmod 11 = 2,$$
$$y_3 = 7 \cdot (7 - 2) - 2 \bmod 11 = 33 \bmod 11 = 0.$$

Es ist also $(7,2) + (7,2) = (2,0)$. Wie man sieht, ist dies wieder ein Punkt auf der Kurve. Das muss so sein – erhält man Koordinaten, die nicht auf der Kurve liegen, hat man falsch gerechnet.

Im nächsten Schritt ist es am einfachsten, diesen Punkt wieder zu verdoppeln, wir addieren $(2,0) + (2,0)$. Hier liegt ein Spezialfall vor: Der Nenner von m bei Punktverdopplung ergibt 0. Es ist keine weitere Rechnung nötig, das Ergebnis der Summe ist das neutrale Element $\emptyset$.

$(7,2)$ ist demnach nicht primitiv. Tatsächlich erhält man durch wiederholtes addieren des Elements die Punktfolge $(7,2), (2,0), (7,9), \emptyset, (7,2), (2,0), (7,9), \emptyset, \ldots$ Obwohl es in der Gruppe 8 Elemente gibt, kann man nur die Hälfte nutzen, was die Sicherheit erheblich schmälert.

Das gleiche Verfahren muss zur Prüfung von $g = (9,3)$ durchgeführt werden Wir rechnen also

$$\frac{8}{2} \cdot (9,3) = 4 \cdot (9,3) = ((9,3) + (9,3)) + ((9,3) + (9,3)).$$

Bestimmen wir zunächst wieder die Summe $(9,3) + (9,3)$ durch Punktverdopplung:

$$m = \frac{3 \cdot 9^2 + 2}{2 \cdot 3} \bmod 11 = \frac{3}{6} \bmod 11 = 3 \cdot 2 \bmod 11 = 6.$$

Hinweis: Hier wurde verwendet, dass 2 die modulare Inverse zu 6 mod 11 ist (da $6 \cdot 2 = 12 \bmod 11 = 1$), daher gilt $\frac{1}{6} \bmod 11 = 2$. Man hätte übrigens den Bruch $\frac{3}{6}$ durchaus erst auf $\frac{1}{2}$ kürzen dürfen. Die modulare Inverse von 2 ist 6, damit $\frac{1}{2} \bmod 11 = 1 \cdot 6 \bmod 11 = 6$.

Mit m erhalten wir die Koordinaten des neuen Punkts:

$$x_3 = 6^2 - 9 - 9 \bmod 11 = 18 \bmod 11 = 7,$$
$$y_3 = 6 \cdot (9 - 7) - 3 \bmod 11 = 9.$$

Es ist also $(9,3) + (9,3) = (7,9)$.

Wieder verdoppeln wir diesen Punkt und addieren $(7,9) + (7,9)$:

$$m = \frac{3 \cdot 7^2 + 2}{2 \cdot 9} \bmod 11 = \frac{6}{7} \bmod 11 = 6 \cdot 8 \bmod 11 = 4,$$
$$x_3 = 4^2 - 7 - 7 \bmod 11 = 2,$$
$$y_3 = 4 \cdot (7 - 2) - 9 \bmod 11 = 0.$$

Es ist damit $(7,9) + (7,9) = (2,0)$.

$(9,3)$ ist demnach primitiv. Tatsächlich erhält man durch wiederholtes addieren alle Elemente der Gruppe, bevor sich der Zyklus wiederholt: $(9,3), (7,9), (4,4), (2,0), (4,7), (7,2), (9,8), \emptyset$.

d) Das öffentliche Element sei $g = (4,7)$ (dieser Punkt ist primitiv, wie man leicht nachrechnen kann: $4 \cdot (4,7) = (2,0) \neq \emptyset$). Alice wählt als geheime Zahl $x_A = 3$, Bob wählt $x_B = 6$.

Zur Bestimmung des gemeinsamen Schlüssels rechnet Alice: $3 \cdot (4,7) = (4,7) + (4,7) + (4,7)$. Wir beginnen wieder mit einer Punktverdopplung: $(4,7) + (4,7)$:

$$m = \frac{3 \cdot 4^2 + 2}{2 \cdot 7} \bmod 11 = \frac{6}{3} \bmod 11 = 2,$$

$$x_3 = 2^2 - 4 - 4 \bmod 11 = -4 \bmod 11 = 7,$$

$$y_3 = 2 \cdot (4-7) - 7 \bmod 11 = -13 \bmod 11 = 9.$$

Es ist damit $(4,7) + (4,7) = (7,9)$.

Im nächsten Schritt wird noch einmal addiert $(7,9) + (4,7)$. Hier haben wir nun nicht mehr den Fall der Verdopplung, sondern den der Addition eines verschiedenen Punkts. Für m verwenden wir daher die andere Formel:

$$m = \frac{7-9}{4-7} \bmod 11 = \frac{-2}{-3} \bmod 11 = \frac{2}{3} \bmod 11 = 2 \cdot 4 \bmod 11 = 8.$$

Mit m erhalten wir die Koordinaten des neuen Punkts:

$$x_3 = 8^2 - 7 - 4 \bmod 11 = 64 \bmod 11 = 9,$$

$$y_3 = 8 \cdot (7-9) - 9 \bmod 11 = -25 \bmod 11 = 8.$$

Es ist damit $(7,9) + (4,7) = (9,8)$. Diesen Punkt sendet Alice an Bob.

Bob rechnet zunächst mit seiner geheimen Zahl den Punkt aus, den er an Alice schicken muss: $6 \cdot (4,7)$. Da wir das Ergebnis für $3 \cdot (4,7) = (9,8)$ schon aus der vorherigen Berechnung kennen, können wir einfach nochmals verdoppeln:

$$m = \frac{3 \cdot 9^2 + 2}{2 \cdot 8} \bmod 11 = \frac{3}{5} \bmod 11 = 3 \cdot 9 \bmod 11 = 5,$$

$$x_3 = 5^2 - 9 - 9 \bmod 11 = 7,$$

$$y_3 = 5 \cdot (9-7) - 8 \bmod 11 = 2$$

Es ist damit $6 \cdot (4,7) = (9,8) + (9,8) = (7,2)$. Diesen Punkt sendet Bob an Alice.

In der Praxis kann Bob natürlich nicht auf die Ergebnisse von Alice zurückgreifen. Er würde daher eher so rechnen: $6 \cdot (4,7) = 2 \cdot (2 \cdot (4,7))) + 2 \cdot (4,7)$.

Im ersten Schritt ist die Berechnung identisch zu der von Alice, er erhält: $2 \cdot (4,7) = (7,9)$. Diesen Punkt verdoppelt Bob erneut:

$$m = \frac{3 \cdot 7^2 + 2}{2 \cdot 9} \bmod 11 = \frac{6}{7} \bmod 11 = 6 \cdot 8 \bmod 11 = 4,$$

$$x_3 = 4^2 - 7 - 7 \bmod 11 = 2,$$

$$y_3 = 4 \cdot (7-2) - 9 \bmod 11 = 0$$

Damit: $4 \cdot (4,7) = 2 \cdot (7,9) = (2,0)$. Dazu addiert Bob noch $2 \cdot (4,7)$, er rechnet: $(2,0) + (7,9)$:

$$m = \frac{9-0}{7-2} \bmod 11 = \frac{9}{5} \bmod 11 = 9 \cdot 9 \bmod 11 = 4,$$

$$x_3 = 4^2 - 2 - 7 \bmod 11 = 7,$$

$$y_3 = 4 \cdot (2-7) - 0 \bmod 11 = -20 \bmod 11 = 2.$$

Bob erhält auch auf diese Weise den Punkt $(7,2)$, den er an Alice sendet.

Alice rechnet damit: $3 \cdot (7,2)$. Wir wissen bereits, dass $2 \cdot (7,2) = (2,0)$, dazu müssen wir nur noch einmal $(7,2)$ addieren:

$$m = \frac{2-0}{7-2} \bmod 11 = \frac{2}{5} \bmod 11 = 2 \cdot 9 \bmod 11 = 7,$$

$$x_3 = 7^2 - 2 - 7 \bmod 11 = 7,$$

$$y_3 = 7 \cdot (2-7) - 0 \bmod 11 = -35 \bmod 11 = 9.$$

Alice erhält als Ausgangspunkt für den gemeinsamen Schlüssel $(7,9)$.

Bob hat von Alice $(9,8)$ erhalten und rechnet $6 \cdot (9,8)$. Wir wissen bereits, dass $2 \cdot (9,8) = (7,2)$. Dieser Punkt muss folglich noch mit 3 multipliziert werden, und, wie wir gerade auf der Seite von Alice berechnet haben: $6 \cdot (9,8) = 3 \cdot (7,2) = (7,9)$. Bobs Ergebnis stimmt mit dem von Alice überein.

Den tatsächlichen Schlüssel (z. B. für AES) bestimmen dann beide typischerweise aus dem x-Wert dieses Punkts mit Hilfe eines kryptographischen Hashverfahrens.

4.10 Elliptische Kurve $y^2 = x^3 + 10x + 5$ über dem endlichen Körper mit 13 Elementen $=$ Rechnung mod 13. ECDH mit öffentlichem Punkt $g = (3,6)$.

a) Die Gleichung erfüllt die Bedingungen, die an eine elliptische Kurve gestellt werden: Sie hat die erforderliche Form $y^2 = x^3 + ax + b$ mit $a = 10$ und $b = 5$, und die Diskriminante ist nicht Null: $4a^3 + 27b^2 \bmod 13 = 4 \cdot 10^3 + 27 \cdot 5^2 \bmod 13 = 4675 \bmod 13 = 8 \neq 0$.

b) Um zu zeigen, dass g auf der Kurve liegt, muss man natürlich nicht wie in der vorherigen Aufgabe erst mühsam alle Punkte der Kurve bestimmen. Es genügt, g in die Kurvengleichung einzusetzen und zu prüfen, ob diese erfüllt ist.
Rechte Seite: $3^3 + 10 \cdot 3 + 5 \bmod 13 = 10$.
Linke Seite: $6^2 \bmod 13 = 10$.
Beide Seiten liefern den gleichen Wert, $(3,6)$ liegt also auf der elliptischen Kurve.

c) Die Gruppe dieser Kurve hat 10 Elemente. Falls Sie versuchen, diese Punkte mit der Methode aus der vorherigen Aufgabe zu bestimmen, seien Sie gewarnt: Das Ziehen der Wurzel ist nicht mit der dort verwendeten Formel möglich, da $p + 1 = 14$ nicht durch vier teilbar ist. In der Praxis benutzt man dafür einen probabilistischen Algorithmus. Für kleine Gruppen mit nur wenigen Elementen kann man auch einfach alle möglichen Werte durchprobieren (es sind ja nur 13, die überhaupt in Frage kommen).

Die Elemente der Gruppe brauchen wir zur Beantwortung der Frage, ob g ein primitives Element ist, nicht. Wohl aber die Gruppenordnung, also die Anzahl ihrer Elemente, und hiervon die Primfaktoren, das sind 2 und 5. Die Primfaktoren sagen uns, dass es Untergruppen der Länge 2 und 5 gibt (plus die triviale Untergruppe, die nur das neutrale Element enthält). Genau die Elemente dieser Untergruppen möchten wir bei der Wahl des öffentlichen g vermeiden, da sonst nicht die volle mögliche Zykluslänge von 10 erreicht wird.

Um herauszufinden, ob $g = (3,6)$ primitiv ist, darf weder $\frac{10}{5} \cdot (3,6)$ noch $\frac{10}{2} \cdot (3,6)$ das neutrale Element $\emptyset$ ergeben. Durch Punktverdopplung entsprechend den in der vorherigen Aufgabe ausführlich gezeigten Rechnungen erhalten wir

$$\frac{10}{5} \cdot (3,6) = 2 \cdot (3,6) = (3,6) + (3,6) = (11,4) \neq \emptyset.$$

$$\frac{10}{2} \cdot (3,6) = 5 \cdot (3,6) = 2 \cdot (3,6) + 2 \cdot (3,6) + (3,6)$$

$$= (11,4) + (11,4) + (3,6) = (1,4) + (3,6) = (10,0) \neq \emptyset.$$

Der Punkt ist primitiv. Er erzeugt tatsächlich durch wiederholte Addition alle Elemente der Gruppe in dieser Reifenfolge:
$(3,6),(11,4),(8,5),(1,4),(10,0),(1,9),(8,8),(11,9),(3,7),\emptyset.$

d) Alice rechnet: $5 \cdot (3,6) = 2 \cdot (2 \cdot (3,6)) + (3,6) = 2 \cdot (11,4) + (3,6) = (1,4) + (3,6) = (10,0)$ und schickt diesen Punkt an Bob.

e) Alice erhält von Bob den Punkt $(8,8)$. Um den gemeinsamen Schlüssel zu erhalten rechnet sie $5 \cdot (8,8) = 2 \cdot (2 \cdot (8,8)) + (8,8) = 2 \cdot (1,4) + (8,8) = (11,9) + (8,8) = (10,0)$.

Bob rechnet
$7 \cdot (10,0) = 2 \cdot (2 \cdot (10,0)) + 2 \cdot (10,0) + (10,0) = 2 \cdot \emptyset + \emptyset + (10,0) = (10,0)$.

Der Punkt $(8,8)$, den Bob an Alice geschickt hatte, ergibt sich aus:

$$7 \cdot (3,6) = 2 \cdot (2 \cdot (3,6)) + 2 \cdot (3,6) + (3,6) = 2 \cdot (11,4) + (11,4) + (3,6)$$

$$= (1,4) + (11,4) + (3,6) = (1,9) + (3,6) = (8,8).$$

4.11 Elliptische Kurve $y^2 = x^3 + 2x + 1$, modulo 23.

a) Die Gleichung erfüllt die Bedingungen, die an eine elliptische Kurve gestellt werden: Sie hat die erforderliche Form $y^2 = x^3 + ax + b$ mit $a = 2$ und $b = 1$, und die Diskriminante ist nicht Null: $4a^3 + 27b^2 \bmod 23 = 4 \cdot 2^3 + 27 \cdot 1^2 \bmod 23 = 59 \bmod 23 = 13 \neq 0$.

b) Bestimmung aller Elemente der Gruppe dieser elliptischen Kurve: Wie in Lösung 4.9b) erstellen wir eine Tabelle (siehe Abb. 3.1).

Die kommutative Gruppe enthält somit 30 Elemente: (0, 1), (0, 22), (1, 2), (1, 21), (2, 6), (2, 17), (4, 2), (4, 21), (7, 6), (7, 17), (8, 0), (9, 9), (9, 14), (10, 3), (10, 20), (13, 4), (13, 19), (14, 6), (14, 17), (15, 18), (15, 5), (16, 9), (16, 14), (17, 16), (17, 7), (18, 2), (18, 21), (21, 9), (21, 14), $\emptyset$.

c) Welche davon sind primitive Elemente (Generatoren)? Die Gruppenordnung (= Anzahl Elemente) ist 30, die Primfaktoren sind 2, 3 und 5. Es ist also zu prüfen, ob ein Punkt multipliziert mit einem der Faktoren $\frac{30}{5} = 6$, $\frac{30}{3} = 10$, $\frac{30}{2} = 15$ das neutrale Element ergibt: Falls ja, ist der Punkt nicht primitiv, andernfalls schon. Erhält man bei einem der Faktoren $\emptyset$, dann muss man die verbleibenden für diesen Punkt gar nicht mehr prüfen; sie sind hier trotzdem der Vollständigkeit halber angegeben, es hängt schließlich auch von der Reihenfolge ab, in der die Rechnungen durchgeführt werden. Die Ergebnisse stehen in Abb. 3.2.

Es gibt also 8 primitive Elemente, diese lauten:
$(2,6),(2,17),(7,6),(7,17),(13,4),(13,19),(18,2),(18,21)$.

d) Das öffentliche Element sei $g = (2,6)$. Dieses ist, wie oben gezeigt, primitiv. Alice wählt $x_A = 4$, Bob wählt $x_B = 9$.

Alice rechnet: $4 \cdot (2,6) = 2 \cdot (2 \cdot (2,6)) = 2 \cdot (21,14) = (10,3)$ und schickt diesen Punkt an Bob.

x	$c = y^2 = x^3 + 2x + 1 \bmod 23$	$c^{11} \bmod 23$	ist $c = y^2$ in R_{23}?	y_1, y_2
0	1	1	✓	1, 22
1	4	1	✓	2, 21
2	13	1	✓	6, 17
3	11	22	–	
4	4	1	✓	2, 21
5	21	22	–	
6	22	10	–	
7	13	1	✓	6, 17
8	0	0	✓	0
9	12	1	✓	9, 14
10	9	1	✓	3, 20
11	20	22	–	
12	5	22	–	
13	16	1	✓	4, 19
14	13	1	✓	6, 17
15	2	1	✓	18, 5
16	12	1	✓	9, 14
17	3	1	✓	16, 7
18	4	1	✓	2, 21
19	21	22	✓	
20	14	22	–	
21	12	1	✓	9, 14
22	21	22	–	

Abb. 3.1 Tabelle zu Aufgabe 4.11b), Bestimmung aller Gruppenelemente

Bob rechnet: $9 \cdot (2,6) = 2 \cdot (2 \cdot (2 \cdot (2,6))) + (2,6) = 2 \cdot (2 \cdot (21,14)) + (2,6) = 2 \cdot (10,3) + (2,6) = (9,9) + (2,6) = (15,18)$ und schickt diesen Punkt an Alice.

Bob nimmt den Punkt $(10,3)$, den er von Alice erhalten hat, und rechnet: $9 \cdot (10,3) = 2 \cdot (2 \cdot (2 \cdot (10,3))) + (10,3) = 2 \cdot (2 \cdot (9,9)) + (10,3) = 2 \cdot (14,6) + (10,3) = (21,14) + (10,3) = (16,14)$. Dies ist die Basis für den gemeinsamen Schlüssel.

Alice erhält den gleichen Wert durch: $4 \cdot (15,18) = 2 \cdot (2 \cdot (15,18)) = 2 \cdot (17,7) = (16,14)$.

$$6 \cdot (0,1) = \emptyset$$
$$6 \cdot (0,22) = \emptyset$$
$$6 \cdot (1,2) = \emptyset$$
$$6 \cdot (1,21) = \emptyset$$
$$6 \cdot (2,6) = (16,14)$$
$$6 \cdot (2,17) = (16,9)$$
$$6 \cdot (4,2) = (17,16)$$
$$6 \cdot (4,21) = (17,7)$$
$$6 \cdot (7,6) = (17,7)$$
$$6 \cdot (7,17) = (17,16)$$
$$6 \cdot (8,0) = \emptyset$$
$$6 \cdot (9,9) = (17,7)$$
$$6 \cdot (9,14) = (17,16)$$
$$6 \cdot (10,3) = (16,9)$$
$$6 \cdot (10,20) = (16,14)$$
$$6 \cdot (13,4) = (16,9)$$
$$6 \cdot (13,19) = (16,14)$$
$$6 \cdot (14,6) = (16,14)$$
$$6 \cdot (14,17) = (16,9)$$
$$6 \cdot (15,18) = (16,9)$$
$$6 \cdot (15,5) = (16,14)$$
$$6 \cdot (16,9) = (16,9)$$
$$6 \cdot (16,14) = (16,14)$$
$$6 \cdot (17,16) = (17,16)$$
$$6 \cdot (17,7) = (17,7)$$
$$6 \cdot (18,2) = (17,7)$$
$$6 \cdot (18,21) = (17,16)$$
$$6 \cdot (21,9) = (17,7)$$
$$6 \cdot (21,14) = (17,16)$$

$$10 \cdot (0,1) = (1,2)$$
$$10 \cdot (0,22) = (1,21)$$
$$10 \cdot (1,2) = (1,2)$$
$$10 \cdot (1,21) = (1,21)$$
$$10 \cdot (2,6) = (1,2)$$
$$10 \cdot (2,17) = (1,21)$$
$$10 \cdot (4,2) = \emptyset$$
$$10 \cdot (4,21) = \emptyset$$
$$10 \cdot (7,6) = (1,2)$$
$$10 \cdot (7,17) = (1,21)$$
$$10 \cdot (8,0) = \emptyset$$
$$10 \cdot (9,9) = (1,21)$$
$$10 \cdot (9,14) = (1,2)$$
$$10 \cdot (10,3) = (1,2)$$
$$10 \cdot (10,20) = (1,21)$$
$$10 \cdot (13,4) = (1,2)$$
$$10 \cdot (13,19) = (1,21)$$
$$10 \cdot (14,6) = (1,2)$$
$$10 \cdot (14,17) = (1,21)$$
$$10 \cdot (15,18) = \emptyset$$
$$10 \cdot (15,5) = \emptyset$$
$$10 \cdot (16,9) = \emptyset$$
$$10 \cdot (16,14) = \emptyset$$
$$10 \cdot (17,16) = \emptyset$$
$$10 \cdot (17,7) = \emptyset$$
$$10 \cdot (18,2) = (1,21)$$
$$10 \cdot (18,21) = (1,2)$$
$$10 \cdot (21,9) = (1,2)$$
$$10 \cdot (21,14) = (1,21)$$

$$15 \cdot (0,1) = (8,0)$$
$$15 \cdot (0,22) = (8,0)$$
$$15 \cdot (1,2) = \emptyset$$
$$15 \cdot (1,21) = \emptyset$$
$$15 \cdot (2,6) = (8,0)$$
$$15 \cdot (2,17) = (8,0)$$
$$15 \cdot (4,2) = (8,0)$$
$$15 \cdot (4,21) = (8,0)$$
$$15 \cdot (7,6) = (8,0)$$
$$15 \cdot (7,17) = (8,0)$$
$$15 \cdot (8,0) = (8,0)$$
$$15 \cdot (9,9) = \emptyset$$
$$15 \cdot (9,14) = \emptyset$$
$$15 \cdot (10,3) = \emptyset$$
$$15 \cdot (10,20) = \emptyset$$
$$15 \cdot (13,4) = (8,0)$$
$$15 \cdot (13,19) = (8,0)$$
$$15 \cdot (14,6) = \emptyset$$
$$15 \cdot (14,17) = \emptyset$$
$$15 \cdot (15,18) = (8,0)$$
$$15 \cdot (15,5) = (8,0)$$
$$15 \cdot (16,9) = \emptyset$$
$$15 \cdot (16,14) = \emptyset$$
$$15 \cdot (17,16) = \emptyset$$
$$15 \cdot (17,7) = \emptyset$$
$$15 \cdot (18,2) = (8,0)$$
$$15 \cdot (18,21) = (8,0)$$
$$15 \cdot (21,9) = \emptyset$$
$$15 \cdot (21,14) = \emptyset$$

Abb. 3.2 Ergebnisse der Prüfung, welche Elemente primitiv sind, zu Aufgabe 4.11c)

3.5 Boolesche Algebra, Schaltnetze und Schaltwerke

Dieser Abschnitt enthält die Lösungen zu Abschnitt 2.5 *Boolesche Algebra, Schaltnetze und Schaltwerke*, Seite 14.

5.1 Vereinfachen Sie den folgenden booleschen Ausdruck durch algebraische Umformungen:

$$(\neg a \wedge b \wedge \neg c) \vee (a \wedge b \wedge \neg c) \vee (\neg a \wedge \neg b \wedge c) \vee (\neg a \wedge b \wedge c) \vee (a \wedge \neg b \wedge c) =$$
$$(b \wedge \neg c) \vee (\neg a \wedge \neg b \wedge c) \vee (\neg a \wedge b \wedge c) \vee (a \wedge \neg b \wedge c) =$$
$$(b \wedge \neg c) \vee (\neg a \wedge c) \vee (a \wedge \neg b \wedge c) =$$
$$(b \wedge \neg c) \vee (\neg a \wedge c) \vee (\neg a \wedge \neg b \wedge c) \vee (a \wedge \neg b \wedge c) =$$
$$(b \wedge \neg c) \vee (\neg a \wedge c) \vee (\neg b \wedge c) =$$
$$(b \wedge \neg c) \vee (c \wedge (\neg a \vee \neg b))$$

5.2 Es sei $f(a,b) = \neg((a \wedge (a \vee b)) \wedge (b \vee (\neg a \wedge a)))$

a) Vereinfachung:

$$\neg((a \wedge (a \vee b)) \wedge (b \vee (\neg a \wedge a))) =$$
$$\neg a \vee \neg(b \vee 0) = \neg a \vee \neg b$$

b) Disjunktive Normalform (DNF):

$$\neg a \vee \neg b = (\neg a \wedge 1) \vee \neg b = (\neg a \wedge (b \vee \neg b)) \vee \neg b = (\neg a \wedge b) \vee (\neg a \wedge \neg b) \vee \neg b =$$
$$(\neg a \wedge b) \vee (\neg a \wedge \neg b) \vee (\neg b \wedge 1) = (\neg a \wedge b) \vee (\neg a \wedge \neg b) \vee (\neg b \wedge (a \vee \neg a)) =$$
$$(\neg a \wedge b) \vee (\neg a \wedge \neg b) \vee (\neg b \wedge a) \vee (\neg b \wedge \neg a) =$$
$$(\neg a \wedge b) \vee (\neg a \wedge \neg b) \vee (a \wedge \neg b) \vee (\neg a \wedge \neg b) =$$
$$(\neg a \wedge b) \vee (\neg a \wedge \neg b) \vee (a \wedge \neg b)$$

c) Der vereinfachte Term aus der ersten Teilaufgabe ist bereits in konjunktiver Normalform (KNF): $\neg a \vee \neg b$

d) Wertetabelle:

a	0 0 1 1
b	0 1 0 1
$f(a,b)$	1 1 1 0

DNF: Es tragen nur die Minterme bei, d. h. diejenigen mit $f(a,b) = 1$. Die einzelnen Variablen werden in einem Minterm UND verknüpft und negiert, wenn der jeweilige Parameter Null ist. Alle Minterme werden ODER verknüpft. Es ergibt sich die DNF:
$(\neg a \wedge \neg b) \vee (\neg a \wedge b) \vee (a \wedge \neg b)$

KNF: Es tragen nur die Maxterme bei, d. h. diejenigen mit $f(a,b) = 0$. Die einzelnen Variablen werden in einem Maxterm ODER verknüpft und negiert, wenn der jeweilige Parameter Eins ist. Alle Maxterme werden UND verknüpft. Es ergibt sich die KNF: $\neg a \vee \neg b$

e) KV-Diagramm (es wird hier $\bar{a}$ statt $\neg a$ verwendet):

	b	$\bar{b}$
a	0	1
$\bar{a}$	1	1

Die zwei Einsen in der zweiten Zeile können zu $\neg a$ zusammengefasst werden. Mit der verbleibenden Eins ergibt das: $\neg a \vee (a \wedge \neg b)$.

Alternativ kann man die zwei Einsen in der zweiten Spalte zu b zusammenfassen. Mit der verbleibenden Eins ergibt das: $\neg b \vee (\neg a \wedge b)$.

Statt die verbleibende Eins stehen zu lassen, kann man diese aber auch (besser) mit der darunter (1. Fall) oder daneben (2. Fall) zusammenfassen. In beiden Varianten erhält man dann den Term $\neg a \vee \neg b$.

f) Darstellung durch NAND-Gatter: $\neg a \vee \neg b = \neg(a \wedge b) = \overline{a \wedge b}$

5.3 Es sei $f(a,b,c) = a \vee (b \wedge c) \vee (a \wedge \neg b \wedge c) \vee (a \wedge b \wedge c)$

a) Disjunktive Normalform (DNF):

$$a \vee (b \wedge c) \vee (a \wedge \neg b \wedge c) \vee (a \wedge b \wedge c) =$$
$$a \vee (a \wedge b \wedge c) \vee (\neg a \wedge b \wedge c) \vee (a \wedge \neg b \wedge c) \vee (a \wedge b \wedge c) =$$
$$a \vee (\neg a \wedge b \wedge c) \vee (a \wedge \neg b \wedge c) \vee (a \wedge b \wedge c) =$$
$$(a \wedge b) \vee (a \wedge \neg b) \vee (\neg a \wedge b \wedge c) \vee (a \wedge \neg b \wedge c) \vee (a \wedge b \wedge c) =$$
$$(a \wedge b \wedge c) \vee (a \wedge b \wedge \neg c) \vee (a \wedge \neg b \wedge c) \vee (a \wedge \neg b \wedge \neg c) \vee$$
$$(\neg a \wedge b \wedge c) \vee (a \wedge \neg b \wedge c) \vee (a \wedge b \wedge c) =$$
$$(a \wedge b \wedge c) \vee (a \wedge b \wedge \neg c) \vee (a \wedge \neg b \wedge c) \vee (a \wedge \neg b \wedge \neg c) \vee (\neg a \wedge b \wedge c)$$

b) Konjunktive Normalform (KNF):

$$a \vee (b \wedge c) \vee (a \wedge \neg b \wedge c) \vee (a \wedge b \wedge c) =$$
$$a \vee (b \wedge c) \vee (a \wedge c) =$$
$$a \vee (a \wedge c) \vee (b \wedge c) =$$
$$a \vee (b \wedge c) =$$
$$(a \vee b) \wedge (a \vee c) =$$
$$(a \vee b \vee c) \wedge (a \vee b \vee \neg c) \wedge (a \vee c) =$$
$$(a \vee b \vee c) \wedge (a \vee b \vee \neg c) \wedge (a \vee c \vee b) \wedge (a \vee c \vee \neg b) =$$
$$(a \vee b \vee c) \wedge (a \vee b \vee \neg c) \wedge (a \vee \neg b \vee c)$$

c) Wertetabelle:

a	0 0 0 0 1 1 1 1
b	0 0 1 1 0 0 1 1
c	0 1 0 1 0 1 0 1
$f(a,b,c)$	0 0 0 1 1 1 1 1

DNF: Es tragen nur die Minterme bei, d. h. diejenigen mit $f(a,b,c) = 1$. Die einzelnen Variablen werden in einem Minterm UND verknüpft und negiert, wenn der jeweilige Parameter Null ist. Alle Minterme werden ODER verknüpft. Es ergibt sich die DNF:

$$(\neg a \wedge b \wedge c) \vee (a \wedge \neg b \wedge \neg c) \vee (a \wedge \neg b \wedge c) \vee (a \wedge b \wedge \neg c) \vee (a \wedge b \wedge c)$$

KNF: Es tragen nur die Maxterme bei, d. h. diejenigen mit $f(a,b,c) = 0$. Die einzelnen Variablen werden in einem Maxterm ODER verknüpft und negiert, wenn der jeweilige Parameter Eins ist. Alle Maxterme werden UND verknüpft. Es ergibt sich die KNF:

$$(a \vee b \vee c) \wedge (a \vee b \vee \neg c) \wedge (a \vee \neg b \vee c)$$

d) Eine Vereinfachung von f durch algebraische Umformungen hat sich bereits bei Bestimmung der KNF ergeben:

$$a \vee (b \wedge c) \vee (a \wedge \neg b \wedge c) \vee (a \wedge b \wedge c) =$$
$$a \vee (b \wedge c) \vee (a \wedge c) = a \vee (a \wedge c) \vee (b \wedge c) = a \vee (b \wedge c)$$

e) KV-Diagramm (es wird hier $\bar{a}$ statt $\neg a$ verwendet):

	b		$\bar{b}$	
a	1	1	1	1
$\bar{a}$	0	1	0	0
	$\bar{c}$	c	$\bar{c}$	

Die vier Einsen in der ersten Zeile können zu a zusammengefasst werden. Mit der verbleibenden Eins ergibt das: $a \vee (\neg a \wedge b \wedge c)$.

Es können aber auch die beiden Einsen in der zweiten Spalte zusätzlich zusammengefasst werden, diese entsprechen $b \wedge c$, also insgesamt $a \vee (b \wedge c)$.

f) Darstellung durch NAND-Gatter: $a \vee (b \wedge c) = \overline{\overline{a \vee (b \wedge c)}} = \overline{\bar{a} \wedge \overline{(b \wedge c)}}$

5.4 Es sei $f(a,b,c,d) = \overline{(a \vee \overline{cd})}\,(\overline{bcd}) \vee (\overline{a} \vee (\overline{b}(\overline{a} \vee c))) \vee abcd$

a) Vereinfachung:

$$\overline{(a \vee \overline{cd})}\,(\overline{bcd}) \vee (\overline{a} \vee (\overline{b}(\overline{a} \vee c))) \vee abcd =$$
$$(\overline{a}cd)((\overline{b} \vee \overline{c})d) \vee (\overline{a} \vee \overline{b}\overline{a} \vee \overline{b}c) \vee abcd =$$
$$(\overline{a}cd)(\overline{b} \vee d)(\overline{c} \vee d) \vee \overline{a} \vee \overline{b}\overline{a} \vee \overline{b}c \vee abcd =$$
$$(\overline{a}cd\overline{b} \vee \overline{a}cdd)(\overline{c} \vee d) \vee \overline{a} \vee \overline{b}\overline{a} \vee \overline{b}c \vee abcd =$$
$$(\overline{a}cd\overline{b} \vee \overline{a}cd)(\overline{c} \vee d) \vee \overline{a} \vee \overline{b}\overline{a} \vee \overline{b}c \vee abcd =$$
$$\overline{a}cd\overline{b}\overline{c} \vee \overline{a}cd\overline{b}d \vee \overline{a}cd\overline{c} \vee \overline{a}cdd \vee \overline{a} \vee \overline{b}\overline{a} \vee \overline{b}c \vee abcd =$$
$$0 \vee \overline{a}\overline{b}cd \vee 0 \vee \overline{a}cd \vee \overline{a} \vee \overline{b}\overline{a} \vee \overline{b}c \vee abcd =$$
$$\overline{a}\overline{b}cd \vee \overline{a}cd \vee \overline{a} \vee \overline{b}\overline{a} \vee \overline{b}c \vee abcd =$$
$$\overline{a} \vee \overline{b}c \vee abcd$$

Im letzten Schritt wurde mehrmals die Absorptionsregel für $\bar{a}$ angewendet, dadurch fallen alle durch UND mit $\bar{a}$ verknüpften Terme weg.

Tatsächlich kann man hier noch weiter vereinfachen, indem man nun die Absorptionsregel „rückwärts" anwendet, d. h. Terme ergänzt:

$$\bar{a} \vee \bar{b}c \vee abcd = \bar{a} \vee \bar{a}bcd \vee \bar{b}c \vee abcd =$$

$$\bar{a} \vee \bar{a}bcd \vee abcd \vee \bar{b}c = \bar{a} \vee bcd(\bar{a} \vee a) \vee \bar{b}c =$$

$$\bar{a} \vee bcd \vee \bar{b}c = \bar{a} \vee bcd \vee \bar{b}c \vee \bar{b}cd =$$

$$\bar{a} \vee \bar{b}c \vee bcd \vee \bar{b}cd = \bar{a} \vee \bar{b}c \vee cd(b \vee \bar{b}) =$$

$$\bar{a} \vee \bar{b}c \vee cd$$

b) Wertetabelle:

a	0 0 0 0 0 0 0 0 1 1 1 1 1 1 1 1
b	0 0 0 0 1 1 1 1 0 0 0 0 1 1 1 1
c	0 0 1 1 0 0 1 1 0 0 1 1 0 0 1 1
d	0 1 0 1 0 1 0 1 0 1 0 1 0 1 0 1
$f(a,b,c,d)$	1 1 1 1 1 1 1 1 0 0 1 1 0 0 0 1

Konjunktive Normalform (diese würde man hier verwenden, weil sie weniger Terme als die disjunktive enthält):

$$f(a,b,c,d) = (\bar{a} \vee b \vee c \vee d)(\bar{a} \vee b \vee c \vee \bar{d})(\bar{a} \vee \bar{b} \vee c \vee d)(\bar{a} \vee \bar{b} \vee c \vee \bar{d})(\bar{a} \vee \bar{b} \vee \bar{c} \vee d)$$

c) KV-Diagramm:

		b		$\bar{b}$		
	0	0	0	0	$\bar{c}$	
a	0	1	1	1		
	1	1	1	1	c	
$\bar{a}$	1	1	1	1	$\bar{c}$	
	$\bar{d}$		d		$\bar{d}$	

Als vereinfachte Schaltfunktion kann man ablesen:

$$f(a,b,c,d) = \bar{a} \vee \bar{b}c \vee cd$$

d) Darstellung durch NAND-Gatter:

$$\bar{a} \vee \bar{b}c \vee cd = \overline{\overline{\bar{a} \vee \bar{b}c \vee cd}} = \overline{a(\overline{\bar{b}c})(\overline{cd})}$$

5.5 Schaltfunktion $y = f(x_1, x_2, x_3)$ aus Tabelle in disjunktiver Normalform:

$$y = \bar{x}_1 \bar{x}_2 \bar{x}_3 \vee \bar{x}_1 x_2 \bar{x}_3 \vee \bar{x}_1 x_2 x_3$$

KV-Diagramm:

		x_2		$\bar{x}_2$	
x_1	0	0	0	0	
$\bar{x}_1$	1	1	0	1	
	$\bar{x}_3$		x_3		$\bar{x}_3$

Als vereinfachte Schaltfunktion kann man ablesen:

$$y = \bar{x}_1 x_2 \vee \bar{x}_1 \bar{x}_3$$

5.6 Schaltfunktion $y = f(a,b,c,d)$ aus Tabelle in konjunktiver Normalform:

$$y = (a \lor b \lor \overline{c} \lor \overline{d}) \land (a \lor \overline{b} \lor \overline{c} \lor \overline{d}) \land (\overline{a} \lor b \lor \overline{c} \lor \overline{d}) \land (\overline{a} \lor \overline{b} \lor \overline{c} \lor \overline{d})$$

Konjunktive Normalform wird verwendet, weil sie weniger Terme als die disjunktive enthält (es gibt mehr Funktionswerte mit 1 als mit 0).

KV-Diagramm:

	b		$\overline{b}$		
	1	1	1	1	$\overline{c}$
a	1	0	0	1	
	1	0	0	1	c
$\overline{a}$	1	1	1	1	$\overline{c}$
	$\overline{d}$	d	$\overline{d}$		

Als vereinfachte Schaltfunktion kann man ablesen:

$$y = \overline{c} \lor \overline{d}$$

5.7 Logische Schaltung zur Paritätsprüfung von $abcp$. Funktionstabelle:

a	0 0 0 0 0 0 0 0 1 1 1 1 1 1 1 1
b	0 0 0 0 1 1 1 1 0 0 0 0 1 1 1 1
c	0 0 1 1 0 0 1 1 0 0 1 1 0 0 1 1
p	0 1 0 1 0 1 0 1 0 1 0 1 0 1 0 1
$f(a,b,c,p)$	0 1 1 0 1 0 0 1 1 0 0 1 0 1 1 0

Schaltfunktion aus Tabelle in disjunktiver Normalform:

$$f(a,b,c,p) = \overline{a}\,\overline{b}\,\overline{c}\,p \lor \overline{a}\,\overline{b}\,c\,\overline{p} \lor \overline{a}\,b\,\overline{c}\,\overline{p} \lor \overline{a}\,b\,c\,p \lor a\,\overline{b}\,\overline{c}\,\overline{p} \lor a\,\overline{b}\,c\,p \lor a\,b\,\overline{c}\,p \lor a\,b\,c\,\overline{p}$$

KV-Diagramm:

	b		$\overline{b}$		
	0	1	0	1	$\overline{c}$
a	1	0	1	0	
	0	1	0	1	c
$\overline{a}$	1	0	1	0	$\overline{c}$
	$\overline{p}$	p	$\overline{p}$		

Eine weitere Vereinfachung ist demnach nicht möglich.

5.8 Fehlertoleranter, progressiver, vierstelliger Gray-Code für die Ziffern von 0 bis 9.

a) Tabelle für Schaltfunktion, die prüft, ob ein gültiger Gray-Code $abcd$ vorliegt:

a	0 0 0 0 0 0 0 0 1 1 1 1 1 1 1 1
b	0 0 0 0 1 1 1 1 0 0 0 0 1 1 1 1
c	0 0 1 1 0 0 1 1 0 0 1 1 0 0 1 1
d	0 1 0 1 0 1 0 1 0 1 0 1 0 1 0 1
$f(a,b,c,d)$	1 1 1 1 0 0 1 0 1 0 0 0 1 1 1 1

Schaltfunktion aus Tabelle in konjunktiver Normalform:
$$f(a,b,c,d) = (a \vee \overline{b} \vee c \vee d) \wedge (a \vee \overline{b} \vee c \vee \overline{d}) \wedge (a \vee \overline{b} \vee \overline{c} \vee \overline{d}) \wedge$$
$$(\overline{a} \vee b \vee c \vee \overline{d}) \wedge (\overline{a} \vee b \vee \overline{c} \vee d) \wedge (\overline{a} \vee b \vee \overline{c} \vee \overline{d})$$

KV-Diagramm:

	b		$\overline{b}$		
a	1	1	0	1	$\overline{c}$
	1	1	0	0	
$\overline{a}$	1	0	1	1	c
	0	0	1	1	$\overline{c}$
	$\overline{d}$	d	$\overline{d}$		

Als vereinfachte Schaltfunktion kann man ablesen (es gibt verschiedene Varianten, je nachdem, wie man die beiden Einsen bei $\overline{a}bc\overline{d}$ und $a\overline{b}\overline{c}\overline{d}$ zusammenfasst – rechts/links bzw. oben/unten):
$$f(a,b,c,d) = ab \vee \overline{a}\overline{b} \vee bc\overline{d} \vee \overline{b}\overline{c}\overline{d}$$
$$= ab \vee \overline{a}\overline{b} \vee bc\overline{d} \vee a\overline{c}\overline{d}$$
$$= ab \vee \overline{a}\overline{b} \vee \overline{a}c\overline{d} \vee \overline{b}\overline{c}\overline{d}$$
$$= ab \vee \overline{a}\overline{b} \vee \overline{a}c\overline{d} \vee a\overline{c}\overline{d}$$

b) Funktionstabelle zur Decodierung des Gray-Codes $abcd$ in einen Binärcode $efgh$:

Eingänge $a\,b\,c\,d$	Ausgänge $e\,f\,g\,h$	Ziffer	Eingänge $a\,b\,c\,d$	Ausgänge $e\,f\,g\,h$	Ziffer
0 0 0 0	0 0 0 0	0	1 1 0 0	1 0 0 0	8
0 0 0 1	0 0 0 1	1	1 0 0 0	1 0 0 1	9
0 0 1 1	0 0 1 0	2	0 1 0 0	1 1 1 1	?
0 0 1 0	0 0 1 1	3	0 1 0 1	1 1 1 1	?
0 1 1 0	0 1 0 0	4	0 1 1 1	1 1 1 1	?
1 1 1 0	0 1 0 1	5	1 0 0 1	1 1 1 1	?
1 1 1 1	0 1 1 0	6	1 0 1 1	1 1 1 1	?
1 1 0 1	0 1 1 1	7	1 0 1 0	1 1 1 1	?

KV-Diagramm für Ausgang e:

	b		$\overline{b}$		
a	1	0	1	1	$\overline{c}$
	0	0	1	1	
$\overline{a}$	0	1	0	0	c
	1	1	0	0	$\overline{c}$
	$\overline{d}$	d	$\overline{d}$		

$$e = a\overline{b} \vee \overline{a}bd \vee b\overline{c}\overline{d}$$

KV-Diagramm für Ausgang f:

	b		$\overline{b}$		
a	0	1	1	0	$\overline{c}$
	1	1	1	1	
$\overline{a}$	1	1	0	0	c
	1	1	0	0	$\overline{c}$
	$\overline{d}$	d	$\overline{d}$		

$$f = \overline{a}b \vee ac \vee ad$$

KV-Diagramm für Ausgang g:

	b		$\bar{b}$		
	0	1	1	0	$\bar{c}$
a	0	1	1	1	
	0	1	1	1	c
$\bar{a}$	1	1	0	0	$\bar{c}$
	$\bar{d}$	d	$\bar{d}$		

KV-Diagramm für Ausgang h:

	b		$\bar{b}$		
	0	1	1	1	$\bar{c}$
a	1	0	1	1	
	0	1	0	1	c
$\bar{a}$	1	1	1	0	$\bar{c}$
	$\bar{d}$	d	$\bar{d}$		

$$g = ad \vee \bar{b}c \vee bd \vee \bar{a}b\bar{c}$$
$$= ad \vee \bar{b}c \vee cd \vee \bar{a}b\bar{c}$$

$$h = a\bar{b} \vee d\bar{c} \vee ac\bar{d} \vee \bar{b}c\bar{d} \vee \bar{a}bd \vee \bar{a}b\bar{c}$$

c) Nun an Stelle von 1111 bei einem ungültigen Gray-Code Ausgabe eines beliebigen Binärcodes:
In der Funktionstabelle sind diese Stellen mit x markiert, d. h. es darf bei der Vereinfachung der
Schaltfunktion wahlweise 0 oder 1 verwendet werden, je nachdem, was gerade vorteilhaft ist.
Es sei darauf hingewiesen, dass man natürlich je nachdem, welcher Wert für x verwendet wird,
verschiedene Ergebnisse erhält. Bei den angegeben Lösungen wurde versucht, die Funktionen
so einfach wie möglich zu halten.

Eingänge	Ausgänge	
$a\,b\,c\,d$	$e\,f\,g\,h$	Ziffer
0 0 0 0	0 0 0 0	0
0 0 0 1	0 0 0 1	1
0 0 1 1	0 0 1 0	2
0 0 1 0	0 0 1 1	3
0 1 1 0	0 1 0 0	4
1 1 1 0	0 1 0 1	5
1 1 1 1	0 1 1 0	6
1 1 0 1	0 1 1 1	7

Eingänge	Ausgänge	
$a\,b\,c\,d$	$e\,f\,g\,h$	Ziffer
1 1 0 0	1 0 0 0	8
1 0 0 0	1 0 0 1	9
0 1 0 0	x x x x	?
0 1 0 1	x x x x	?
0 1 1 1	x x x x	?
1 0 0 1	x x x x	?
1 0 1 1	x x x x	?
1 0 1 0	x x x x	?

KV-Diagramm für Ausgang e:

	b		$\bar{b}$		
	1	0	x	1	$\bar{c}$
a	0	0	x	x	
	0	x	0	0	c
$\bar{a}$	x	x	0	0	$\bar{c}$
	$\bar{d}$	d	$\bar{d}$		

$$e = a\bar{c}\bar{d}$$

KV-Diagramm für Ausgang f:

	b		$\bar{b}$		
	0	1	x	0	$\bar{c}$
a	1	1	x	x	
	1	x	0	0	c
$\bar{a}$	x	x	0	0	$\bar{c}$
	$\bar{d}$	d	$\bar{d}$		

$$f = ad \vee bc$$
$$= bd \vee bc$$

KV-Diagramm für Ausgang g:

	b	b	$\overline{b}$	$\overline{b}$	
a	0	1	x	0	$\overline{c}$
a	0	1	x	x	
$\overline{a}$	0	x	1	1	c
$\overline{a}$	x	x	0	0	$\overline{c}$
	$\overline{d}$	d	d	$\overline{d}$	

$$g = ad \vee \overline{b}c$$
$$= bd \vee \overline{b}c$$

KV-Diagramm für Ausgang h:

	b	b	$\overline{b}$	$\overline{b}$	
a	0	1	x	1	$\overline{c}$
a	1	0	x	x	
$\overline{a}$	0	x	0	1	c
$\overline{a}$	x	x	1	0	$\overline{c}$
	$\overline{d}$	d	d	$\overline{d}$	

$$h = a\overline{b} \vee d\overline{c} \vee ac\overline{d} \vee \overline{b}c\overline{d}$$

d) Decodierung bei einem ungültigen Gray-Code auf die kleinstmögliche Binärzahl, die sich durch Änderung eines einzelnen Bits ergibt. In die weißen Felder der folgenden Grafik ist eingetragen, auf welche Zahl jeweils decodiert werden muss.

Gray-Code

	00	01	11	10
00	0 0000	1 0001	2 0011	3 0010
01	0	1	2	4 0110
11	8 1100	7 1101	6 1111	5 1110
10	9 1000	1	2	3

Funktionstabelle

Eingänge $a\,b\,c\,d$	Ausgänge $e\,f\,g\,h$	Ziffer	Eingänge $a\,b\,c\,d$	Ausgänge $e\,f\,g\,h$	Ziffer
0 0 0 0	0 0 0 0	0	1 1 0 0	1 0 0 0	8
0 0 0 1	0 0 0 1	1	1 0 0 0	1 0 0 1	9
0 0 1 1	0 0 1 0	2	0 1 0 0	0 0 0 0	0
0 0 1 0	0 0 1 1	3	0 1 0 1	0 0 0 1	1
0 1 1 0	0 1 0 0	4	0 1 1 1	0 0 1 0	2
1 1 1 0	0 1 0 1	5	1 0 0 1	0 0 0 1	1
1 1 1 1	0 1 1 0	6	1 0 1 1	0 0 1 0	2
1 1 0 1	0 1 1 1	7	1 0 1 0	0 0 1 1	3

KV-Diagramm für Ausgang e:

	b	b	$\overline{b}$	$\overline{b}$	
a	1	0	0	1	$\overline{c}$
a	0	0	0	0	
$\overline{a}$	0	0	0	0	c
$\overline{a}$	0	0	0	0	$\overline{c}$
	$\overline{d}$	d	d	$\overline{d}$	

$$e = a\overline{c}\,\overline{d}$$

KV-Diagramm für Ausgang f:

	b	b	$\overline{b}$	$\overline{b}$	
a	0	1	0	0	$\overline{c}$
a	1	1	0	0	
$\overline{a}$	1	0	0	0	c
$\overline{a}$	0	0	0	0	$\overline{c}$
	$\overline{d}$	d	d	$\overline{d}$	

$$f = abd \vee bc\overline{d}$$

KV-Diagramm für Ausgang g:

	b		$\bar{b}$		
	0	1	0	0	$\bar{c}$
a	0	1	1	1	
	0	1	1	1	c
$\bar{a}$	0	0	0	0	$\bar{c}$
	$\bar{d}$	d	$\bar{d}$		

$$g = cd \vee \bar{b}c \vee abd$$

KV-Diagramm für Ausgang h:

	b		$\bar{b}$		
	0	1	1	1	$\bar{c}$
a	1	0	0	1	
	0	0	0	1	c
$\bar{a}$	0	1	1	0	$\bar{c}$
	$\bar{d}$	d	$\bar{d}$		

$$h = d\bar{c} \vee ac\bar{d} \vee a\overline{bd} \vee \bar{b}c\bar{d}$$
$$= d\bar{c} \vee ac\bar{d} \vee ab\bar{c} \vee \bar{b}c\bar{d}$$

5.9 Zählerschaltwerke mit taktgesteuerten T-Flip-Flops. Ein taktgesteuertes T-Flip-Flop hat zwei Eingänge und zwei Ausgänge:

T ist der Signaleingang, der Takteingang ist durch ein Dreieck markiert. Am Ausgang liegt der Zustand Q und dessen Inverse $\overline{Q}$ an. Ist T $= 0$, dann behält das Flip-Flop seinen Zustand bei, ist T $= 1$, dann ändert das Flip-Flop seinen Zustand, entweder von 0 auf 1 oder von 1 auf 0. Die Umschaltung erfolgt beim Anliegen des Taktsignals, z. B. bei steigender Flanke.

Für einen Zähler von 1 bis 6 benötigt man drei Bit, d. h. drei Flip-Flops. Deren Eingänge müssen nun so mit einer logischen Schaltung versehen werden, dass das gewünschte Zählerverhalten entsteht. Im Folgenden werden die Eingänge der drei Flip-Flops mit T_1, T_2 und T_3 bezeichnet, die Ausgänge mit Q_1, Q_2, Q_3. Diese repräsentieren als $Q_3Q_2Q_1$ den Zählerstand.

a) Zyklisch vorwärts zählen.

Wir stellen zunächst eine Wertetabelle auf, in die eingetragen wird, wie die Q_i vor und nach dem Schaltvorgang aussehen, und wie man das Eingangssignal T_i des Flip-Flops beschalten muss, um diesen neuen Zustand zu erreichen:

Q_i vorher			Q_i nachher			T_i		
Q_3	Q_2	Q_1	Q_3	Q_2	Q_1	T_3	T_2	T_1
0	0	0	0	0	1	0	0	1
0	0	1	0	1	0	0	1	1
0	1	0	0	1	1	0	0	1
0	1	1	1	0	0	1	1	1
1	0	0	1	0	1	0	0	1
1	0	1	1	1	0	0	1	1
1	1	0	0	0	1	1	1	1
1	1	1	x	x	x	x	x	x

Die mit x markierten Stellen sind undefiniert und dürfen in der Schaltung so belegt werden, dass sie möglichst einfach wird. Es lassen sich logische Schaltungen für T_i ablesen:

$$T_1 = 1$$
$$T_2 = Q_1\overline{Q}_2\overline{Q}_3 \vee Q_1 Q_2 \overline{Q}_3 \vee Q_1 \overline{Q}_2 Q_3 \vee \overline{Q}_1 Q_2 Q_3$$
$$T_3 = Q_1 Q_2 \overline{Q}_3 \vee \overline{Q}_1 Q_2 Q_3 = Q_2(Q_1\overline{Q}_3 \vee \overline{Q}_1 Q_3)$$

KV-Diagramm für T_2:

	Q_2		$\overline{Q}_2$	
Q_1	1	x	1	1
$\overline{Q}_1$	0	1	0	0
	$\overline{Q}_3$	Q_3	$\overline{Q}_3$	

$$T_2 = Q_1 \vee Q_2 Q_3$$

KV-Diagramm für T_3:

	Q_2		$\overline{Q}_2$	
Q_1	1	x	0	0
$\overline{Q}_1$	0	1	0	0
	$\overline{Q}_3$	Q_3	$\overline{Q}_3$	

$$T_3 = Q_1 Q_2 \vee Q_2 Q_3$$

Die Schaltung sieht dann wie folgt aus:

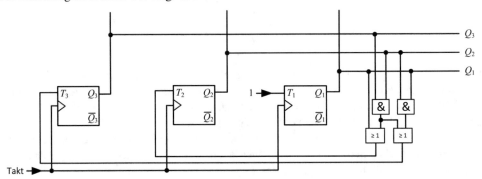

b) Zyklisch rückwärts zählen.

Wir stellen wieder eine Wertetabelle auf, in die eingetragen wird, wie die Q_i vor und nach dem Schaltvorgang aussehen, und wie man das Eingangssignal T_i des Flip-Flops beschalten muss, um diesen neuen Zustand zu erreichen:

Q_i vorher $Q_3\ Q_2\ Q_1$			Q_i nachher $Q_3\ Q_2\ Q_1$			T_i $T_3\ T_2\ T_1$		
0	0	0	1	1	0	1	1	0
0	0	1	1	1	0	1	1	1
0	1	0	0	0	1	0	1	1
0	1	1	0	1	0	0	0	1
1	0	0	0	1	1	1	1	1
1	0	1	1	0	0	0	0	1
1	1	0	1	0	1	0	1	1
1	1	1	x	x	x	x	x	x

Es lassen sich logische Schaltungen für T_i ablesen:

$$T_1 = Q_1 \vee Q_2 \vee Q_3$$
$$T_2 = (\overline{Q}_1 \vee \overline{Q}_2 \vee Q_3) \wedge (\overline{Q}_1 \vee Q_2 \vee \overline{Q}_3)$$
$$T_3 = \overline{Q}_1 \overline{Q}_2 \overline{Q}_3 \vee Q_1 \overline{Q}_2 \overline{Q}_3 \vee \overline{Q}_1 \overline{Q}_2 Q_3$$

KV-Diagramm für T_2:

	Q_2		$\overline{Q}_2$	
Q_1	0	x	0	1
$\overline{Q}_1$	1	1	1	1
	$\overline{Q}_3$	Q_3		$\overline{Q}_3$

$$T_2 = \overline{Q}_1 \vee \overline{Q}_2 \overline{Q}_3$$

KV-Diagramm für T_3:

	Q_2		$\overline{Q}_2$	
Q_1	0	x	0	1
$\overline{Q}_1$	0	0	1	1
	$\overline{Q}_3$	Q_3		$\overline{Q}_3$

$$T_3 = \overline{Q}_1 \overline{Q}_2 \vee \overline{Q}_2 \overline{Q}_3$$

Die Schaltung sieht dann wie folgt aus:

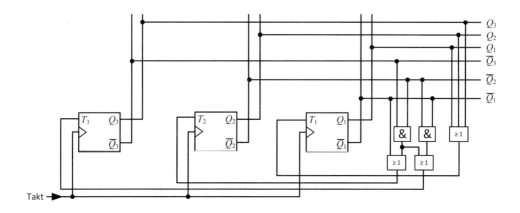

c) Signal v, zum Umschalten zwischen vorwärts- ($v = 1$) und rückwärtszählen ($v = 0$).

Hierfür wird im Grunde nur eine Schaltung benötigt, in der v mit den Schaltungen für T_1, T_2, T_3 zum Vorwärtszählen jeweils UND-verknüpft wird und $\overline{v}$ mit denen zum Rückwärtszählen. Beide UND-Gatter eines T_i werden dann ODER-verknüpft und an die Eingänge der Flip-Flops geleitet:

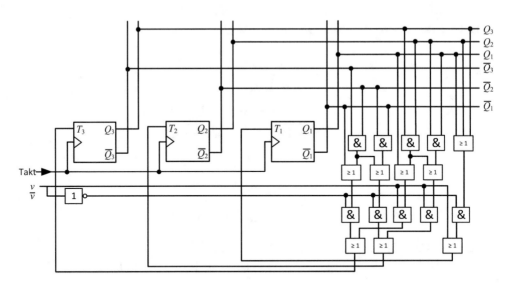

Alternativ, aber mit mehr Aufwand verbunden, könnte man auch eine neue Wertetabelle erstellen, in der nun v als vierte Variable enthalten ist:

vorwärts

v	Q_3	Q_2	Q_1	Q_3	Q_2	Q_1	T_3	T_2	T_1
	— Q_i vorher			Q_i nachher					

v	$Q_3\ Q_2\ Q_1$ (vorher)	$Q_3\ Q_2\ Q_1$ (nachher)	$T_3\ T_2\ T_1$
1	0 0 0	0 0 1	0 0 1
1	0 0 1	0 1 0	0 1 1
1	0 1 0	0 1 1	0 0 1
1	0 1 1	1 0 0	1 1 1
1	1 0 0	1 0 1	0 0 1
1	1 0 1	1 1 0	0 1 1
1	1 1 0	0 0 1	1 1 1
1	1 1 1	x x x	x x x

rückwärts

v	$Q_3\ Q_2\ Q_1$ (vorher)	$Q_3\ Q_2\ Q_1$ (nachher)	$T_3\ T_2\ T_1$
0	0 0 0	1 1 0	1 1 0
0	0 0 1	1 1 0	1 1 1
0	0 1 0	0 0 1	0 1 1
0	0 1 1	0 1 0	0 0 1
0	1 0 0	0 1 1	1 1 1
0	1 0 1	1 0 0	0 0 1
0	1 1 0	1 0 1	0 1 1
0	1 1 1	x x x	x x x

Damit ergibt sich

$$T_1 = Q_1 \vee Q_2 \vee Q_3 \vee v$$

KV-Diagramm für Ausgang T_2:

	Q_2		$\overline{Q}_2$		
Q_1	0	1	1	1	$\overline{Q}_3$
	x	x	1	0	
$\overline{Q}_1$	1	1	0	1	Q_3
	1	0	0	1	$\overline{Q}_3$
	$\overline{v}$	v	$\overline{v}$		

KV-Diagramm für Ausgang T_3:

	Q_2		$\overline{Q}_2$		
Q_1	0	1	0	1	$\overline{Q}_3$
	x	x	0	0	
$\overline{Q}_1$	0	1	0	1	Q_3
	0	0	0	1	$\overline{Q}_3$
	$\overline{v}$	v	$\overline{v}$		

$$T_2 = Q_1 v \vee Q_2 Q_3 \vee \overline{Q}_1 \overline{v} \vee Q_1 \overline{Q}_2 \overline{Q}_3 \qquad T_3 = Q_1 Q_2 v \vee Q_2 Q_3 v \vee \overline{Q}_1 \overline{Q}_2 \overline{v} \vee \overline{Q}_2 \overline{Q}_3 \overline{v}$$

Die Schaltung sieht dann wie folgt aus:

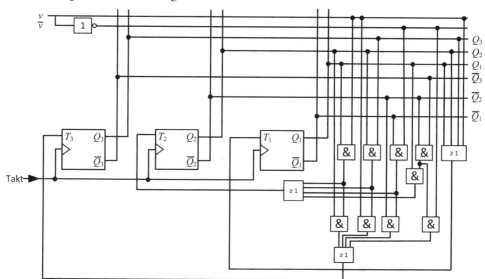

3.6 Automatentheorie und formale Sprachen

Dieser Abschnitt enthält die Lösungen zu Abschnitt 2.6 *Automatentheorie und formale Sprachen*, Seite 16.

6.1 $L = \{aa^n b(ab)^m \mid n, m \in \mathbb{N}_0\}$

a) Endlicher Automat:

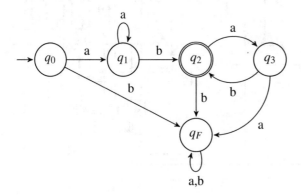

b) Der hier gezeigte Automat ist deterministisch.

c) Die Sprache ist vom Typ 3 (regulär), weil sie durch einen endlichen Automaten darstellbar ist.

d) Äquivalenter regulärer Ausdruck: $a^+ b(ab)^*$

6.2 Übergangsdiagramm für $L = \{a^n(bca)^m cc \mid n, m \in \mathbb{N}_0\} \cup \{a^n b \mid n \in \mathbb{N}_0\} \cup \{a^n bca^m \mid n, m \in \mathbb{N}_0\}$

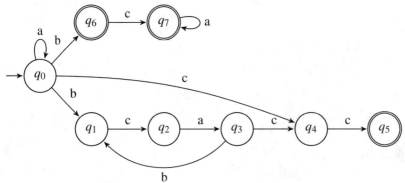

6.3 $L = \{(xy)^n(xyz)^m w \mid n,m \in \mathbb{N}_0\} \cup \{wx\} \cup \{xy\}$

a) Endlicher Automat:

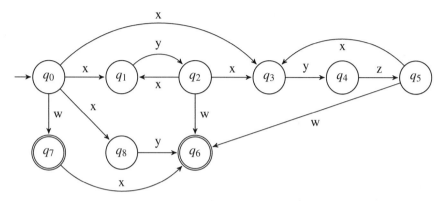

b) Der hier gezeigte Automat ist nichtdeterministisch (drei Übergänge mit x von q_0 aus).

c) Die Sprache ist vom Typ 3 (regulär), weil sie durch einen endlichen Automaten darstellbar ist.

d) Äquivalenter regulärer Ausdruck: $(xy)^*(xyz)^* w \mid wx \mid xy$

e) Grammatik mit $V = \{S, A, B\}$, Startsymbol S:
$S \rightarrow ABw \mid wx \mid xy$
$A \rightarrow Axy \mid \varepsilon$
$B \rightarrow Bxyz \mid \varepsilon$

Obwohl links jeweils nur eine einzelne Variable steht, ist diese Grammatik streng genommen (echt) vom Typ 0: Sie ist nicht linear und verkürzend. Das leere Wort lässt sich z. B. wie folgt entfernen:
$S \rightarrow ABw \mid Aw \mid Bw \mid w \mid wx \mid xy$
$A \rightarrow Axy \mid xy$
$B \rightarrow Bxyz \mid xyz$

Nun ist die Grammatik vom Typ 2 (kontextfrei): Auf der linken Seite steht jeweils nur ein einziges Nichtterminalsymbol, die Regeln sind nicht mehr verkürzend. Sie ist nicht vom Typ 3 (regulär), weil die nichtlineare Regel $S \rightarrow ABw$ enthalten ist. Offensichtlich muss eine reguläre Grammatik existieren. Diese sieht beispielsweise wie folgt aus (nun mit $V = \{S, A, B, C\}$):
$S \rightarrow Cw \mid Aw \mid Bw \mid w \mid wx \mid xy$
$A \rightarrow Axy \mid xy$
$B \rightarrow Bxyz \mid xyz$
$C \rightarrow Cxyz \mid Axyz$

Sie kann weiter vereinfacht werden zu
$S \rightarrow Cw \mid w \mid wx \mid xy$
$C \rightarrow Cxyz \mid xyz \mid Axy \mid xy$
$A \rightarrow Axy \mid xy$

6.4

a) Sobald ein Zustandsübergang für ein Zeichen zu mehr als einem Folgezustand führt, ist der Automat nichtdeterministisch. Hier ist dies in den Spalten q_1 (beide Zeichen), q_3 (Zeichen 0) und q_4 (Zeichen 1) der Fall.

b) Übergangsdiagramm:

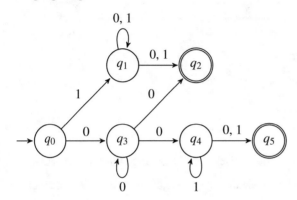

c) Potenzmengenkonstruktion nach Rabin/Scott:

σ_i	$\{q_0\}$	$\{q_1\}$	$\{q_3\}$	$\{q_1,q_2\}$	$\{q_2,q_3,q_4\}$	$\{q_2,q_3,q_4,q_5\}$	$\{q_4,q_5\}$	$\{q_5\}$
0	$\{q_3\}$	$\{q_1,q_2\}$	$\{q_2,q_3,q_4\}$	$\{q_1,q_2\}$	$\{q_2,q_3,q_4,q_5\}$	$\{q_2,q_3,q_4,q_5\}$	$\{q_5\}$	$-$
1	$\{q_1\}$	$\{q_1,q_2\}$	$-$	$\{q_1,q_2\}$	$\{q_4,q_5\}$	$\{q_4,q_5\}$	$\{q_4,q_5\}$	$-$

Startzustand: $\{q_0\}$
Endzustände: $\{q_1,q_2\}$, $\{q_2,q_3,q_4\}$, $\{q_2,q_3,q_4,q_5\}$, $\{q_4,q_5\}$, $\{q_5\}$

Zum Zeichnen der besseren Übersichtlichkeit wegen: Tabelle mit umbenannten Zuständen:

σ_i	s_0	s_1	s_2	s_3	s_4	s_5	s_6	s_7
0	s_2	s_3	s_4	s_3	s_5	s_5	s_7	$-$
1	s_1	s_3	$-$	s_3	s_6	s_6	s_6	$-$

Übergangsdiagramm:

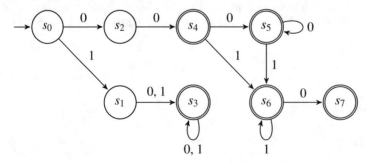

6.5

a) Doppelt so viele Nullen wie Einsen, nie zwei Nullen hintereinander:

Es gibt nur ein Wort, das diese Bedingung erfüllt, nämlich 010. Es ist also $L = \{010\}$. Der Automat lautet:

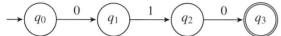

b) Doppelt so viele Nullen wie Einsen, höchstens zwei Nullen hintereinander:

Es gehören alle Wörter zur Sprache, die aus Konkatenationen von 001, 010 und 100 bestehen. Diese können auch nur in dieser Reihenfolge auftreten, damit die Bedingung nicht verletzt wird. Die Sprache lautet damit $L = \{(001)^i(010)^j(100)^k \mid i,j,k \in \mathbb{N}_0, i+j+k > 0\}$. Die Nebenbedingung $i+j+k > 0$ wird benötigt, um zu vermeiden, dass das leere Wort Teil der Sprache ist. Der Automat lautet:

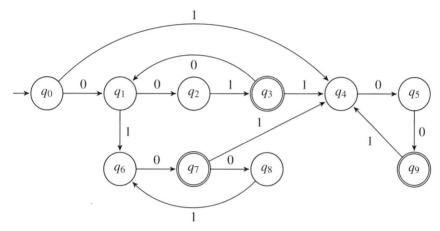

c) Es gibt keinen DEA, der genau alle Wörter akzeptiert, die doppelt so viele Nullen wie Einsen enthalten, da dieser die Anzahl der Nullen und Einsen „mitzählen" müsste. Dies geht aber nicht allgemein, sondern nur, wenn man die Länge der Wörter beschränkt und entsprechend viele Zustände definiert. Die Zustände fungieren dann als Speicher.

Mit einem Kellerautomaten ist dies jedoch problemlos möglich (es genügt ein einziger Zustand).

6.6

a) Die akzeptierte Sprache umfasst die Dezimalzahlen mit oder ohne Dezimalpunkt, optional mit einem vorangestellten Minuszeichen, z. B. $42, -21, 0, 3.1415, -2.78$. In Mengenschreibweise: $L = \{-^i z^j(.z^k)^l \mid i,l \in \{0,1\}, j,k \in \mathbb{N}, z \in \{0,\dots,9\}\}$

b) Potenzmengenkonstruktion nach Rabin/Scott:

σ_i	$\{q_0\}$	$\{q_1\}$	$\{q_2,q_4\}$	$\{q_3\}$	$\{q_4\}$
$0,\dots,9$	$\{q_2,q_4\}$	$\{q_2,q_4\}$	$\{q_2,q_4\}$	$\{q_4\}$	$\{q_4\}$
$-$	$\{q_1\}$	$-$	$-$	$-$	$-$
$.$	$-$	$-$	$\{q_3\}$	$-$	$-$

Startzustand: $\{q_0\}$
Endzustände: $\{q_2,q_4\}$, $\{q_4\}$

c) Übergangsdiagramm des deterministischen Automaten:

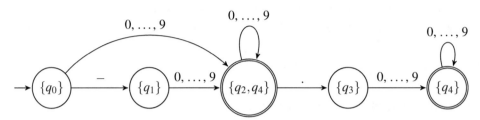

6.7 Konstruktion eines Minimalautomaten.

Schritt 1: Abtrennen des Endzustands in einer eigenen Partition (Fangzustände wurden weggelassen)

σ_i	q_0	q_1	P_1 q_2	q_4	q_5	P_2 q_3
0	q_1,P_1	q_2,P_1	q_2,P_1	q_2,P_1	q_5,P_1	–
1	q_4,P_1	q_5,P_1	q_3,P_2	q_5,P_1	q_3,P_2	–

Schritt 2: Abtrennen von q_2, q_5 in einer eigenen Partition:

σ_i	q_0	P_1 q_1	q_4	P_3 q_2	q_5	P_2 q_3
0	q_1,P_1	q_2,P_3	q_2,P_3	q_2,P_3	q_5,P_3	–
1	q_4,P_1	q_5,P_3	q_5,P_3	q_3,P_2	q_3,P_2	–

Schritt 3: Abtrennen von q_0 in einer eigenen Partition:

σ_i	P_0 q_0	P_1 q_1	q_4	P_3 q_2	q_5	P_2 q_3
0	q_1,P_1	q_2,P_3	q_2,P_3	q_2,P_3	q_5,P_3	–
1	q_4,P_1	q_5,P_3	q_5,P_3	q_3,P_2	q_3,P_2	–

Übergangsdiagramm:

Akzeptierte Sprache als regulärer Ausdruck: $(0|1)(0|1)0^*1$

6.8 Konstruktion eines Minimalautomaten.

Schritt 1: Abtrennen der Endzustände in einer eigenen Partition

σ_i	q_0	q_1	P_1 q_2	q_3	P_2 q_4
0	q_0,P_1	q_2,P_1	q_3,P_1	q_3,P_1	q_4,P_2
1	q_1,P_1	q_4,P_2	q_1,P_1	q_1,P_1	q_4,P_2
2	q_2,P_1	q_1,P_1	q_0,P_1	q_2,P_1	q_4,P_2

Schritt 2: Abtrennen von q_1 in einer eigenen Partition:

σ_i	P_1			P_3	P_2
	q_0	q_2	q_3	q_1	q_4
0	q_0,P_1	q_3,P_1	q_3,P_1	q_2,P_1	q_4,P_2
1	q_1,P_3	q_1,P_3	q_1,P_3	q_4,P_2	q_4,P_2
2	q_2,P_1	q_0,P_1	q_2,P_1	q_1,P_3	q_4,P_2

Übergangsdiagramm:

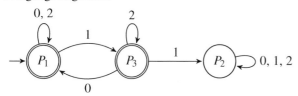

6.9 Konstruktion eines Minimalautomaten.

Der gegebene Automat ist nichtdeterministisch. Die übliche Konstruktion über Bildung von Partitionen kann nicht direkt angewendet werden, sie funktioniert nur für deterministische Automaten. Daher muss der Automat zunächst in einen deterministischen umgewandelt werden. Potenzmengenkonstruktion nach Rabin/Scott:

σ_i	$\{q_0\}$	$\{q_0,q_1\}$	$\{q_0,q_2\}$
0	$\{q_0,q_1\}$	$\{q_0,q_1\}$	$\{q_0,q_1\}$
1	$\{q_0,q_2\}$	$\{q_0,q_2\}$	$\{q_0,q_2\}$

Startzustand: $\{q_0\}$
Endzustand: $\{q_0,q_2\}$

Zum Zeichnen der besseren Übersichtlichkeit wegen: Tabelle mit umbenannten Zuständen:

σ_i	s_0	s_1	s_2
0	s_1	s_1	s_1
1	s_2	s_2	s_2

Übergangsdiagramm:

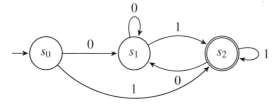

Konstruktion des (deterministischen) Minimalautomaten:
Abtrennen des Endzustands in einer eigenen Partition (damit ist man hier fertig)

σ_i	P_1		P_2
	s_0	s_1	s_2
0	s_1,P_1	s_1,P_1	s_1,P_1
1	s_2,P_2	s_2,P_2	s_2,P_2

Übergangsdiagramm:

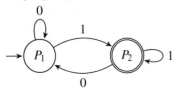

Die akzeptierte Sprache enthält alle Wörter, die auf 1 enden.
Der Vollständigkeit halber – es gibt auch einen nichtdeterministischen Minimalautomaten, dieser
sieht so aus:

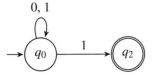

6.10 Der Automat entspricht dem aus Bsp. 11.11 im *Grundkurs Informatik*. Die systematische Konstruktion ist dort nicht detailliert beschrieben, funktioniert aber im Grunde als einfache Erweiterung
der Potenzmengenkonstruktion nach Rabin/Scott zur Umwandlung eines NEA in einen äquivalenten
DEA. Für die ε-Übergänge gilt:

* in die Menge der Folgezustände werden auch alle durch ε-Übergänge (direkt oder indirekt)
  erreichbaren Zustände aufgenommen,
* der neue Startzustand ergibt sich aus der Menge aller Zustände, die vom ursprünglichen Startzustand aus (direkt oder indirekt) durch ε-Übergänge erreichbar sind.

Damit ergibt sich:

σ_i	$\{q_s, q_1\}$	$\{q_1\}$	$\{q_e\}$
$0, \ldots, 9$	$\{q_e\}$	$\{q_e\}$	$\{q_e\}$
$-$	$\{q_1\}$	$-$	$-$

Startzustand: $\{q_s, q_1\}$
Endzustand: $\{q_e\}$

Übergangsdiagramm des deterministischen, ε-freien Automaten:

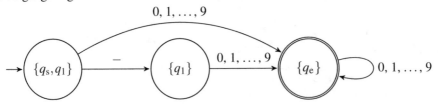

6.11

a) Akzeptierte Sprache in Mengenschreibweise: $L = \{1^i 2^j 3^k 4^l \mid i, j, k, l \in \mathbb{N}_0\}$

Akzeptierte Sprache als regulärer Ausdruck: $1^* 2^* 3^* 4^*$

b) Potenzmengenkonstruktion:

σ_i	$\{q_0, q_1, q_2, q_3\}$	$\{q_1, q_2, q_3\}$	$\{q_2, q_3\}$	$\{q_3\}$
1	$\{q_0, q_1, q_2, q_3\}$	$-$	$-$	$-$
2	$\{q_1, q_2, q_3\}$	$\{q_1, q_2, q_3\}$	$-$	$-$
3	$\{q_2, q_3\}$	$\{q_2, q_3\}$	$\{q_2, q_3\}$	$-$
4	$\{q_3\}$	$\{q_3\}$	$\{q_3\}$	$\{q_3\}$

Startzustand: $s_0 = \{q_0, q_1, q_2, q_3\}$
Endzustände: $s_0 = \{q_0, q_1, q_2, q_3\}$, $s_1 = \{q_1, q_2, q_3\}$, $s_2 = \{q_2, q_3\}$, $s_3 = \{q_3\}$

Übergangsdiagramm des deterministischen, ε-freien Automaten:

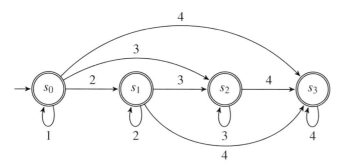

6.12 Grammatik mit $S \to (S) \mid [S] \mid SS \mid \varepsilon$.

a) Obwohl links nur eine einzelne Variable steht, ist diese Grammatik vom Typ 0: Sie ist nicht linear und verkürzend. Die Umformung in eine Typ 2 Grammatik ist jedoch problemlos möglich:
$S \to A \mid \varepsilon$
$A \to (A) \mid [A] \mid AA \mid () \mid []$

Nun ist die Grammatik vom Typ 2: Auf der linken Seite steht jeweils nur ein einziges Nichtterminalsymbol, die Regeln sind nicht mehr verkürzend. Das leere Wort ist Teil der Sprache und lässt sich nur direkt aus dem Startsymbol ableiten. Sie ist nicht vom Typ 3 (regulär), weil die Regeln für A nicht linear sind.

b) Aufbauend auf dem Ergebnis aus der vorherigen Teilaufgabe ist das Entfernen des leeren Worts aus der Sprache nun einfach. Es muss nur die Regel $S \to \varepsilon$ weggelassen werden:
$S \to A$
$A \to (A) \mid [A] \mid AA \mid () \mid []$

Oder, (wieder vereinfacht) basierend auf der Originalgrammatik:
$S \to (S) \mid [S] \mid SS \mid () \mid []$

Beide Grammatiken sind vom Typ 2.

c) Bringe $S \to (S) \mid [S] \mid SS \mid () \mid []$ in Chomsky-Normalform.

Schritt 1: Jedes Terminalsymbol erhält eine neue Variable:
$A \to (, B \to), C \to [, D \to]$
$S \to ASB \mid CSD \mid SS \mid AB \mid CD$

Schritt 2: Aufteilung von Regeln mit mehr als zwei Variablen auf der rechten Seite:
$A \to (, B \to), C \to [, D \to]$
$S \to AE \mid CF \mid SS \mid AB \mid CD$
$E \to SB, F \to SD$

Schritt 3: Ersetzen von Produktionen mit einer einzigen Variablen auf der rechten Seite durch die rechte Seite der Zielvariable ist hier nicht erforderlich.

d) Kellerautomat für Sprache inkl. leerem Wort, der über leeren Keller akzeptiert, mit Kelleralphabet $\Gamma = \{(, [, \#\}$:

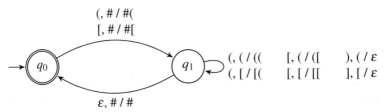

Der Automat schreibt jede öffnende Klammer auf den Keller und nimmt für jede schließende eine herunter, wenn als letztes eine passende Klammer eingekellert wurde. Sind keine Eingabezeichen mehr vorhanden und keine Klammern mehr im Keller, dann löscht der Automat das Kellersymbol # aus dem Keller und hat das Wort (über den nunmehr leeren Keller) akzeptiert. In allen anderen Fällen geht der Automat in einen Fangzustand (dieser wurde nicht eingezeichnet).

Ein Kellerautomat, der die Sprache inkl. leerem Wort durch Endzustand akzeptiert, sieht z. B. so aus:

Das leere Wort wird direkt in q_0 akzeptiert. Kommt eine öffnende Klammer, geht der Automat in den Zustand q_1, der kein Endzustand ist. Hier können, wie in der vorherigen Variante, Klammern auf den Keller geschrieben bzw. passende vom Keller genommen werden. Erst, wenn der Keller leer ist (dies entspricht einer passenden Abfolge von Klammern), kann der Automat wieder nach q_0 gehen und dort, bei abgearbeitetem Eingabewort, über Endzustand akzeptieren. Sind noch Klammern in der Eingabe vorhanden, geht das ganze von vorne los.

Hier nun ein Kellerautomat für die Sprache ohne leeres Wort, der über leeren Keller akzeptiert:

Im Unterschied zu vorher wurde hier sicher gestellt, dass mindestens eine Klammer vorhanden ist, bevor der ε-Übergang zum Leeren des Kellers möglich ist.

Zum Schluss ein Kellerautomat, der die Sprache ohne leeres Wort durch Endzustand akzeptiert:

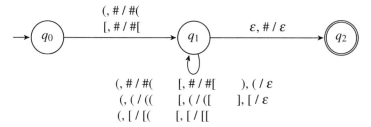

Da bei den Kellerautomaten, die über Endzustand akzeptieren, das Löschen des Kellersymbols # nicht erforderlich ist, kann man diese auch auf einfache Weise ohne ε-Übergänge und deterministisch formulieren. Dazu führen wir zwei zusätzliche Kellersymbole R und E ein, die die erste runde bzw. eckige Klammer markieren. Hier der Kellerautomat inkl. leerem Wort in der Sprache:

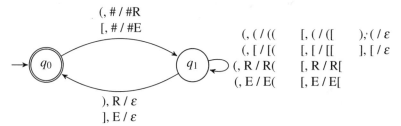

Und der Automat ohne leeres Wort:

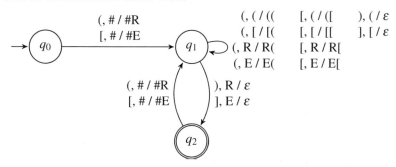

6.13 2-Band Turing-Maschine

a) 22001122 ist Teil der akzeptierten Sprache: Die Zustände der Turing-Maschine werden wie folgt durchlaufen: 0, 1, 1, 2, 3, 3, 3, 4, 4, HALT.

Die Maschine hält, damit ist das Wort akzeptiert. Der Inhalt von Band 1 wird während der Verarbeitung nicht verändert, auf Band 2 stehen am Ende zwei Einsen.

b) Akzeptierte Sprache in Mengenschreibweise: $L = \{2^i 0^j 1^j 2^k \mid i,j,k \in \mathbb{N}, j \geq 2\}$

Die Sprache ist vom Typ 2 (es müssen gleich viele Nullen wie Einsen enthalten sein, das entspricht der Erkennung korrekt geklammerter Ausdrücke). Ausreichend zur Erkennung wäre damit ein nichtdeterministischer Kellerautomat.

c) Die berechnete Funktion ist μ-rekursiv, da sie durch eine Turing-Maschine dargestellt werden kann, die von der Berechnungsmächtigkeit äquivalent zu μ-rekursiven Funktionen sind.

d) Eine Grammatik zur Beschreibung der Sprache ist z. B.: Alphabet $\Sigma = \{0,1,2\}$ mit Nichtterminalen $V = \{S,A,M\}$, Startsymbol S und den Produktionen

$S \to AMA$
$A \to 2A \mid 2$
$M \to 0M1 \mid 0011$

Diese ist vom Typ 2.

6.14 Alphabet $\Sigma = \{a, b, c\}$, regulärer Ausdruck $b^+(a \mid cb^+)^*c^*$

a) Die durch reguläre Ausdrücke beschreibbaren Sprachen sind äquivalent zu den Typ 3 Sprachen (reguläre Sprachen). Das passende Automatenmodell ist ein endlicher Automat, deterministisch oder nichtdeterministisch.

b) Das Übergangsdiagramm des Automaten kann aus vier Teilen zusammengesetzt werden:
b^+:

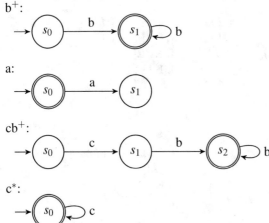

a:

cb^+:

c^*:

Diese müssen nun kombiniert werden, unter Berücksichtigung des ODER- und Sternoperators für a und cb^+. Jeder der beiden Teile muss nicht nur selbst beliebig oft wiederholt werden können, sondern auch gemischt mit dem jeweils anderen. Das ODER entspricht einer Verzweigung, der Stern einer Schleife. Kombiniert ergibt sich damit für $(a \mid cb^+)^*$:

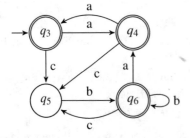

Und damit das gesamte Übergangsdiagramm (das geht natürlich auch ohne ε-Übergang, dieser bietet sich hier aber zur Kombination der Teile an):

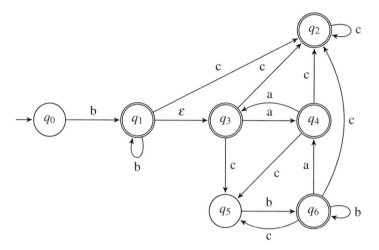

c) Eine Grammatik zur Beschreibung der Sprache ist z. B.: Alphabet $\Sigma = \{a, b, c\}$ mit Nichtterminalen $V = \{S, B, K, C, P\}$, Startsymbol S und den Produktionen
$S \rightarrow BKC$
$B \rightarrow bB \mid b$
$K \rightarrow aK \mid cP \mid \varepsilon$
$P \rightarrow bP \mid bK$
$C \rightarrow cC \mid \varepsilon$

Die Grammatik ist vom Typ 0, wegen der verkürzenden Produktionen $K \rightarrow \varepsilon$ und $C \rightarrow \varepsilon$. Diese lassen sich aber leicht entfernen, so dass eine Typ 2 Grammatik entsteht:
$S \rightarrow BKC \mid BK \mid BC \mid B$
$B \rightarrow bB \mid b$
$K \rightarrow aK \mid cP \mid a$
$P \rightarrow bP \mid bK \mid b$
$C \rightarrow cC \mid c$

Eine (hier rechtslineare) Typ 3 Grammatik sähe z. B. so aus:
$S \rightarrow bB \mid b$
$B \rightarrow bB \mid b \mid aK \mid cP \mid a \mid cC \mid c$
$K \rightarrow aK \mid cP \mid a \mid cC \mid c$
$P \rightarrow bP \mid bK \mid b$
$C \rightarrow cC \mid c$

6.15 Grammatik mit Alphabet $\Sigma = \{a, b, c\}$, Nichtterminale $V = \{S, X, Y, Z\}$, Startsymbol S:
$S \rightarrow XYZ \mid YZ \qquad X \rightarrow Xab \mid ab \qquad Y \rightarrow c \mid b \qquad Z \rightarrow Zab \mid ab$

a) Die Grammatik ist vom Typ 2 (kontextfrei): Auf der linken Seite steht jeweils nur ein einziges Nichtterminalsymbol, die Regeln sind nicht verkürzend. Sie ist nicht vom Typ 3 (regulär), weil die Regeln für S nicht linear sind.

b) Regulärer Ausdruck: $(ab)^*(c \mid b)(ab)^+$

c) Die Sprache ist vom Typ 3 (regulär), da sie durch einen regulären Ausdruck darstellbar ist. Die durch reguläre Ausdrücke beschreibbaren Sprachen sind äquivalent zu den Typ 3 Sprachen.

d) Das passende Automatenmodell ist ein endlicher Automat:

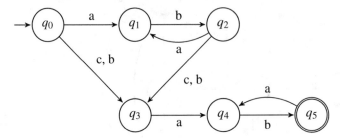

e) Chomsky-Normalform:
Schritt 1: Jedes Terminalsymbol erhält eine neue Variable:
$A \rightarrow a, B \rightarrow b, C \rightarrow c$
$S \rightarrow XYZ \mid YZ$
$X \rightarrow XAB \mid AB$
$Y \rightarrow C \mid B$
$Z \rightarrow ZAB \mid AB$

Schritt 2: Aufteilung von Regeln mit mehr als zwei Variablen auf der rechten Seite:
$A \rightarrow a, B \rightarrow b, C \rightarrow c$
$S \rightarrow UZ \mid YZ, \qquad U \rightarrow XY$
$X \rightarrow VB \mid AB, \qquad V \rightarrow XA$
$Y \rightarrow C \mid B$
$Z \rightarrow WB \mid AB, \qquad W \rightarrow ZA$

Schritt 3: Ersetzen von Produktionen mit einer einzigen Variablen auf der rechten Seite durch die rechte Seite der Zielvariable:
$A \rightarrow a, B \rightarrow b, C \rightarrow c$
$S \rightarrow UZ \mid YZ, \qquad U \rightarrow XY$
$X \rightarrow VB \mid AB, \qquad V \rightarrow XA$
$Y \rightarrow c \mid b$
$Z \rightarrow WB \mid AB, \qquad W \rightarrow ZA$

f) Das Wort abcab ist Teil der akzeptierten Sprache. Geprüft werden kann dies z. B. durch den oben konstruierten endlichen Automaten. Mit dem Eingabewort abcab landet dieser nach Abarbeitung über die Zustandsfolge $q_0, q_1, q_2, q_3, q_4, q_5$ in einem Endzustand, das Wort wurde also akzeptiert.

Ebenso kann das Wort aus der Grammatik hergeleitet werden (es wurde im Folgenden die ursprüngliche Grammatik verwendet, nicht die Normalform), z. B.:
$S \Rightarrow XYZ \Rightarrow abYZ \Rightarrow abcZ \Rightarrow abcab$

Hinweis: Eine Prüfung über einen Parsing-Verfahren wie beispielsweise den CYK-Algorithmus wäre hier zwar möglich, aber unnötiger Aufwand. Die Sprache ist Typ 3, daher ist immer die Prüfung mit Hilfe eines deterministischen endlichen Automaten möglich und sinnvoll (weil schneller).

6.16 Grammatik mit Alphabet $\Sigma = \{u, v, w\}$, Nichtterminale $V = \{S, M, N\}$, Startsymbol S:
$$S \to Sw \mid Muu \qquad M \to Mu \mid Nv \qquad N \to vN \mid w$$

a) Die Grammatik ist vom Typ 2 (kontextfrei): Auf der linken Seite steht jeweils nur ein einziges Nichtterminalsymbol, die Regeln sind nicht verkürzend. Sie ist nicht vom Typ 3 (regulär), weil sowohl rechts- (z. B. $N \to vN$) als auch linkslineare Regeln (z. B. $M \to Nv$) auftreten.

b) Kürzeste Wörter der Sprache:
$$S \Rightarrow Sw \Rightarrow Muuw \Rightarrow Muuuw \Rightarrow Nvuuuw \Rightarrow vNvuuuw \Rightarrow vwvuuuw$$

$$S \Rightarrow Muu \Rightarrow Muuu \Rightarrow Nvuuu \Rightarrow vNvuuu \Rightarrow vwvuuu$$

$$S \Rightarrow Sw \Rightarrow Muuw \Rightarrow Nvuuw \Rightarrow vNvuuw \Rightarrow vwvuuw$$

$$S \Rightarrow Sw \Rightarrow Muuw \Rightarrow Muuuw \Rightarrow Nvuuuw \Rightarrow wvuuuw$$

$$S \Rightarrow Muu \Rightarrow Nvuu \Rightarrow vNvuu \Rightarrow vwvuu$$

$$S \Rightarrow Sw \Rightarrow Muuw \Rightarrow Nvuuw \Rightarrow wvuuw$$

$$S \Rightarrow Muu \Rightarrow Nvuu \Rightarrow wvuu$$

c) Sprache in Mengenschreibweise an: $L = \{v^i wvuuu^j w^k \mid i, j, k \in \mathbb{N}_0\}$

Es bestehen zwischen den einzelnen Teilen der Wörter keine Abhängigkeiten, daher ist die Sprache offenbar vom Typ 3 (regulär). Somit lässt sich ein äquivalenter regulärer Ausdruck angeben: $v^* wvuuu^* w^*$ oder auch $v^* wvuu^+ w^*$

d) Linear beschränkter Automat mit $\Sigma' = \{u, v, w, \bar{u}, \bar{v}, \bar{w}\}$. Annahmen: Das Eingabewort steht auf dem Band der Turing-Maschine, wobei das Zeichen x ganz rechts durch $\bar{x}$ ersetzt wurde, um das rechte Ende zu markieren. Der Schreib-/Lesekopf steht zu Beginn auf dem linken Zeichen des Eingabeworts. Übergangsdiagramm:

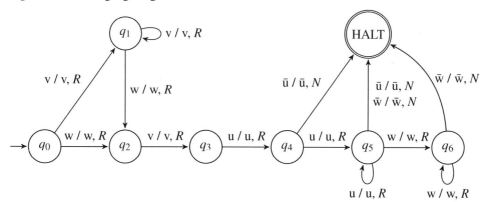

Anmerkungen: Fangzustände wurden weggelassen; beim Übergang in einen Fangzustand sowie innerhalb eines Fangzustands sollte die Maschine den Schreib-/Lesekopf nicht bewegen (N). Damit ist sichergestellt, dass der Bandbereich, auf dem sich das Eingabewort befindet, nicht verlassen wird.

Typischerweise würde die Maschine das Zeichen ganz links durch eine Markierung für das linke Bandende ersetzen, damit sie nicht über das Eingabewort hinausläuft. Dies ist hier allerdings nicht nötig, weil sich der Schreib-/Lesekopf sowieso nie nach links bewegt.

e) Da es sich um eine reguläre Sprache handelt, kann man zwar einen linear beschränkten Automaten konstruieren, angemessen wäre aber ein endlicher Automat. Übergangsdiagramm:

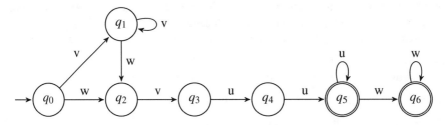

6.17 Grammatik mit Alphabet $\Sigma = \{1,2,3,4\}$, Startsymbol S, Produktionen:
$S \rightarrow 1S2 \mid 3SS4 \mid 3S1S \mid 12 \mid 34$

a) Die Grammatik ist vom Typ 2 (kontextfrei): Auf der linken Seite steht jeweils nur ein einziges Nichtterminalsymbol, die Regeln sind nicht verkürzend. Sie ist nicht vom Typ 3 (regulär), weil nichtlineare Regeln auftreten.

b) Es ist anschaulich klar, dass die Sprache nicht von Typ 3 sein kann, da bei Anwendung der Regeln z. B. gleich viele 1 und 2, 3 und 4 oder 3 und 1 entstehen. Ein Beweis wäre mit Hilfe des Pumping-Lemmas möglich. Ein äquivalenter Automat müsste also mitzählen können; das geht (bei beliebiger Wortlänge) erst mit einem Kellerautomaten, der (nichtdeterministisch) die kontextfreien Sprachen akzeptiert.

Da die Grammatik von Typ 2 ist (und keine echte Typ 1 oder 0 Grammatik), ist auch die Sprache Typ 2 (kontextfrei).

Man kann daher keinen äquivalenten regulären Ausdruck angeben.

c) Es werden nun verschiedene Varianten für eine Chomsky-Normalform angegeben (die aber nicht erschöpfend sind, es gibt weitere). Schritt 1 und 3 sind dabei immer identisch und deshalb nur bei der ersten Variante abgedruckt.

Chomsky-Normalform (Variante 1):
Schritt 1: Jedes Terminalsymbol erhält eine neue Variable:
$A \rightarrow 1, B \rightarrow 2, C \rightarrow 3, D \rightarrow 4$
$S \rightarrow ASB \mid CSSD \mid CSAS \mid AB \mid CD$

Schritt 2: Aufteilung von Regeln mit mehr als zwei Variablen auf der rechten Seite:
$A \rightarrow 1, B \rightarrow 2, C \rightarrow 3, D \rightarrow 4$

$S \rightarrow AE$	$E \rightarrow SB$	
$S \rightarrow CF$	$F \rightarrow SG$	$G \rightarrow SD$
$S \rightarrow CH$	$H \rightarrow SI$	$I \rightarrow AS$
$S \rightarrow AB \mid CD$		

Schritt 3: Ersetzen von Produktionen mit einer einzigen Variablen auf der rechten Seite durch die rechte Seite der Zielvariable ist hier nicht erforderlich.

Chomsky-Normalform (Variante 2):
Schritt 2: Aufteilung von Regeln mit mehr als zwei Variablen auf der rechten Seite:
$A \to 1, B \to 2, C \to 3, D \to 4$

$S \to EB$	$E \to AS$	
$S \to FD$	$F \to GS$	$G \to CS$
$S \to HS$	$H \to IA$	$I \to CS$
$S \to AB \mid CD$		

Chomsky-Normalform (Variante 3):
Schritt 2: Aufteilung von Regeln mit mehr als zwei Variablen auf der rechten Seite:
$A \to 1, B \to 2, C \to 3, D \to 4$

$S \to EB$	$E \to AS$	
$S \to FD$	$F \to GS$	$G \to CS$
$S \to GE$		
$S \to AB \mid CD$		

d) CYK-Algorithmus (mit Variante 1 der Chomsky-Normalform aus der vorherigen Teilaufgabe):

3	3	4	1	1	2
C	C	D	A	A	B
	S			S	
		I			
	H				
S					

Im Kasten ganz unten entsteht das Startsymbol, das Wort ist folglich Teil der Sprache.

6.18 Grammatik mit Alphabet $\Sigma = \{1,2\}$, Nichtterminale $V = \{S,A,B,C\}$, Startsymbol S:
$$S \to AB \mid BC \qquad A \to BA \mid 1 \qquad B \to CC \mid 2 \qquad C \to AB \mid 1$$

a) Die Grammatik ist in Chomsky-Normalform: Nichtterminale treten auf der rechten Seite nur paarweise auf, Terminale nur einzeln.

b) CYK-Algorithmus:

1	1	2	2	1	1	2	1
A,C	A,C	B	B	A,C	A,C	B	A,C
B	S,C		S,A	B	S,C	S,A	
B		A		B	B		
			S,A,C				
A			S,A,C				
		S,A,C					
	B						
S,A,C							

Im Kasten ganz unten entsteht das Startsymbol, das Wort ist folglich Teil der Sprache.

6.19 Grammatik mit Alphabet $\Sigma = \{x, y, z\}$, Nichtterminalen $V = \{S, A, B, C, Y, Z\}$, Startsymbol S:
$A \rightarrow x, \quad B \rightarrow y, \quad C \rightarrow z, \quad S \rightarrow AS \mid AY, \quad Y \rightarrow BY \mid BZ, \quad Z \rightarrow CZ \mid z$

a) Die Grammatik ist in Chomsky-Normalform (Nichtterminale treten auf der rechten Seite nur paarweise auf, Terminale nur einzeln), daher kann der CYK-Algorithmus direkt angewendet werden:

x	x	y	y	y	z	z	z
A	A	B	B	B	C,Z	C,Z	C,Z
				Y	Z	Z	
			Y	Y	Z		
		Y	Y	Y			
	S	Y	Y				
S	S	Y					
S	S						
S							

Im Kasten ganz unten entsteht das Startsymbol, das Wort ist folglich Teil der Sprache.

b) Die Lösung des Wortproblems mit CYK ist wie man sieht möglich, aber unnötiger Aufwand. Wenn die Sprache vom Typ 3 ist, ist immer die Prüfung mit Hilfe eines deterministischen endlichen Automaten möglich und sinnvoll (weil schneller).

6.20 Grammatik über $\Sigma = \{x, y, z\}$, Nichtterminale $V = \{S, Y, Z\}$, Startsymbol S, Produktionen:
$S \rightarrow xS \mid xY, \quad Y \rightarrow yY \mid Zy, \quad Z \rightarrow Zz \mid z$

a) Die Grammatik ist vom Typ 2 (kontextfrei): Es gibt kein ε, das ein Problem machen könnte, auf der linken Seite steht immer nur eine Variable. Sie ist nicht Typ 3, weil sowohl rechts- als auch linkslineare Produktionen vorkommen ($Y \rightarrow yY \mid Zy$).

b) Sprache in Mengenschreibweise: $L = \{x^i y^j z^k y \mid i, k \in \mathbb{N}, j \in \mathbb{N}_0\}$. Alle Bestandteile sind voneinander unabhängig, die Sprache ist vom Typ 3 (regulär). Somit kann man einen äquivalenten regulären Ausdruck angeben: $x^+ y^* z^+ y$.

c) Das der Sprache angemessene Automatenmodell ist ein endlicher Automat.
Nichtdeterministisch:

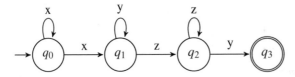

Oder deterministisch:

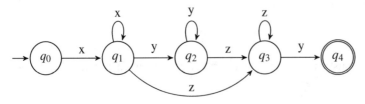

d) Übergangsdiagramm einer deterministischen Turingmaschine:

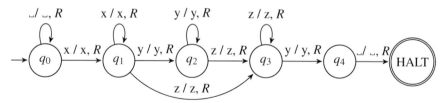

Startkonfiguration: Das Wort steht auf dem sonst leeren Band, der Schreib-/Lesekopf der Maschine befindet sich irgendwo links davon und bewegt sich während der Verarbeitung von links nach rechts. Das gelesene Zeichen wird auf dem Band belassen; alternativ könnte man es auch löschen oder durch ein anderes Zeichen ersetzen. Das Diagramm ist sehr ähnlich zum endlichen Automaten. Der Hauptunterschied besteht darin, dass der linke Anfang des Wortes hier erst gesucht wird (alternativ könnte man zur Vereinfachung die Startkonfiguration so definieren, dass der Schreib-/Lesekopf zu Beginn der Verarbeitung bereits auf dem linkesten Zeichen steht); und, dass am Ende sichergestellt werden muss, dass keine weiteren Zeichen auf dem Band stehen, sondern das Wort tatsächlich durch ein Leerzeichen nach rechts begrenzt ist.

6.21 Eingabealphabet $\Sigma = \{a, b, c\}$, Kelleralphabet $\Gamma = \{\#, A\}$, Sprache $L = \{a^n b^{2n} c^m \mid n, m \in \mathbb{N}\}$.

a) Deterministischer Kellerautomat, akzeptiert über Endzustände:

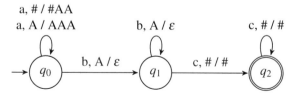

Die Idee ist hier, für jedes a zwei Zeichen auf den Keller zu legen statt nur eines, damit für jedes b eines wieder abgebaut werden kann.

b) Nichtdeterministischer Kellerautomat, akzeptiert über leeren Keller:

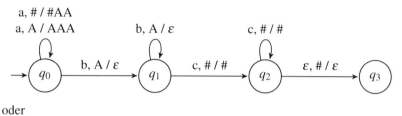

oder

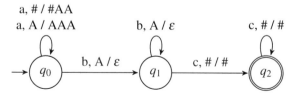

6.22 Beispiele für gültige Wörter: x, xxxxx, x[[[x]]], [x[[x]x]]

Kellerautomat, Eingabealphabet $\Sigma = \{[,],x\}$, Kelleralphabet $\Gamma = \Sigma \cup \{\#\}$, akzeptiert durch Endzustand (Fangzustände weggelassen):

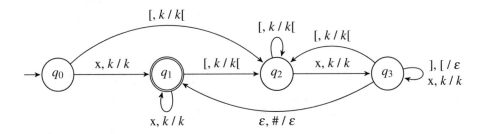

Es wurde hier eine abkürzende Notation verwendet: k steht für ein beliebiges Symbol aus dem Kelleralphabet, d.h. die Beschriftung eines Zustandsübergangs mit [, k / k[bedeutet, dass egal welches Zeichen sich auf dem Keller befindet, das Zeichen [oben auf den Keller gelegt wird. Die Notation steht in diesem Beispiel also abkürzend für die vier Beschriftungen
[, [/ [[[,] /][[, x / x[[, # / #[

Die Notation x, k / k bedeutet folglich, dass der Übergang unabhängig vom aktuellen obersten Kellersymbol ist und der Keller unverändert bleibt, es wird nichts oben auf den Keller gelegt.

6.23 Grammatik mit Alphabet $\Sigma = \{+,*,=,;,(,),a, b, c\}$, Nichtterminalen $V = \{S,A,B\}$, Startsymbol S: $S \rightarrow B = A$; $A \rightarrow B \mid A + A \mid A * A \mid (A)$ $B \rightarrow aB \mid bB \mid cB \mid a \mid b \mid c$

a) Die Grammatik ist vom Typ 2 (kontextfrei): Auf der linken Seite steht jeweils nur ein einziges Nichtterminalsymbol, die Regeln sind nicht verkürzend. Sie ist nicht vom Typ 3 (regulär), weil nichtlineare Regeln auftreten.

Die erzeugte Sprache ist ebenfalls vom Typ 2: Es kann keine äquivalente Typ 3 Grammatik geben, weil öffnende und schließende Klammern immer paarweise erzeugt werden müssen. Dass es keine Typ 3 Grammatik gibt, liegt nur an der Regel $A \rightarrow (A)$. Alle anderen Regeln können leicht durch nur links- oder nur rechtslineare Produktionen ersetzt werden.

b) Kellerautomat, Kelleralphabet $\Gamma = \{(,\#\}$, akzeptiert durch Endzustand (Fangzustände weggelassen). Es wurde hier eine abkürzende Notation verwendet: Zustandsübergänge, die nicht vom obersten Kellersymbol abhängen (das sind alle außer der öffnenden und schließenden Klammer), wurden wie bei endlichen Automaten notiert; der Kellerinhalt ist in diesen Fällen für den Übergang irrelevant und bleibt unverändert.

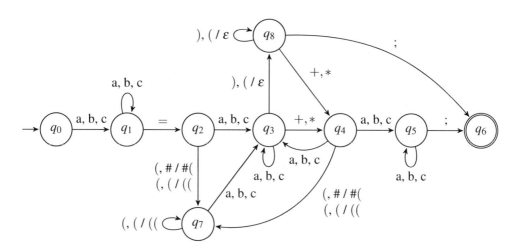

c) Bevor der CYK-Algorithmus verwendet werden kann, muss die Grammatik in Chomsky-Normalform gebracht werden.

Schritt 1: Jedes Terminalsymbol erhält eine neue Variable:
$P \rightarrow +, \quad M \rightarrow *, \quad G \rightarrow =, \quad E \rightarrow ;, \quad O \rightarrow (, \quad C \rightarrow), \quad V_a \rightarrow a, \quad V_b \rightarrow b, \quad V_c \rightarrow c$
$S \rightarrow BGAE$
$A \rightarrow B \mid APA \mid AMA \mid OAC$
$B \rightarrow V_a B \mid V_b B \mid V_c B \mid V_a \mid V_b \mid V_c$

Schritt 2: Aufteilung von Regeln mit mehr als zwei Variablen auf der rechten Seite:
$P \rightarrow +, \quad M \rightarrow *, \quad G \rightarrow =, \quad E \rightarrow ;, \quad O \rightarrow (, \quad C \rightarrow), \quad V_a \rightarrow a, \quad V_b \rightarrow b, \quad V_c \rightarrow c$
$S \rightarrow BS_1 \qquad\qquad S_1 \rightarrow GS_2 \qquad\qquad S_2 \rightarrow AE$
$A \rightarrow B \mid AA_1 \mid AA_2 \mid OA_3 \qquad A_1 \rightarrow PA \qquad\qquad A_2 \rightarrow MA \qquad\qquad A_3 \rightarrow AC$
$B \rightarrow V_a B \mid V_b B \mid V_c B \mid V_a \mid V_b \mid V_c$

Schritt 3: Ersetzen von Produktionen mit einer einzigen Variablen auf der rechten Seite durch die rechte Seite der Zielvariable:
$P \rightarrow +, \quad M \rightarrow *, \quad G \rightarrow =, \quad E \rightarrow ;, \quad O \rightarrow (, \quad C \rightarrow), \quad V_a \rightarrow a, \quad V_b \rightarrow b, \quad V_c \rightarrow c$
$S \rightarrow BS_1 \qquad\qquad S_1 \rightarrow GS_2 \qquad\qquad S_2 \rightarrow AE$
$A \rightarrow V_a B \mid V_b B \mid V_c B \mid a \mid b \mid c \mid AA_1 \mid AA_2 \mid OA_3$
$\qquad\qquad\qquad\qquad A_1 \rightarrow PA \qquad\qquad A_2 \rightarrow MA \qquad\qquad A_3 \rightarrow AC$
$B \rightarrow V_a B \mid V_b B \mid V_c B \mid a \mid b \mid c$

CYK für b = c;

b	=	c	;
A,B,V_b	G	A,B,V_c	E
		S_2	
	S_1		
S			

Im Kasten ganz unten entsteht das Startsymbol, das Wort ist folglich Teil der Sprache.

CYK für b = c

b	=	c
A,B,V_b	G	A,B,V_c

Der untere Kasten ist leer, das Wort ist nicht Teil der Sprache.

CYK für a = b * c;

a	=	b	*	c	;
A,B,V_a	G	A,B,V_b	M	A,B,V_c	E
			A_2	S_2	
		A			
		S_2			
	S_1				
S					

Im Kasten ganz unten entsteht das Startsymbol, das Wort ist Teil der Sprache.

CYK für c = a * ((b * c) + ba);

c	=	a	*	(	(	b	*	c	)	+	b	a	)	;
A,B,V_c	G	A,B,V_a	M	O	O	A,B,V_b	M	A,B,V_c	C	P	A,B,V_b	A,B,V_a	C	E
							A_2	A_3		A_1	A,B	A_3		
						A				A_1	A_3			
						A_3								
					A									
					A									
					A									
					A_3									
				A										
			A_2	S_2										
		A												
		S_2												
	S_1													
S														

Im Kasten ganz unten entsteht das Startsymbol, das Wort ist Teil der Sprache.

CYK für a $= (b*c;$

a	=	(	b	*	c	;
A, B, V_a	G	O	A, B, V_b	M	A, B, V_c	E
				A_2	S_2	
			A			
		S_2				

Der untere Kasten ist leer, das Wort ist nicht Teil der Sprache.

6.24 Für das Pumping-Lemma wird folgende Notation verwendet: L ist eine reguläre Sprache $\Rightarrow$ $\exists n$, so dass $\forall w = xyz \in L$ mit $|w| \geq n$ und $|xy| \leq n, |y| \geq 1, |z|$ beliebig gilt: $xy^k z \in L$ für alle $k \geq 0$.

Wichtig für die Beweise ist, dass das als Ausgangsbasis gewählte Wort die Mindestlänge von n Zeichen hat – andernfalls wird der Beweis von Beginn an falsch, da das Pumpen eben erst für Wörter einer gewissen Länge funktionieren muss. Oft bietet es sich sogar an, das Wort wesentlich länger als n zu wählen, weil dies die Argumentation im Beweis vereinfacht.

a) $L = \{(^i a^j)^i \mid i, j \in \mathbb{N}\}$

Wir wählen das Wort $w = xyz = (^n a^m)^n$, $m \in \mathbb{N}$ beliebig wählbar (die Anzahl a spielt für den Beweis keine Rolle). Es ist Teil der Sprache und erfüllt die Bedingung der Mindestlänge, es ist sogar mehr als doppelt so lang wie gefordert. Laut Pumping-Lemma muss ein Pumpen demnach möglich sein:

- da $|xy| \leq n$ ist besteht y nur aus (.
- das Wort $xyyz$ enthält mindestens ein (und höchstens n mehr als). Alle) sind ja im Wortteil z enthalten und werden nicht gepumpt.
- Widerspruch: Es gibt nicht mehr gleich viele (und). Das gepumpte Wort ist nicht Teil der Sprache, damit ist die Sprache ist nicht regulär.

Man beachte, dass keine Annahmen über die tatsächliche Länge von y getroffen werden dürfen, außer der durch das Lemma vorgegebenen, laut denen y, je nach (unbekannter) Länge von x, eine Länge zwischen 1 und n haben kann. Pumpen darf in keinem Fall funktionieren.

Hier ist es so, dass der Widerspruch bereits bei einmaligem Pumpen sichtbar wird, wo das Wort $xyyz$ entsteht. Je nach Wahl von w kann durchaus der Widerspruch erst nach mehrmaligem Pumpen auftreten, d. h. die ersten gepumpten Wörter könnten noch Teil der Sprache sein. Das ist kein Problem, das Lemma besagt schließlich, dass man beliebig oft pumpen darf. Sollte also z. B. erst $xy^{1000}z$ (oder noch höher) nicht mehr Teil der Sprache sein, macht das nichts.

b) $L = \{0^i 1^i 2^i \mid i \in \mathbb{N}_0\}$

Wir wählen das Wort $w = xyz = 0^n 1^n 2^n$.

- xy (und damit y) besteht nur aus 0.
- das Wort $xyyz$ enthält mindestens eine und höchstens n Nullen mehr als 1 und 2.
- Widerspruch: Es gibt nicht mehr gleich viele 0, 1 und 2, die Sprache ist nicht regulär.

c) $L = \{c^k a^i b^j \mid j > k; i, j, k \in \mathbb{N}_0\}$

Wir wählen das Wort $w = xyz = c^n a^m b^{n+1}$, $m \in \mathbb{N}$ beliebig wählbar.

- xy (und damit y) besteht nur aus c.
- das Wort $xyyz$ enthält mindestens ein und höchstens n c mehr als vorher.
- Widerspruch: Es gibt nun gleich viele oder sogar mehr c als b, die Sprache ist nicht regulär.

d) $L = \{1^i 2^j \mid j \leq i; i, j \in \mathbb{N}\}$

Wir wählen das Wort $w = xyz = 1^n 2^n$.

- xy (und damit y) besteht nur aus 1.
- das Wort $xy^0 z = xz$ enthält mindestens eine und höchstens n Einsen weniger als vorher.
- Widerspruch: Es gibt nun weniger 1 als 2, die Sprache ist nicht regulär.

Laut Lemma muss pumpen eben auch für $k = 0$ funktionieren. Man beachte, dass „echtes" pumpen mit $k > 0$ nicht zum Ziel führt, da die so generierten Wörter alle Teil der Sprache sind und sich kein Widerspruch ergäbe.

e) $L = \{u^k v^i a^j v^p \mid j > k, p > k; j, k, p \in \mathbb{N}; i \in \mathbb{N}_0\}$

Wir wählen das Wort $w = xyz = u^n v^m a^{n+1} v^{n+1}$, $m \in \mathbb{N}_0$ beliebig wählbar.

- xy (und damit y) besteht nur aus u.
- das Wort $xyyz$ enthält mindestens ein und höchstens n u mehr als vorher.
- Widerspruch: Es gibt nun gleich viele oder sogar mehr u als a (und v rechts), die Sprache ist nicht regulär.

6.25 Es wird folgende Notation verwendet: L ist eine kontextfreie Sprache $\Rightarrow$ $\exists n$, so dass $\forall w = xy_1 u y_2 z \in L$ mit $|w| \geq n$ und $|y_1 u y_2| \leq n, |y_1 y_2| \geq 1, |x|, |u|, |z|$ beliebig gilt: $xy_1^k u y_2^k z \in L$ für alle $k \geq 0$.

a) $L = \{0^i 1^i 2^i \mid i \in \mathbb{N}_0\}$

Wir wählen das Wort $w = xy_1 u y_2 z = 0^n 1^n 2^n$.

- $y_1 u y_2$ enthält wegen $|y_1 u y_2| \leq n$
  (1) entweder nur 0
  (2) oder nur 0 und 1
  (3) oder nur 1
  (4) oder nur 1 und 2
  (5) oder nur 2
  aber nie alle drei Zeichen zusammen.
- Beim Pumpen entstehen in den obigen Fällen
  (1) nur neue 0
  (2) nur neue 0 und 1
  (3) nur neue 1
  (4) nur neue 1 und 2
  (5) nur neue 2
- Widerspruch: In jedem Fall ist die Anzahl der 0, 1, 2 anschließend unterschiedlich, die Sprache ist nicht kontextfrei.

b) $L = \{b^k a^i c^k d^k \mid i, k \in \mathbb{N}\}$

Wir wählen das Wort $w = xy_1 uy_2 z = b^n ac^n d^n$.

- $y_1 uy_2$ enthält wegen $|y_1 uy_2| \leq n$

    (1) entweder nur b
    (2) oder nur b und a
    (3) oder nur b, a und c
    (4) oder nur a und c
    (5) oder nur c
    (6) oder nur c und d
    (7) oder nur d

  aber nie b, c und d zusammen.
- Beim Pumpen können in den obigen Fällen wieder nur die Zeichen entstehen, die in $y_1 uy_2$ enthalten sind, es kann aber eben niemals b, c und d gleichzeitig gepumpt werden.
- Widerspruch: In jedem Fall ist die Anzahl der b, c, d anschließend unterschiedlich, die Sprache ist nicht kontextfrei.

c) $L = \{u^k v^i a^j v^p \mid j > k, p > k; j, k, p \in \mathbb{N}; i \in \mathbb{N}_0\}$

Wir wählen das Wort $w = xy_1 uy_2 z = u^n a^{n+1} v^{n+1}$.

- $y_1 uy_2$ enthält wegen $|y_1 uy_2| \leq n$

    (1) entweder nur u
    (2) oder nur u und a
    (3) oder nur a
    (4) oder nur a und v
    (5) oder nur v

  aber nie u, a und v zusammen.
- In den obigen Fällen entstehen beim Pumpen

    (1) mit $y_1^k uy_2^k$, $k \geq 1$ nur neue u – es gibt dann gleich viele oder mehr u als a bzw. v,
    (2) mit $y_1^k uy_2^k$, $k \geq 1$ nur neue u und a – es gibt dann gleich viele oder mehr u als v,
    (3) mit $y_1^0 uy_2^0$ gleich viele oder weniger a als u,
    (4) mit $y_1^0 uy_2^0$ gleich viele oder weniger a bzw. v als u,
    (5) mit $y_1^0 uy_2^0$ gleich viele oder weniger v als u.
- Widerspruch: In jedem Fall ist das beim Pumpen entstandene Wort nicht mehr Teil der Sprache. Diese ist folglich nicht kontextfrei.

3.7 Berechenbarkeit und Komplexität

Dieser Abschnitt enthält die Lösungen zu Abschnitt 2.7 *Berechenbarkeit und Komplexität*, Seite 23.

7.1 LOOP-Berechenbarkeit, Ergebnis der Berechnung in der Variablen x_0.

a) (modifizierte) Subtraktion $x_0 := x_1 - x_2$:

$x_0 := x_1$;
LOOP x_2 DO $x_0 := x_0 - 1$ END

b) IF $x_1 = 0$ THEN P_1 ELSE P_2 END:

$x_2 := 1$;
LOOP x_1 DO $x_2 := 0$; P_2 END;
LOOP x_2 DO P_1 END

c) Multiplikation $x_0 := x_1 * x_2$:

$x_0 := 0$;
LOOP x_2 DO $x_0 := x_0 + x_1$ END

Wenn man die Addition auflöst, entspricht das zwei geschachtelten LOOPs:
$x_0 := 0$;
LOOP x_2 DO
       LOOP x_1 DO $x_0 := x_0 + 1$ END;
END

d) Division $x_0 := x_1/x_2$:

$x_0 := 0$;
LOOP x_1 DO
       IF $x_2 \leq x_1$ THEN $x_0 := x_0 + 1$ END;
       $x_1 := x_1 - x_2$
END

Man beachte, dass die Änderung von x_1 durch die Subtraktion innerhalb der Schleife keine Auswirkungen auf den Schleifenzähler hat – es wird hier immer der Wert beim Beginn des ersten Durchlaufs verwendet.

Im Programm wurde der Ausdruck IF $x_2 \leq x_1$ THEN P END verwendet, von dem noch nachgewiesen muss, dass er LOOP-berechenbar ist:

$x_3 := x_2 - x_1$;
IF $x_3 = 0$ THEN P END

Kombiniert sieht das gesamte Programm für die Division dann so aus:
$x_0 := 0$;
LOOP x_1 DO
       $x_3 := x_2 - x_1$;
       IF $x_3 = 0$ THEN $x_0 := x_0 + 1$ END;
       $x_1 := x_1 - x_2$
END

e) Modulo $x_0 := x_1 \bmod x_2$:

$x_0 := 0$;
LOOP x_1 DO
       IF $x_2 > x_1$ THEN $x_0 := x_1$
       ELSE $x_1 := x_1 - x_2$ END;
END

Im Programm wurde der Ausdruck IF $x_2 > x_1$ THEN P_1 ELSE P_2 END verwendet, von dem noch nachgewiesen muss, dass er LOOP-berechenbar ist:

$x_3 := x_2 - x_1$;
$x_4 := 0$;
$x_5 := 1$;
LOOP x_3 DO $x_4 := 1$; $x_5 := 0$ END;
LOOP x_4 DO P_1 END;
LOOP x_5 DO P_2 END

Kombiniert:
$x_0 := 0$;
LOOP x_1 DO
       $x_3 := x_2 - x_1$;
       $x_4 := 0$;
       $x_5 := 1$;
       LOOP x_3 DO $x_4 := 1$; $x_5 := 0$ END;
       LOOP x_4 DO $x_0 := x_1$ END;
       LOOP x_5 DO $x_1 := x_1 - x_2$ END
END

Eine weitere Möglichkeit zur Darstellung der Modulo-Operation wäre die Verwendung der Ergebnisse aus den Aufgaben (a), (c) und (d) (Subtraktion, Multiplikation bzw. Division). Damit ergibt sich das LOOP-Programm $x_0 := x_1 - (x_1/x_2) * x_2$, oder ohne Klammern:

$x_0 := x_1/x_2$;
$x_0 := x_0 * x_2$;
$x_0 := x_1 - x_0$

f) Exponentialfunktion $x_0 := x_1^{x_2}$:

$x_0 := 1$;
LOOP x_2 DO $x_0 := x_0 * x_1$ END

g) Fakultät $x_0 := x_1!$:

$x_0 := 1$;
$x_2 := x_1 - 1$;
$x_3 := 1$;
LOOP x_2 DO $x_3 := x_3 + 1$; $x_0 := x_0 * x_3$ END

h) Fibonacci-Zahlen

$$x_0 := \text{fib}(x_1) = \text{fib}(x_1 - 1) + \text{fib}(x_1 - 2), \qquad \text{fib}(0) = 0, \qquad \text{fib}(1) = 1$$

$x_0 := 0$;
$x_2 := 1$;

LOOP x_1 DO
    $\quad x_3 := x_2 + x_0;$
    $\quad x_0 := x_2;$
    $\quad x_2 := x_3$
END

Das Programm liefert für $\mathrm{fib}(0), \mathrm{fib}(1), \mathrm{fib}(2), \ldots$ die Folge 0, 1, 1, 2, 3, 5, 8, 13, 21, 34, ...

7.2 Polynom $p(x) = a_0 + a_1 x + a_2 x^2 + a_3 x^3 + \cdots + \cdots + a_n x^n$ mit $a_0, a_1, \ldots, a_n \in \mathbb{N}_0$.
Für die folgenden LOOP-Programme werden an Stelle der Variablen x_i Bezeichner mit besser verständlichen Namen verwendet. Das Ergebnis steht immer in x_0.

a) $p(x)$ ist LOOP-berechenbar:

Induktionsbeginn: LOOP-Programm für Polynom vom Grad 0: $x_0 := a_0$

Induktionsschluss von Polynomgrad n auf Grad $n+1$:
Annahme: Es existiert bereits ein LOOP-Programm P, das Polynome vom Grad n berechnet und das Ergebnis in x_0 zurück liefert.
Ein LOOP-Programm zur Berechnung des Polynoms vom Grad $n+1$ sieht dann wie folgt aus:

exponent := $n+1$;
ergebnis := 1;
LOOP *exponent* DO *ergebnis* := *ergebnis* $* x$ END
ergebnis := $a_{n+1} *$ *ergebnis*;
P;
$x_0 := x_0 +$ *ergebnis*

b) $2^{p(x)}$ ist LOOP-berechenbar:

Es sei P ein LOOP-Programm, das $p(x)$ berechnet und das Ergebnis in x_0 liefert. Dass ein solches existiert, wurde in der vorherigen Teilaufgabe bewiesen. Damit sieht das Programm zur Berechnung von $2^{p(x)}$ so aus:

P;
exponent := x_0;
basis $= 2$;
$x_0 := 1$;
LOOP *exponent* DO $x_0 := x_0 *$ *basis* END

7.3 Primitive Rekursion. Notation:

- Nachfolgerfunktion $s(x) = x + 1$,
- Projektion $p_i^n(x_1, x_2, \ldots, x_n) = x_i, 1 \le i \le n$,
- Primitive Rekursion
$$f(0, \mathbf{y}) = g(\mathbf{y}), \qquad\qquad \mathbf{y} \in \mathbb{N}_0^n$$
$$f(x+1, \mathbf{y}) = h(x, \mathbf{y}, f(x, \mathbf{y})), \qquad x \in \mathbb{N}_0, \mathbf{y} \in \mathbb{N}_0^n.$$

a) Vorgängerfunktion $v(n) = n - 1$:
$$v(0, y) = 0$$
$$v(x+1, y) = h(x, y, v(x, y)) = p_1^3(x, y, v(x, y)) = x$$

Der Parameter y hat hier keinerlei Bedeutung, im Grunde kann man diesen zur Vereinfachung auch weglassen:

$v(0) = 0$

$v(x+1) = h(x, v(x)) = p_1^2(x, v(x)) = x$

b) Modifizierte Subtraktion $d(m,n) = m - n$:

$d(m,0) = p_1^1(m) = m$

$d(m,n+1) = h(n,m,d(m,n)) = v(p_3^3(n,m,d(m,n))) = v(d(m,n))$

Anmerkungen:

- die Reihenfolge der Parameter in $d(m,n)$ ist im Gegensatz zur Definition vertauscht (das x entspricht dem n),
- die Funktion $h(\cdot)$ entsteht durch Funktionskomposition aus dem Vorgänger und der Projektion.

c) Exponentialfunktion $\exp(m,n) := m^n$:

$\exp(m,0) = 1$

$\exp(m,n+1) = h(n,m,\exp(m,n)) = \text{mult}(p_2^3(n,m,\exp(m,n)), p_3^3(n,m,\exp(m,n)))$

$= \text{mult}(m, \exp(m,n))$

d) Fakultät $\text{fak}(n) = n!$:

$\text{fak}(0,y) = 1$

$\text{fak}(n+1,y) = h(n,y,\text{fak}(n,y)) = \text{mult}(s(p_1^3(n,y,\text{fak}(n,y))), p_3^3(n,y,\text{fak}(n,y)))$

$= \text{mult}(s(n), \text{fak}(n,y))$

Alternativ auch hier die Variante ohne den (unnötigen) Parameter y:

$\text{fak}(0) = 1$

$\text{fak}(n+1) = h(n,\text{fak}(n)) = \text{mult}(s(p_1^2(n,\text{fak}(n))), p_2^2(n,\text{fak}(n)))$

$= \text{mult}(s(n), \text{fak}(n))$

7.4 Die Ackermannfunktion $A(x,y)$ ist wie folgt definiert:

$$A(0,y) = y+1,$$
$$A(x+1,0) = A(x,1),$$
$$A(x+1,y+1) = A(x,A(x+1,y)).$$

Anmerkung: Es gibt mehrere Varianten dieser Funktion, die sich in Details unterscheiden. Für die Berechnung von Funktionswerten ist es günstig, sich an Stelle der geschachtelten Funktionen den Inhalt des Stacks aufzuschreiben, auf dem die Parameter abgelegt werden, also z. B.

statt: $a(2,3) = a(1,a(2,2)) = a(1,a(1,a(2,1))) = \ldots$

übersichtlicher: $a(2,3) = 2,3 = 1,2,2 = 1,1,2,1 = \ldots$

Hier entspricht die rechte Seite „oben" auf dem Stack. Es werden immer die beiden oberen Werte vom Stack genommen und entweder durch das Ergebnis ersetzt oder durch die Parameter zur Berechnung der nächsten Ackermannfunktion.

a) $a_0(x) = A(0,x) = x+1$

Hier ergibt sich die geschlossene Lösung direkt aus der Definition der Ackermannfunktion, ein separater Nachweis der Korrektheit durch vollständige Induktion ist nicht notwendig.

b) $a_1(x) = A(1,x)$

Einige Funktionswerte:
$a_1(0) = A(1,0) = 1,0 = 0,1 = 2$
$a_1(1) = A(1,1) = 1,1 = 0,1,0 = 0,0,1 = 0,2 = 3$
$a_1(2) = A(1,2) = 1,2 = 0,1,1 = 0,0,1,0 = 0,0,0,1 = 0,0,2 = 0,3 = 4$
$a_1(3) = A(1,3) = 1,3 = 0,1,2 = 0,0,1,1 = 0,0,0,1,0 = 0,0,0,0,1 = 0,0,0,2 = 0,0,3 = 0,4 = 5$

Vermutung: $a_1(x) = x+2$

Induktionsbeginn: $A(1,0) = 2$ (aus Definition), $a_1(0) = 0+2 = 2 \rightarrow$ stimmt überein

Induktionsschluss: Annahme, dass die ermittelte Formel für $a_1(x)$ stimmt; Nachweis, dass sie dann auch für $a_1(x+1)$ richtig ist.
Einsetzen in die ermittelte Formel: $a_1(x+1) = (x+1)+2 = x+3$
Über Definition der Ackermannfunktion:
$A(1,x+1) = A(0,A(1,x)) = A(0,a_1(x)) = A(0,x+2) = (x+2)+1 = x+3$

Beide Wege liefern ein identisches Ergebnis $\Rightarrow$ Induktionsschluss ist richtig.
Induktionsbeginn und Induktionsschluss zusammengenommen beweisen die Korrektheit der geschlossenen Lösung für $a_1(x)$.

c) $a_2(x) = A(2,x)$

Einige Funktionswerte:
$a_2(0) = A(2,0) = 2,0 = 1,1 = a_1(1) = 3$
$a_2(1) = A(2,1) = 2,1 = 1,2,0 = 1,1,1 = 1,0,1,0 = 1,0,0,1 = 1,0,2 = 1,3 = a_1(3) = 5$
$a_2(2) = A(2,2) = 2,2 = 1,2,1 = 1,1,2,0 = 1,1,1,1 = 1,1,0,1,0 = 1,1,0,0,1 = 1,1,0,2 = 1,1,3 = 1,0,1,2 = 1,0,0,1,1 = 1,0,0,0,1,0 = 1,0,0,0,0,1 = 1,0,0,0,2 = 1,0,0,3 = 1,0,4 = 1,5 = a_1(5) = 7$
$a_2(3) = A(2,3) = 2,3 = 1,2,2 = 1,a_2(2) = 1,7 = a_1(7) = 9$

Vermutung: $a_2(x) = 2x+3$

Induktionsbeginn: $A(2,0) = 3$ (aus Definition), $a_2(0) = 2 \cdot 0+3 = 3 \rightarrow$ stimmt überein

Induktionsschluss:
Einsetzen in die ermittelte Formel: $a_2(x+1) = 2 \cdot (x+1)+3 = 2x+5$
Über Definition der Ackermannfunktion:
$A(2,x+1) = A(1,A(2,x)) = A(1,a_2(x)) = A(1,2x+3) = a_1(2x+3) = (2x+3)+2 = 2x+5$

Beide Wege liefern ein identisches Ergebnis $\Rightarrow$ Induktionsschluss ist richtig.

d) $a_3(x) = A(3,x)$

Einige Funktionswerte:
$a_3(0) = A(3,0) = 3,0 = 2,1 = 5$
$a_3(1) = A(3,1) = 3,1 = 2,3,0 = 2,5 = a_2(5) = 2 \cdot 5+3 = 13$
$a_3(2) = A(3,2) = 3,2 = 2,3,1 = 2,13 = a_2(13) = 2 \cdot 13+3 = 29$
$a_3(3) = A(3,3) = 3,3 = 2,3,2 = 2,29 = a_2(29) = 2 \cdot 29+3 = 61$
$a_3(4) = A(3,4) = 3,4 = 2,3,3 = 2,61 = a_2(61) = 2 \cdot 61+3 = 125$

Vermutung: $a_3(x) = 2^{x+3} - 3$

Induktionsbeginn: $A(3,0) = 5$ (aus Definition), $a_3(0) = 2^{0+3} - 3 = 5 \rightarrow$ stimmt überein

Induktionsschluss:

Einsetzen in die ermittelte Formel: $a_3(x+1) = 2^{(x+1)+3} - 3 = 2^{x+4} - 3$

Über Definition der Ackermannfunktion:

$A(3,x+1) = A(2,A(3,x)) = A(2,a_3(x)) = A(2,2^{x+3} - 3) = a_2(2^{x+3} - 3) = 2 \cdot (2^{x+3} - 3) + 3 = 2^{x+4} - 6 + 3 = 2^{x+4} - 3$

Beide Wege liefern ein identisches Ergebnis $\Rightarrow$ Induktionsschluss ist richtig.

Jede dieser Funktionen ist offensichtlich LOOP-berechenbar: Sie setzen sich nur aus nachweislich LOOP-berechenbaren Funktionen Addition, Multiplikation und Exponentiation zusammen. Aus dem gleichen Grund sind sie primitiv rekursiv.

7.5 Gegeben:

$$f(n) = \frac{n!}{3!(n-3)!}, \qquad n \in \mathbb{N}, n \geq 3.$$

a) $f(n)$ ist primitiv rekursiv:

$f(3) = 1$

$$f(n+1) = \frac{(n+1)!}{3!(n-2)!} = \frac{(n+1)n!}{3!(n-2)(n-3)!} = \frac{n+1}{n-2} f(n) = m(d(s(n), v(v(n))), f(n))$$

b) Bevor man ein WHILE-Programm angibt, bietet es sich an, $f(n)$ zu vereinfachen:

$$f(n) = \frac{n!}{3!(n-3)!} = \frac{n(n-1)(n-2)}{6}$$

Das Programm sieht dann wie folgt aus (der Parameter n steht zu Beginn in x_1, der Rückgabewert am Ende in x_0):

$x_2 := x_1 - 1;$

$x_3 := x_2 - 1;$

$x_0 := x_1 * x_2 * x_3;$

$x_0 := x_0/6$

7.6 Beantworten Sie die folgenden Fragen mit *richtig* oder *falsch*:

a) Das Halteproblem ist für alle μ-rekursiven Funktionen berechenbar: *falsch*.
    Die Klasse der μ-rekursiven Funktionen stimmt mit dem überein, was eine Turing-Maschine berechnen kann, das Halteproblem ist unentscheidbar.

b) Das Halteproblem ist für alle LOOP-berechenbaren Probleme berechenbar: *richtig*.
    Das Halteproblem ist zwar unentscheidbar, allerdings können bei LOOP-Programmen niemals Endlosschleifen auftreten – eine äquivalente Turing-Maschine hält daher immer.

c) Jede GOTO-berechenbare Funktion ist auch LOOP-berechenbar: *falsch*.
    Die Klasse der GOTO-berechenbaren Funktionen stimmt mit den WHILE-berechenbaren überein, die LOOP-Programme sind eine echte Untermenge davon und weniger mächtig.

d) Jede LOOP-berechenbare Funktion ist auch GOTO-berechenbar: *richtig*.
    Jedes LOOP-Programm ist auch ein WHILE-Programm, das sich in ein äquivalentes GOTO-Programm umformen lässt.

e) Die Ackermann-Funktion ist total, aber nicht WHILE-berechenbar: *falsch*.
    Die Ackermann-Funktion ist total und μ-rekursiv, daher ist sie auch WHILE berechenbar.

f) Das Wortproblem für Typ 2 Sprachen ist NP-vollständig: *falsch*.
   Das Wortproblem für Typ 2 Sprachen lässt sich z. B. mit dem CYK-Algorithmus lösen. Dieser
   hat polynomielle Laufzeit von $\mathscr{O}(n^3)$.

g) Das Wortproblem für Typ 1 Sprachen ist NP-vollständig: *falsch*.
   Das Wortproblem für Typ 1 Sprachen ist PSPACE-vollständig (also sogar „schlimmer" als NP-
   vollständig).

h) Das Wortproblem für Typ 0 Sprachen ist NP-vollständig: *falsch*.
   Das Wortproblem für Typ 0 Sprachen ist unentscheidbar.

i) Das Äquivalenzproblem für Typ-1 Sprachen ist unentscheidbar: *richtig*.

j) Nichtdeterministische Kellerautomaten können mehr Probleme berechnen als deterministische
   Kellerautomaten: *richtig*.
   Im Gegensatz zu Turing-Maschinen oder endlichen Automaten, bei denen die Berechnungs-
   mächtigkeit der beiden Varianten äquivalent ist, ist dies bei Kellerautomaten nicht der Fall:
   Nichtdeterministische Kellerautomaten sind mächtiger.

k) Wenn man für einen Algorithmus mit Komplexität $\mathscr{O}(n)$ nachweisen kann, dass er NP-vollständig
   ist, dann gilt P = NP: *richtig*.
   Es gäbe dann nämlich für alle Probleme in NP einen Algorithmus mit polynomieller Laufzeit.

l) Ein Problem aus NP ist mit einer nichtdeterministischen Turing-Maschine in polynomieller Zeit
   lösbar: *richtig*.
   Das ist ja gerade die Definition der Abkürzung NP: Nichtdeterministisch Polynomial.

7.7 Ausführungszeiten $t_A = 2n^2$ und $t_B = 8n^{1,75}$.
Für kleine n ist A schneller, für große ist B schneller. Aus $t_A = t_B$ folgt:
$$2n^2 = 8n^{1,75} \quad \Rightarrow \quad n^2 = 4n^{1,75} \quad \Rightarrow \quad n^{0,25} = 4 \quad \Rightarrow \quad n = 4^4 = 256$$
Man wird also für $n = 1$ bis 256 Algorithmus A verwenden und für größere n Algorithmus B.

7.8 $T_A(n) = 10n$ und $T_B(n) = 2n\log_{10} n$ Millisekunden.
Da $10n = \mathscr{O}(n)$ und $2n\log_{10} n = \mathscr{O}(n\log n)$ ist Algorithmus A im Sinne der $\mathscr{O}$-Notation besser.
Zur Bestimmung der Datenmenge n, ab der A besser ist, rechnet man:
$$10n \leq 2n\log_{10} n \quad \Rightarrow \quad 5 \leq \log_{10} n \quad \Rightarrow \quad n \geq 10^5$$

7.9 Sortieralgorithmus: 1 ms Laufzeit für 1000 Datensätze, $T(n) = cn\log n$.

a) Bestimmung von c aus $T(N)$:
$$T(N) = cN\log N \quad \Rightarrow \quad c = \frac{T(N)}{N\log N}$$
Mit $N = 1000$ und $T(1000) = 1$ ms ergibt sich:
$$c = \frac{T(N)}{N\log N} \quad \Rightarrow \quad c = \frac{1}{1000\log 1000}\,\text{ms} = \frac{1}{3000}\,\text{ms}$$

b) $n = 1.000.000$:
$$T(n) = \frac{T(N)}{N\log N}\,n\log n = \frac{1}{3000}n\log n$$
$$T(1.000.000) = \frac{1}{3000}1.000.000\log 1.000.000 = 2000\,\text{ms} = 2\,\text{s}$$

7.10 Algorithmus mit $\mathcal{O}(n^2)$, 400 Datensätze in 2 ms. Für 8000 Datensätze:

$$\frac{2\,\text{ms}}{400^2} = \frac{x}{8000^2} \quad \Rightarrow \quad x = 800\,\text{ms}$$

Anmerkung: Bei der Rechnung steckt die Annahme dahinter, dass die Rechenzeit tatsächlich direkt proportional zur $\mathcal{O}$-Notation ist, d. h. dass nur ein konstanter Faktor unbekannt ist, der sich durch eine einzelne Messung bestimmen lässt. Diese Vorgehensweise kann nur eine grobe Näherung sein, da in der $\mathcal{O}$-Notation ja alle kleineren Terme als der angegebene vernachlässigt werden. $\mathcal{O}(n^2)$ könnte beispielsweise in der Realität die Funktion $5n^2 + 100n + 3 + 2n\log_2 n$ sein. Für die Rechnung nehmen wir aber an, dass es cn^2 ist und bestimmen c.

7.11 Algorithmus mit 1000 Datensätzen in 10 s.
Für 100.000 Datensätze bei $\mathcal{O}(n)$:

$$\frac{10\,\text{s}}{1000} = \frac{x}{100.000} \quad \Rightarrow \quad x = 1000\,\text{s} \approx 17\,\text{Minuten}$$

Für 100.000 Datensätze bei $\mathcal{O}(n^3)$:

$$\frac{10\,\text{s}}{1000^3} = \frac{x}{100.000^3} \quad \Rightarrow \quad x = 10^7\,\text{s} \approx 2778\,\text{h} \approx 115\,\text{Tage}$$

7.12 Algorithmus mit $an^2 + bn + c + dn^2\log_2 n$

a) $an^2 + bn + c + dn^2\log_2 n = \mathcal{O}(n^2\log n)$

b) Aus den Messungen: Aufstellen eines Gleichungssystems

$$64a + 8b + c + 192d = 452$$
$$256a + 16b + c + 1024d = 2308$$
$$1024a + 32b + c + 5120d = 11268$$
$$4096a + 64b + c + 24576d = 53252$$

Das System ist linear in den Unbekannten, lösen ergibt: $a = 1, b = 0, c = 4, d = 2$.

Anmerkung: In der Praxis werden die Messwerte schwanken und mit Unsicherheiten behaftet sein. Man würde typischerweise mehr als die benötigten vier Messungen machen (z. B. 20) und so ein überbestimmtes lineares Gleichungssystem erhalten. Wegen des Messrauschens würde sich ergeben, dass das System keine Lösung hat. Daher muss dann ein numerisches Verfahren (beispielsweise die Singulärwertzerlegung) verwendet werden, das eine Lösung liefert, bei der der mittlere quadratische Fehler möglichst klein ist.

c) Es sein N die Datenmenge einer Messung und $T(N)$ die zugehörige Laufzeit. Bei Verwendung der Funktion $dn^2\log_2 n$ erhält man

$$T(N) = dN^2\log_2 N \quad \Rightarrow \quad d = \frac{T(N)}{N^2\log_2 N}$$

Für jede Messung ergibt sich ein anderer Wert für d:

$$N = 8 \quad \Rightarrow \quad d = \frac{452}{192} = 2{,}35$$

$$N = 16 \quad \Rightarrow \quad d = \frac{2308}{1024} = 2{,}25$$

$$N = 32 \quad \Rightarrow \quad d = \frac{11268}{5120} = 2{,}20$$

$$N = 64 \quad \Rightarrow \quad d = \frac{53252}{24576} = 2{,}17$$

Laufzeiten in Sekunden auf drei Nachkommastellen, in Klammer ist jeweils die Abweichung vom Messwert angegeben

mit $d = 2,35$:

$T(16) = 2,406\ (+0,098)$ $T(32) = 12,032\ (+0,764)$ $T(64) = 57,754\ (+4,502)$

mit $d = 2,25$:

$T(8) = 0,432\ (-0,020)$ $T(32) = 11,520\ (+0,252)$ $T(64) = 55,296\ (+2,044)$

mit $d = 2,20$:

$T(8) = 0,422\ (-0,030)$ $T(16) = 2,253\ (-0,055)$ $T(64) = 54,067\ (+0,815)$

mit $d = 2,17$:

$T(8) = 0,417\ (-0,035)$ $T(16) = 2,222\ (-0,086)$ $T(32) = 11,110\ (-0,158)$

d) Da gilt $\log_b n = \frac{\log_a n}{\log_a b}$, äußert sich die Änderung der Basis nur in einem konstanten Vorfaktor $\frac{1}{\log_a b}$. Bei der $\mathcal{O}$-Notation in Aufgabe (a) werden Konstanten weggelassen. Bei der Bestimmung der Unbekannten a, b, c, d in den beiden anderen Aufgaben ist dieser konstante Faktor auch nicht relevant: Es würde sich bei anderer Basis einfach ein anderer Wert für d ergeben, der die Basisumrechnung mit enthält.

7.13 Kleinstmögliche Komplexitätsordnung in $\mathcal{O}$-Notation:

a) $10n^4 + 9n^3 + 8n^2 + 7n + 6 = \mathcal{O}(n^4)$

b) $0,034n + 6 + 0,001n^3 = \mathcal{O}(n^3)$

c) $15 = \mathcal{O}(1)$

d) $n(\log_2 n)^2 + n^2 \log_2 n = \mathcal{O}(n^2 \log n)$

e) $10n \log_{10} n + 100n + 20n^{1,5} = \mathcal{O}(n^{1,5})$

f) $n \log_2 n + n \log_3 n = \mathcal{O}(n \log n)$

g) $100000n + 3n^2 = \mathcal{O}(n^2)$

h) $\log_2 \log_2 n + 0,01 \log_4 n = \mathcal{O}(\log n)$

i) $n^2 + 2^n = \mathcal{O}(2^n)$

j) $1000n^{10000} + 2^n = \mathcal{O}(2^n)$

k) $n^{10000} + 1,001^n = \mathcal{O}(1,001^n)$

l) $n^2 + 2^n + 5^n = \mathcal{O}(5^n)$

Es wird hier nach der „kleinstmöglichen Komplexitätsordnung" gefragt, weil die $\mathcal{O}$-Notation nur eine obere Schranke darstellt. Es gilt z. B. $10n^4 + 9n^3 = \mathcal{O}(n^4)$, $10n^4 + 9n^3 = \mathcal{O}(n^{10})$ und $10n^4 + 9n^3 = \mathcal{O}(2^n)$. Gesucht ist also eine enge obere Schranke, die man nicht mehr kleiner machen kann.

7.14 Beantworten Sie die folgenden Fragen mit *richtig* oder *falsch*:

a) Ein Algorithmus mit exponentieller Zeitkomplexität ist für jede Größe der Eingangsdaten langsamer als ein polynomieller: *falsch*.
   Die $\mathcal{O}$-Notation gilt nur asymptotisch für n gegen Unendlich.

b) $\mathcal{O}(f(n)) + \mathcal{O}(f(n)) = \mathcal{O}(f(n))$: *richtig*.

c) $\mathcal{O}(f(n)) \cdot \mathcal{O}(g(n)) = \mathcal{O}(f(n)g(n))$: *richtig*.

d) Wenn $f(n) = \mathcal{O}(g(n))$ und $h(n) = \mathcal{O}(g(n))$ dann gilt $f(n) = \mathcal{O}(h(n))$: *falsch*.
Beispiel: Es gilt $n^3 = \mathcal{O}(2^n)$ und $n^2 = \mathcal{O}(2^n)$, aber nicht $n^3 = \mathcal{O}(n^2)$.

e) $3n\log_4 n + \log_2 n + n + n^2 = \mathcal{O}(n\log n)$: *falsch*.
$3n\log_4 n + \log_2 n + n + n^2 = \mathcal{O}(n^2)$

f) $1000n + 4n^2 + 2n^3 = \mathcal{O}(n)$: *falsch*.
$1000n + 4n^2 + 2n^3 = \mathcal{O}(n^3)$

g) $n + 2n^2 + 4n^3 = \mathcal{O}(n^5)$: *richtig*.
Die $\mathcal{O}$-Notation gibt nur eine obere Schranke an, diese muss nicht eng sein.

h) $n + 2n^2 + 4n^3 = \mathcal{O}(n^3)$: *richtig*.

i) $n + 2n^2 + 4n^3 = \mathcal{O}(n^2)$: *falsch*.

j) $n + 2n^2 + 4n^3 = \Theta(n^5)$: *falsch*.
Die Θ-Notation umfasst Funktionen, die (asymptotisch, bis auf konstante Faktoren) gleich stark wachsen; n^5 wächst aber schneller als n^3

k) $n + 2n^2 + 4n^3 = \Theta(n^3)$: *richtig*.

l) $n + 2n^2 + 4n^3 = \Theta(n^2)$: *falsch*.

m) $n + 2n^2 + 4n^3 = \Omega(n^5)$: *falsch*.
Die Ω-Notation umfasst Funktionen, die mindestens so stark wachsen wie die angegebene; n^3 wächst aber langsamer als n^5

n) $n + 2n^2 + 4n^3 = \Omega(n^3)$: *richtig*.

o) $n + 2n^2 + 4n^3 = \Omega(n^2)$: *richtig*.

7.15 „Teile und Herrsche", vier Teilprobleme mit halber Größe, Kombination mit $\mathcal{O}(n^2)$.
Basierend auf

$$T(n) = aT(n/b) + \Theta(n^k), \quad a \geq 1, b, n > 1, \quad T(1) = 1 \quad,$$

ist der Gesamtaufwand $T(n)$:

$$T(n) = \begin{cases} \Theta(n^k) & \text{für } a < b^k \\ \Theta(n^k \log n) & \text{für } a = b^k \\ \Theta(n^{\log_b a}) & \text{für } a > b^k \end{cases}$$

Hier:

$$T(n) = 4T(n/2) + \Theta(n^2) \quad.$$

Es ist $4 = 2^2$, damit ergibt sich $\Theta(n^2 \log n)$.

7.16 Multiplikation von $A = 1234$ und $B = 2001$ mit dem Verfahren von Karatsuba und Ofman.
Die Zahlen werden wie folgt aufgeteilt:

$$A = a_1 \cdot 10^{n/2} + a_2, \quad B = b_1 \cdot 10^{n/2} + b_2 \quad.$$

Und das Produkt dann rekursiv berechnet aus:

$$AB = a_1 b_1 \cdot 10^n + ((a_1 + a_2)(b_1 + b_2) - a_1 b_1 - a_2 b_2) \cdot 10^{n/2} + a_2 b_2 \quad.$$

Die Schritte in der Berechnung sind:

1) Zerlegung:

$A = 1234 \rightarrow a_1 = 12, a_2 = 34$
$B = 2001 \rightarrow b_1 = 20, b_2 = 01$

Berechnung von

$a_1 b_1 = 12 \cdot 20 \rightarrow$ Rekursion
$a_2 b_2 = 34 \cdot 01 \rightarrow$ Rekursion
$(a_1 + a_2)(b_1 + b_2) = 46 \cdot 21 \rightarrow$ Rekursion

2) Zerlegung:

$A = 12 \rightarrow a_1 = 1, a_2 = 2$
$B = 20 \rightarrow b_1 = 2, b_2 = 0$

Berechnung von

$a_1 b_1 = 1 \cdot 2 = 2$
$a_2 b_2 = 2 \cdot 0 = 0$
$(a_1 + a_2)(b_1 + b_2) = 3 \cdot 2 = 6$

Kombination zum Produkt:

$$AB = a_1 b_1 \cdot 10^2 + ((a_1 + a_2)(b_1 + b_2) - a_1 b_1 - a_2 b_2) \cdot 10 + a_2 b_2$$
$$= 2 \cdot 100 + (6 - 2 - 0) \cdot 10 + 0 = 240$$

Anmerkung: Für die Multiplikation mit 100 bzw. 10 wird keine Rekursion ausgeführt, weil dies durch eine reine Verschiebung der Dezimalstellen berechnet werden kann.

3) Zerlegung:

$A = 34 \rightarrow a_1 = 3, a_2 = 4$
$B = 01 \rightarrow b_1 = 0, b_2 = 1$

Berechnung von

$a_1 b_1 = 3 \cdot 0 = 0$
$a_2 b_2 = 4 \cdot 1 = 4$
$(a_1 + a_2)(b_1 + b_2) = 7 \cdot 1 = 7$

Kombination zum Produkt:

$$AB = a_1 b_1 \cdot 10^2 + ((a_1 + a_2)(b_1 + b_2) - a_1 b_1 - a_2 b_2) \cdot 10 + a_2 b_2$$
$$= 0 \cdot 100 + (7 - 0 - 4) \cdot 10 + 4 = 34$$

4) Zerlegung:

$A = 46 \rightarrow a_1 = 4, a_2 = 6$
$B = 21 \rightarrow b_1 = 2, b_2 = 1$

Berechnung von

$a_1 b_1 = 4 \cdot 2 = 8$
$a_2 b_2 = 6 \cdot 1 = 6$
$(a_1 + a_2)(b_1 + b_2) = 10 \cdot 3 = 30$

Kombination zum Produkt:

$$AB = a_1 b_1 \cdot 10^2 + ((a_1 + a_2)(b_1 + b_2) - a_1 b_1 - a_2 b_2) \cdot 10 + a_2 b_2$$
$$= 8 \cdot 100 + (30 - 8 - 6) \cdot 10 + 6 = 966$$

5) Kombination zum Produkt ($n = 4$), nachdem alle rekursiven Aufrufe auf oberster Ebene (Schritt 1) zurückgekehrt sind:

$a_1 b_1 = 12 \cdot 20 = 240$ (aus Schritt 2)
$a_2 b_2 = 34 \cdot 01 = 34$ (aus Schritt 3)
$(a_1 + a_2)(b_1 + b_2) = 46 \cdot 21 = 966$ (aus Schritt 4)

$$AB = a_1 b_1 \cdot 10^4 + ((a_1 + a_2)(b_1 + b_2) - a_1 b_1 - a_2 b_2) \cdot 10^2 + a_2 b_2$$
$$= 240 \cdot 10000 + (966 - 240 - 34) \cdot 100 + 34 = 2469234$$

7.17 Bewertung der einzelnen Codeteile:

```
for(int i = 2; i < n; i = 2 * i){        O(log₂ n)
    for(int j = n; j > 0; j = j / 2){    O(log₂ n)
        for(int k = 1; k < n; k = k + 1){    O(n)
            ... // konstante Anzahl Operationen    O(1)
        }
    }
}
```

`for(int i = 2; i < n; i = 2 * i){`	$\mathscr{O}(\log_2 n)$
`    for(int j = n; j > 0; j = j / 2){`	$\mathscr{O}(\log_2 n)$
`        for(int k = 1; k < n; k = k + 1){`	$\mathscr{O}(n)$
`            ... // konstante Anzahl Operationen`	$\mathscr{O}(1)$

Die drei Schleifen sind geschachtelt, damit werden die Einzelbewertungen multipliziert und man erhält insgesamt $\mathscr{O}(n(\log_2 n)^2)$.

7.18 Bewertung der einzelnen Codeteile:

`int sum = 0;`	$\mathscr{O}(1)$
`for(int i = 2; i < n; i = 2 * i){`	$\mathscr{O}(\log_2 n)$
`    for(int j = n; j > i; j = j - 1){`	$\mathscr{O}(n)$
`        for(int k = 0; k < n; k = k + 2){`	$\mathscr{O}(n/2) = \mathscr{O}(n)$
`            sum++;`	$\mathscr{O}(1)$
`        }`	
`        for(int k = n; k >= 0 ; k = k / 4){`	$\mathscr{O}(\log_4 n)$
`            sum++;`	$\mathscr{O}(1)$

Zur Bestimmung der Gesamtkomplexität betrachten wir zunächst nur die beiden inneren Schleifen, die nacheinander ausgeführt werden; die Einzelkomplexitäten addieren sich:
$\mathscr{O}(n) + \mathscr{O}(\log_4 n) = \mathscr{O}(\max(n, \log n)) = \mathscr{O}(n)$.

Das Ergebnis wird nun mit den Komplexitäten der beiden äußeren Schleifen multipliziert:
$\mathscr{O}(n^2 \log n)$.

Man erkennt hier einen der Vorteile der Verwendung der $\mathscr{O}$-Notation: In der zweiten Schleife läuft der der Zähler zwar nur bis $j > i$, relevant ist aber nur, dass j überhaupt von der Datenmenge n abhängt.

7.19 C-Code zum Sortieren eines Integer-Arrays a mit n Einträgen (implementiert ist hier ein Bubble-Sort). Bewertung der einzelnen Codeteile:

```c
void sort(int *a, int n){                    O(1)
    int s = 1;                               O(1)
    while(s == 1){                           O(1) bzw. O(n)
        s = 0;                               O(1)
        for(int i = 1; i < n; i++){          O(n)
            if(a[i] < a[i - 1]) {            O(1)
                int t = a[i];                O(1)
                a[i] = a[i - 1];             O(1)
                a[i - 1] = t;                O(1)
                s = 1;                       O(1)
            }
        }
    }
}
```

Bester Fall: Die Daten im Array a sind bereits sortiert. Dann wird die WHILE-Schleife nur ein einziges mal durchlaufen, die Gesamtkomplexität ist $\mathscr{O}(n)$.

Schlechtester Fall: Die Daten im Array a sind genau falsch herum sortiert sortiert. Es ergeben sich dann im Grunde zwei geschachtelte Schleifen und die Gesamtkomplexität ist $\mathscr{O}(n^2)$.

7.20 Bewertung der einzelnen Codeteile (Zeitkomplexität, $n = $ anzahl):

```java
int[] daten;
int anzahl;

public boolean eineFunktion(int schluessel){
    int unten = 0;                                      O(1)
    int oben = anzahl - 1;                              O(1)
    while(oben >= unten){                               O(log₂ n)
        int mitte = (unten + oben) / 2;                 O(1)
        if(daten[mitte] == schluessel) return true;     O(1)
        if(daten[mitte] > schluessel) oben = mitte - 1; O(1)
        if(daten[mitte] < schluessel) unten = mitte + 1; O(1)
    }
    return false;                                       O(1)
}
```

Die Zeitkomplexität der Funktion ist folglich $\mathscr{O}(\log_2 n)$. Die Bewertung der Schleife ergibt sich dadurch, dass in jedem Schritt die Daten halbiert werden und nur eine Hälfte weiter verarbeitet wird.

Der Speicherverbrauch hängt nicht von der Anzahl der verarbeiteten Daten ab, ist also konstant und damit $\mathscr{O}(1)$.

Die gezeigte Funktion implementiert übrigens eine binäre Suche.

7.21 Funktion zur rekursiven Berechnung des arithmetischen Mittels:

```
float mittel(float a[], int start, int end){
   int n = end - start + 1;
   if(n == 1) return a[start];
   else {
      int mitte = n / 2 - 1;
      float m1 = mittel(a, start, start + mitte);
      float m2 = mittel(a, start + mitte + 1, end);
      float m = (m1 * (mitte + 1) +
                 m2 * (end - (start + mitte + 1) + 1)) / n;
      return m;
   }
}
```

Zur Analyse muss man erkennen, dass die Funktion sich zweimal hintereinander rekursiv aufruft, wobei die Datenmenge jeweils halbiert wird; jeder der beiden Teile wird weiterverarbeitet. Der Aufwand zur Kombination der beiden Teile (die Zeile zur Berechnung von m) ist konstant, d. h. $\mathcal{O}(1)$. Man hat es hier demnach mit einem „Teile und Herrsche" Verfahren zu tun. Basierend auf

$$T(n) = aT(n/b) + \Theta(n^k), \quad a \geq 1, b, n > 1, \quad T(1) = 1 \quad,$$

ist der Gesamtaufwand $T(n)$:

$$T(n) = \begin{cases} \Theta(n^k) & \text{für } a < b^k \\ \Theta(n^k \log n) & \text{für } a = b^k \\ \Theta(n^{\log_b a}) & \text{für } a > b^k \end{cases}$$

Hier:

$$T(n) = 2T(n/2) + \Theta(n^0) \quad.$$

Es ist $2 > 2^0 = 1$, damit liegt der dritte Fall vor und es ergibt sich $\Theta(n^{\log_2 2}) = \Theta(n)$.

Hinweis: Es war zwar nach der Angabe in $\mathcal{O}$-Notation gefragt, diejenige mit Θ ist allerdings genauer; man kann problemlos in der Gleichung überall Θ durch $\mathcal{O}$ ersetzen.

3.8 Probabilistische Algorithmen

Dieser Abschnitt enthält die Lösungen zu Abschnitt 2.8 *Probabilistische Algorithmen*, Seite 28.

8.1   Lineares Modulo-Kongruenzverfahren $x_{n+1} = (ax_n + c) \bmod m$ mit $a = 3, c = 9, m = 16$.

a) Die ersten fünf Zufallszahlen, beginnend mit Startwert $x_0 = 1$:

$x_1 = (3x_0 + 9) \bmod 16 = 12$

$x_2 = (3x_1 + 9) \bmod 16 = 13$

$x_3 = (3x_2 + 9) \bmod 16 = 0$

$x_4 = (3x_3 + 9) \bmod 16 = 9$

$x_5 = (3x_4 + 9) \bmod 16 = 4$

b) Grundsätzlich möglich wäre eine maximale Periodenlänge von 16 (da modulo 16 gerechnet wird). Diese wird erreicht, wenn gilt:

- c und m dürfen keine gemeinsamen Primfaktoren haben,
- $a - 1$ muss ein Vielfaches von p_i sein, für jeden Primfaktor p_i von m,
- falls m ein Vielfaches von 4 ist, muss $a - 1$ ebenfalls ein Vielfaches von 4 sein.

Ist m eine Potenz von 2, so vereinfacht sich dieser Satz zu der Bedingung, dass c ungerade und $a \bmod 4 = 1$ sein muss.

Hier gilt gerade die Vereinfachung: $m = 16$ ist eine Potenz von 2, $c = 9$ ist ungerade, aber $a = 3 \bmod 4 = 3 \neq 1$. Die maximale Länge wird daher nicht erreicht. Tatsächlich ist die Periodenlänge 8.

8.2   Für das lineare Modulo-Kongruenzverfahren sei $a = 7, c = 3, m = 12$.

a) Prüfung auf maximale Periodenlänge:

- Primfaktoren von $m = 12$ sind 2 und 3.
  $a - 1 = 6$ ist sowohl ein Vielfaches von 2 als auch von 3 ($\checkmark$),
- $m = 12$ ist ein Vielfaches 4, $a - 1 = 6$ ist aber kein Vielfaches von 4 (X),
- $\mathrm{ggT}(c, m) = \mathrm{ggT}(3, 12) = 3 \rightarrow$ gemeinsame Primfaktoren (X).

Es ergibt sich folglich keine maximale Periodenläge.

b) Die ersten vier Zufallszahlen, beginnend mit Startwert $x_0 = 2$:

$x_1 = (7x_0 + 3) \bmod 12 = 5$

$x_2 = (7x_1 + 3) \bmod 12 = 2$

$x_3 = (7x_2 + 3) \bmod 12 = 5$

$x_4 = (7x_3 + 3) \bmod 12 = 2$

Die ersten vier Zufallszahlen, beginnend mit Startwert $x_0 = 3$:

$x_1 = (7x_0 + 3) \bmod 12 = 0$

$x_2 = (7x_1 + 3) \bmod 12 = 3$

$x_3 = (7x_2 + 3) \bmod 12 = 0$

$x_4 = (7x_3 + 3) \bmod 12 = 3$

8.3 Für das lineare Modulo-Kongruenzverfahren sei $a = 16, c = 2, m = 45$.

a) Prüfung auf maximale Periodenlänge:

- $\mathrm{ggT}(c, m) = \mathrm{ggT}(2, 24) = 1 \rightarrow$ keine gemeinsamen Primfaktoren ($\checkmark$),
- Primfaktoren von $m = 45$ sind 3 und 5.
  $a - 1 = 15$ ist sowohl ein Vielfaches von 3 als auch von 5 ($\checkmark$),
- $m = 45$ ist kein Vielfaches 4 ($\checkmark$).

Es ergibt sich folglich maximale Periodenläge von 45.

b) Die ersten fünf Zufallszahlen, beginnend mit Startwert $x_0 = 0$:
$$x_1 = (16x_0 + 2) \bmod 45 = 2$$
$$x_2 = (16x_1 + 2) \bmod 45 = 34$$
$$x_3 = (16x_2 + 2) \bmod 45 = 6$$
$$x_4 = (16x_3 + 2) \bmod 45 = 8$$
$$x_5 = (16x_4 + 2) \bmod 45 = 40$$

c) Umrechnung einer Zufallszahl x_i auf ganzzahliges Intervall $[A; B]$, hier $[4; 20]$:
$$g_i = A + (x_i \bmod (B - A + 1)) = 4 + (x_i \bmod 17) \quad .$$

Man erhält:
$$g_0 = 4 + (0 \bmod 17) = 4$$
$$g_1 = 4 + (2 \bmod 17) = 6$$
$$g_2 = 4 + (34 \bmod 17) = 4$$
$$g_3 = 4 + (6 \bmod 17) = 10$$
$$g_4 = 4 + (8 \bmod 17) = 12$$
$$g_5 = 4 + (40 \bmod 17) = 10$$

d) Umrechnung einer Zufallszahl x_i auf ganzzahliges Intervall $[A; B]$, hier $[-4; 20]$:
$$g_i = A + (x_i \bmod (B - A + 1)) = -4 + (x_i \bmod 25) \quad .$$

Man erhält:
$$g_0 = -4 + (0 \bmod 25) = -4$$
$$g_1 = -4 + (2 \bmod 25) = -2$$
$$g_2 = -4 + (34 \bmod 25) = 5$$
$$g_3 = -4 + (6 \bmod 25) = 2$$
$$g_4 = -4 + (8 \bmod 25) = 4$$
$$g_5 = -4 + (40 \bmod 25) = 11$$

e) Umrechnung einer Zufallszahl x_i auf ganzzahliges Intervall $[A; B]$, hier $[-100; -90]$:
$$g_i = A + (x_i \bmod (B - A + 1)) = -100 + (x_i \bmod 11) \quad .$$

Man erhält:
$$g_0 = -100 + (0 \bmod 11) = -100$$
$$g_1 = -100 + (2 \bmod 11) = -98$$
$$g_2 = -100 + (34 \bmod 11) = -99$$
$$g_3 = -100 + (6 \bmod 11) = -94$$
$$g_4 = -100 + (8 \bmod 11) = -92$$
$$g_5 = -100 + (40 \bmod 11) = -93$$

f) Umrechnung einer Zufallszahl x_i auf ein reellwertiges Intervall $[A; B]$, hier $[4; 20]$:

$$r_i = A + x_i \frac{B - A}{m - 1} = 4 + \frac{16 x_i}{44} \quad .$$

Man erhält:

$r_0 = 4 + \frac{16 \cdot 0}{44} = 4$

$r_1 = 4 + \frac{16 \cdot 2}{44} = 4{,}7273$

$r_2 = 4 + \frac{16 \cdot 34}{44} = 12{,}3636$

$r_3 = 4 + \frac{16 \cdot 6}{44} = 6{,}1818$

$r_4 = 4 + \frac{16 \cdot 8}{44} = 6{,}9091$

$r_5 = 4 + \frac{16 \cdot 40}{44} = 18{,}5455$

g) Umrechnung einer Zufallszahl x_i auf ein reellwertiges Intervall $[A; B]$, hier $[-1; 1]$:

$$r_i = A + x_i \frac{B - A}{m - 1} = -1 + \frac{2 x_i}{44} \quad .$$

Man erhält:

$r_0 = -1 + \frac{2 \cdot 0}{44} = -1$

$r_1 = -1 + \frac{2 \cdot 2}{44} = -0{,}9091$

$r_2 = -1 + \frac{2 \cdot 34}{44} = 0{,}5455$

$r_3 = -1 + \frac{2 \cdot 6}{44} = -0{,}7273$

$r_4 = -1 + \frac{2 \cdot 8}{44} = -0{,}6364$

$r_5 = -1 + \frac{2 \cdot 40}{44} = 0{,}8182$

h) Für die Polarmethode werden Paare z_1, z_2 von Zufallszahlen aus dem reellwertigen Intervall $[-1; 1]$ benötigt. Wir können hier direkt die Ergebnisse aus der vorherigen Teilaufgabe weiter verwenden. Für die Rechnung ist erforderlich, dass gilt $s = z_1^2 + z_2^2 < 1$. Deswegen ist die Verwendung von x_1 und x_2 nicht möglich, weil hier $s = r_1^2 + r_2^2 = (-0{,}9091)^2 + 0{,}5455^2 = 1{,}1240 \not< 1$.

Polarmethode für x_2 und x_3, also $r_2 = 0{,}5455$ und $r_3 = -0{,}7273$:
$s = r_2^2 + r_3^2 = 0{,}5455^2 + (-0{,}7273)^2 = 0{,}8265 < 1$.
Man erhält zwei standardnormalverteilte Zufallszahlen n_0 und n_1 aus

$$n_0 = r_2 \sqrt{\frac{-2 \ln s}{s}} = 0{,}5455 \sqrt{\frac{-2 \ln 0{,}8265}{0{,}8265}} = 0{,}3704 \quad ,$$

$$n_1 = r_3 \sqrt{\frac{-2 \ln s}{s}} = -0{,}7273 \sqrt{\frac{-2 \ln 0{,}8265}{0{,}8265}} = -0{,}4939 \quad .$$

Polarmethode für x_2 und x_4, also $r_2 = 0{,}5455$ und $r_4 = -0{,}6364$:
$s = r_2^2 + r_4^2 = 0{,}5455^2 + (-0{,}6364)^2 = 0{,}7026 < 1$.
Man erhält zwei standardnormalverteilte Zufallszahlen n_2 und n_3 aus

$$n_2 = r_2 \sqrt{\frac{-2 \ln s}{s}} = 0{,}5455 \sqrt{\frac{-2 \ln 0{,}7026}{0{,}7026}} = 0{,}5468 \quad ,$$

$$n_3 = r_4 \sqrt{\frac{-2 \ln s}{s}} = -0{,}6364 \sqrt{\frac{-2 \ln 0{,}7026}{0{,}7026}} = -0{,}6379 \quad .$$

i) Eine Zufallszahl x' aus einer Normalverteilung mit beliebigem Mittelwert μ und beliebiger Streuung σ ergibt sich aus einer standardnormalverteilten ($\mu = 0, \sigma = 1$) Zufallszahl x durch $x' = \sigma x + \mu$.

Mit $\mu = 0, \sigma = 2$ erhält man:
$n'_0 = 2n_0 = 2 \cdot 0{,}3704 = 0{,}7408$
$n'_1 = 2n_1 = 2 \cdot (-0{,}4939) = -0{,}9878$
$n'_2 = 2n_2 = 2 \cdot 0{,}5468 = 1{,}0936$
$n'_3 = 2n_3 = 2 \cdot (-0{,}6379) = -1{,}2758$

Mit $\mu = 10, \sigma = 0{,}1$ erhält man:
$n'_0 = 0{,}1n_0 + 10 = 0{,}1 \cdot 0{,}3704 + 10 = 10{,}03704$
$n'_1 = 0{,}1n_1 + 10 = 0{,}1 \cdot (-0{,}4939) + 10 = 9{,}95061$
$n'_2 = 0{,}1n_2 + 10 = 0{,}1 \cdot 0{,}5468 + 10 = 10{,}05468$
$n'_3 = 0{,}1n_3 + 10 = 0{,}1 \cdot (-0{,}6379) + 10 = 9{,}93621$

8.4 Fermat Test für $13, 21, 61, 1729$ mit $a = 2, 5, 8, 11$.
Prüfe, ob gilt

$$a^{p-1} \bmod p = 1.$$

$p = 13$:
$2^{12} \bmod 13 = 1$ $\qquad$ $5^{12} \bmod 13 = 1$ $\qquad$ $8^{12} \bmod 13 = 1$ $\qquad$ $11^{12} \bmod 13 = 1$
Ergebnis: 13 ist wahrscheinlich prim.

$p = 21$:
$2^{20} \bmod 21 = 4$
Ergebnis: 21 ist sicher nicht prim.

$p = 61$:
$2^{60} \bmod 61 = 1$ $\qquad$ $5^{60} \bmod 61 = 1$ $\qquad$ $8^{60} \bmod 61 = 1$ $\qquad$ $11^{60} \bmod 61 = 1$
Ergebnis: 61 ist wahrscheinlich prim.

$p = 1729$:
$2^{1728} \bmod 1729 = 1$ $\;$ $5^{1728} \bmod 1729 = 1$ $\;$ $8^{1728} \bmod 1729 = 1$ $\;$ $11^{1728} \bmod 1729 = 1$
Ergebnis: 1729 ist wahrscheinlich prim.

Sobald der Test einmal fehlschlägt (d. h. Ergebnis $\neq 1$) kann die Rechnung abgebrochen werden: Die zu prüfende Zahl p ist dann sicher nicht prim. Solange das Ergebnis 1 ist, wird angenommen, dass p wahrscheinlich prim ist. Der Test könnte grundsätzlich mit allen $a < p$ durchgeführt werden.

8.5 Miller-Rabin Test für $13, 21, 61$ bzw. 1729 mit $a = 2, 5, 8, 11$.
Zerlege $p = 13$:

$$p = 1 + q2^k = 1 + 12 = 1 + 3 \cdot 2^2 \quad \Rightarrow \quad q = 3, k = 2$$

Berechne die Folge $(a^q, a^{2q}, a^{4q}, \ldots, a^{q2^{k-1}}, a^{q2^k})$ jeweils modulo p, hier also (a^3, a^6, a^{12})
$a = 2$:
$2^3 \bmod 13 = 8$ $\qquad$ $2^6 \bmod 13 = 12 = -1$ $\qquad$ $2^{12} \bmod 13 = 1$

$a = 5$:
$5^3 \bmod 13 = 8$ $\qquad$ $5^6 \bmod 13 = 12 = -1$ $\qquad$ $5^{12} \bmod 13 = 1$

$a = 8$:

$8^3 \bmod 13 = 5 \qquad\qquad 8^6 \bmod 13 = (8^3)^2 \bmod 13 = 5^2 \bmod 13 = 12 = -1$

$8^{12} \bmod 13 = (8^6)^2 \bmod 13 = (-1)^2 \bmod 13 = 1$

$a = 11$:

$11^3 \bmod 13 = 5 \qquad\qquad 11^6 \bmod 13 = (11^3)^2 \bmod 13 = 5^2 \bmod 13 = 12 = -1$

$11^{12} \bmod 13 = (11^6)^2 \bmod 13 = (-1)^2 \bmod 13 = 1$

Es entsteht jeweils eine Folge $(x_i, -1, 1)$, die Zahl 13 ist damit wahrscheinlich prim. Dieses Ergebnis stimmt mit einer Wahrscheinlichkeit von $1 - (\frac{1}{4})^4 = 99{,}6\%$.

Zerlege $p = 21$:

$$p = 1 + q2^k = 1 + 20 = 1 + 5 \cdot 2^2 \quad \Rightarrow \quad q = 5, k = 2$$

Berechne die Folge $(a^q, a^{2q}, a^{4q}, \ldots, a^{q2^{k-1}}, a^{q2^k})$ jeweils modulo p, hier also (a^5, a^{10}, a^{20}).

$a = 2$:

$2^5 \bmod 21 = 11 \qquad\qquad 2^{10} \bmod 21 = 16 \qquad\qquad 2^{20} \bmod 21 = 4$

Es entsteht weder eine Folge der Form $(x_i, -1, 1)$ noch eine Folge der Form $(1, 1, 1)$. Die Zahl 21 ist damit sicher nicht prim. Ein Test mit den verbleibenden a ist nicht erforderlich.

Zerlege $p = 61$:

$$p = 1 + q2^k = 1 + 60 = 1 + 15 \cdot 2^2 \quad \Rightarrow \quad q = 15, k = 2$$

Berechne die Folge $(a^q, a^{2q}, a^{4q}, \ldots, a^{q2^{k-1}}, a^{q2^k})$ jeweils modulo p, hier also (a^{15}, a^{30}, a^{60}).

$a = 2$:

$2^{15} \bmod 61 = 11 \qquad\qquad 2^{30} \bmod 61 = (2^{15})^2 \bmod 61 = 11^2 \bmod 61 = 60 = -1$

$2^{60} \bmod 61 = (2^{30})^2 \bmod 61 = (-1)^2 \bmod 61 = 1$

$a = 5$:

$5^{15} \bmod 61 = 60 = -1 \qquad 5^{30} \bmod 61 = (5^{15})^2 \bmod 61 = (-1)^2 \bmod 61 = 1$

$5^{60} \bmod 61 = (5^{30})^2 \bmod 61 = 1^2 \bmod 61 = 1$

$a = 8$:

$8^{15} \bmod 61 = 50 \qquad\qquad 8^{30} \bmod 61 = (8^{15})^2 \bmod 61 = 50^2 \bmod 61 = 60 = -1$

$8^{60} \bmod 61 = (8^{30})^2 \bmod 61 = (-1)^2 \bmod 61 = 1$

$a = 11$:

$11^{15} \bmod 61 = 50 \qquad\qquad 11^{30} \bmod 61 = (11^{15})^2 \bmod 61 = 50^2 \bmod 61 = 60 = -1$

$11^{60} \bmod 61 = (11^{30})^2 \bmod 61 = (-1)^2 \bmod 61 = 1$

Es entsteht jeweils eine Folge $(x_i, -1, 1)$ bzw. $(-1, 1, 1)$, die Zahl 61 ist damit wahrscheinlich prim. Dieses Ergebnis stimmt mit einer Wahrscheinlichkeit von $1 - (\frac{1}{4})^4 = 99{,}6\%$.

Zerlege $p = 1729$:

$$p = 1 + q2^k = 1 + 20 = 1 + 27 \cdot 2^6 \quad \Rightarrow \quad q = 27, k = 6$$

Berechne die Folge $(a^q, a^{2q}, a^{4q}, \ldots, a^{q2^{k-1}}, a^{q2^k})$ jeweils modulo p, hier also $(a^{27}, a^{54}, a^{108}, a^{216}, a^{432}, a^{864}, a^{1728})$.

$a = 2$:

$2^{27} \bmod 1729 = 645 \qquad 2^{54} \bmod 1729 = (2^{27})^2 \bmod 1729 = 645^2 \bmod 1729 = 1065$

$2^{108} \bmod 1729 = (2^{54})^2 \bmod 1729 = 1065^2 \bmod 1729 = 1$

$2^{216} \bmod 1729 = (2^{108})^2 \bmod 1729 = 1^2 \bmod 1729 = 1$

$2^{432} \bmod 1729 = 2^{864} \bmod 1729 = 2^{1728} \bmod 1729 = 1$

Es entsteht die Folge $(645, 1065, 1, 1, 1, 1, 1)$. Diese entspricht weder der Form $(1, 1, 1, 1, 1, 1, 1)$ noch der Form $(x_1, \ldots, x_l, -1, 1, \ldots, 1)$, weil die -1 fehlt. Die Zahl 1729 ist damit sicher nicht prim. Ein Test mit den verbleibenden a ist nicht erforderlich.

3.9 Suchen und Sortieren

Dieser Abschnitt enthält die Lösungen zu Abschnitt 2.9 *Suchen und Sortieren*, Seite 29.

9.1 Binäre Suche: Im Folgenden werden die einzelnen Feldelemente durchnummeriert. Angegeben ist jeweils Anfang b und Ende e des aktuellen Suchbereichs sowie dessen Mitte m. Das Element in der Mitte ist fettgedruckt.

a) Gesucht: 8192

0	1	2	3	4	5	6	7	8	9	10	11	12	13	14	15	16	17	b	e	m
1	2	4	8	16	32	64	128	**256**	512	1024	2048	4096	8192	16384	32768	65536	131072	0	17	8
									512	1024	2048	4096	**8192**	16384	32768	65536	131072	9	17	13

Gefunden nach zwei Schritten an Position 13.

Gesucht: 20

0	1	2	3	4	5	6	7	8	9	10	11	12	13	14	15	16	17	b	e	m
1	2	4	8	16	32	64	128	**256**	512	1024	2048	4096	8192	16384	32768	65536	131072	0	17	8
1	2	4	**8**	16	32	64	128											0	7	3
				16	**32**	64	128											4	7	5
				16														4	4	4
																		5	4	4

Die Zahl 20 ist nicht enthalten, Ergebnis nach fünf Schritten.

b) Gesucht: 8192

0	1	2	3	4	5	6	7	8	9	10	11	12	13	14	15	16	17	b	e	m
1	2	2	2	4	8	16	16	**32**	64	64	128	256	512	1024	2048	4096	8192	0	17	8
									64	64	128	256	**512**	1024	2048	4096	8192	9	17	13
														1024	**2048**	4096	8192	14	17	15
																4096	8192	16	17	16
																	8192	17	17	17

Gefunden nach fünf Schritten an Position 17.

Gesucht: 20

0	1	2	3	4	5	6	7	8	9	10	11	12	13	14	15	16	17	b	e	m
1	2	2	2	4	8	16	16	**32**	64	64	128	256	512	1024	2048	4096	8192	0	17	8
1	2	2	**2**	4	8	16	16											0	7	3
				8	16	16												4	7	5
						16	16											6	7	6
							16											7	7	7
																		8	7	7

Die Zahl 20 ist nicht enthalten, Ergebnis nach sechs Schritten.

c) Gesucht: S

0	1	2	3	4	5	6	7	8	9	10	11	12	13	14	15	16	17	18	19	20	21	b	e	m
A	B	C	D	E	F	H	I	L	M	**O**	P	Q	R	S	T	U	V	W	X	Y	Z	0	21	10
											P	Q	R	S	T	U	**V**	W	X	Y	Z	11	21	16
											P	Q	**R**	S	T							11	15	13
														S	T							14	15	14

Gefunden nach vier Schritten an Position 14.

Gesucht: J

```
0  1  2  3  4  5  6  7  8  9  10 11 12 13 14 15 16 17 18 19 20 21   b   e   m
A  B  C  D  E  F  H  I  L  M  O  P  Q  R  S  T  U  V  W  X  Y  Z    0  21  10
A  B  C  D  E  F  H  I  L  M                                        0   9   4
               F  H  I  L  M                                       5   9   7
                           L  M                                     8   9   8
                                                                   8   7   8
```

J ist nicht enthalten, Ergebnis nach fünf Schritten.

d) Gesucht: S

```
0 1 2 3 4 5 6 7 8 9 10 11 12 13 14 15 16 17 18 19 20 21 22 23 24 25 26 27 28 29 30  b   e   m
A A B B B C D E E E  E  F  H  I  L  M  O  P  Q  R  S  S  S  S  T  U  V  W  X  Y  Z  0  30  15
                                          O  P  Q  R  S  S  S  S  T  U  V  W  X  Y  Z 16  30  23
```

Gefunden nach zwei Schritten an Position 23.

Gesucht: J

```
0 1 2 3 4 5 6 7 8 9 10 11 12 13 14 15 16 17 18 19 20 21 22 23 24 25 26 27 28 29 30  b   e   m
A A B B B C D E E E  E  F  H  I  L  M  O  P  Q  R  S  S  S  S  T  U  V  W  X  Y  Z  0  30  15
A A B B B C D E E E  E  F  H  I  L                                                  0  14   7
            E E E  F  H  I  L                                                       8  14  11
                   H  I  L                                                         12  14  13
                         L                                                         14  14  14
                                                                                   14  13  14
```

J ist nicht enthalten, Ergebnis nach sechs Schritten.

e) Zeitkomplexität: $\mathcal{O}(\mathrm{ld}\,n)$.

Das ergibt bei $n = 18$ in den Teilaufgaben (a) und (b): $\mathrm{ld}\,18 \approx 4{,}17$; aufgerundet also 5 Schritte. Dies stimmt mit dem Ergebnis bei der Suche nach der nicht vorhandenen 20 in (a) und der vorhandenen 8192 in (b) überein.

Die 8192 in (a) wurde bereits nach zwei Schritten gefunden; da die Angabe der Zeitkomplexität $\mathcal{O}(\mathrm{ld}\,n)$ sich auf Verhalten im schlechtesten Fall (worst case) bezieht, ist dies aber kein Problem: Der Algorithmus kann in vielen Fällen durchaus schneller zum Ziel kommen.

Dass 20 nicht enthalten ist, wurde in (b) erst nach sechs Schritten festgestellt. Auch dies ist kein Widerspruch zur Zeitkomplexität, weil die $\mathcal{O}$-Notation asymptotisch für n gegen Unendlich gilt, und deswegen Terme kleiner als $\mathrm{ld}\,n$ weggelassen werden können. Dies betrifft insbesondere eine konstante Anzahl Anweisungen, von denen beliebig viele auftreten dürfen, ohne die Komplexität in $\mathcal{O}$-Notation zu verändern. Bei der binären Suche, wie sie im *Grundkurs Informatik* dargestellt ist, kann bei nicht vorhandenem Element durchaus ein Schleifendurchlauf bis zum Abbruch mehr benötigt werden, weil dieser erst erfolgt, wenn sich Anfang b und Ende e nicht mehr überlappen.

Bei Teilaufgabe (c) erhält man $\mathrm{ld}\,22 \approx 4{,}46$, bei (d) $\mathrm{ld}\,31 \approx 4{,}95$; aufgerundet jeweils wieder 5 Schritte.

9.2 Interpolationssuche: Im Folgenden werden die einzelnen Feldelemente $a[i]$ durchnummeriert. Angegeben ist jeweils Anfang b und Ende e des aktuellen Suchbereichs sowie dessen Teilungspunkt u:

$$u = \mathrm{runde}\,(b + k(e - b)) \quad \mathrm{mit} \quad k = \frac{\mathrm{num}(p) - \mathrm{num}(a[b])}{\mathrm{num}(a[e]) - \mathrm{num}(a[b])} \quad .$$

Dabei ist num($\cdot$) eine Funktion, die ein Feldelement auf einen numerischen Wert abbildet (falls nötig). Das Element am Teilungspunkt ist fettgedruckt.

a) Gesucht: 8192

0	1	2	3	4	5	6	7	8	9	10	11	12	13	14	15	16	17	b	e	u
1	**2**	4	8	16	32	64	128	256	512	1024	2048	4096	8192	16384	32768	65536	131072	0	17	1
			4	**8**	16	32	64	128	256	512	1024	2048	4096	8192	16384	32768	65536	131072	2	17	3
					16	**32**	64	128	256	512	1024	2048	4096	8192	16384	32768	65536	131072	4	17	5
							64	**128**	256	512	1024	2048	4096	8192	16384	32768	65536	131072	6	17	7
									256	**512**	1024	2048	4096	8192	16384	32768	65536	131072	8	17	9
											1024	2048	4096	8192	16384	32768	65536	131072	10	17	10
												2048	4096	8192	16384	32768	65536	131072	11	17	11
													4096	8192	16384	32768	65536	131072	12	17	12
														8192	16384	32768	65536	131072	13	17	13

Gefunden nach neun Schritten an Position 13.

Gesucht: 20

0	1	2	3	4	5	6	7	8	9	10	11	12	13	14	15	16	17	b	e	u
1	2	4	8	16	32	64	128	256	512	1024	2048	4096	8192	16384	32768	65536	131072	0	17	0
	2	4	8	16	32	64	128	256	512	1024	2048	4096	8192	16384	32768	65536	131072	1	17	1
		4	8	16	32	64	128	256	512	1024	2048	4096	8192	16384	32768	65536	131072	2	17	2
			8	16	32	64	128	256	512	1024	2048	4096	8192	16384	32768	65536	131072	3	17	3
				16	32	64	128	256	512	1024	2048	4096	8192	16384	32768	65536	131072	4	17	4
					32	64	128	256	512	1024	2048	4096	8192	16384	32768	65536	131072	5	17	5
																		5	4	–

Die Zahl 20 ist nicht enthalten, Ergebnis nach sieben Schritten.

b) Gesucht: 8192

0	1	2	3	4	5	6	7	8	9	10	11	12	13	14	15	16	17	b	e	u
1	2	2	2	4	8	16	16	32	64	64	128	256	512	1024	2048	4096	**8192**	0	17	17

Gefunden nach einem Schritt an Position 17.

Gesucht: 20

0	1	2	3	4	5	6	7	8	9	10	11	12	13	14	15	16	17	b	e	u
1	2	2	2	4	8	16	16	32	64	64	128	256	512	1024	2048	4096	8192	0	17	0
	2	2	2	4	8	16	16	32	64	64	128	256	512	1024	2048	4096	8192	1	17	1
		2	2	4	8	16	16	32	64	64	128	256	512	1024	2048	4096	8192	2	17	2
			2	4	8	16	16	32	64	64	128	256	512	1024	2048	4096	8192	3	17	3
				4	8	16	16	32	64	64	128	256	512	1024	2048	4096	8192	4	17	4
					8	16	16	32	64	64	128	256	512	1024	2048	4096	8192	5	17	5
						16	16	32	64	64	128	256	512	1024	2048	4096	8192	6	17	6
							16	32	64	64	128	256	512	1024	2048	4096	8192	7	17	7
								32	64	64	128	256	512	1024	2048	4096	8192	8	17	8
																		8	7	–

Die Zahl 20 ist nicht enthalten, Ergebnis nach zehn Schritten.

c) Buchstaben mit numerischer Zuordnung (Position im Alphabet):

A B C D E F G H I J K L M N O P Q R S T U V W X Y Z
1 2 3 4 5 6 7 8 9 10 11 12 13 14 15 16 17 18 19 20 21 22 23 24 25 26

Gesucht: S
0 1 2 3 4 5 6 7 8 9 10 11 12 13 14 15 16 17 18 19 20 21 b e u
A B C D E F H I L M O P Q R S **T** U V W X Y Z 0 21 15
A B C D E F H I L M O P Q R **S** 0 14 14

Gefunden nach zwei Schritten an Position 14.

Gesucht: J
0 1 2 3 4 5 6 7 8 9 10 11 12 13 14 15 16 17 18 19 20 21 b e u
A B C D E F H I L M O P Q R S T U V W X Y Z 0 21 8
A B C D E F H **I** 0 7 8

J ist nicht enthalten, Ergebnis nach zwei Schritten.

d) Gesucht: S

0 1 2 3 4 5 6 7 8 9 10 11 12 13 14 15 16 17 18 19 20 21 22 23 24 25 26 27 28 29 30 b e u
A A B B B C D E E E E F H I L M O P Q R S S **S** S T U V W X Y Z 0 30 22

Gefunden nach einem Schritt an Position 22.

Gesucht: J
0 1 2 3 4 5 6 7 8 9 10 11 12 13 14 15 16 17 18 19 20 21 22 23 24 25 26 27 28 29 30 b e u
A A B B B C D E E E E **F** H I L M O P Q R S S S S T U V W X Y Z 0 30 11
H I L M O P Q R S S S S T U V W X Y Z 12 30 14
H I 12 13 12
I 13 13 –

J ist nicht enthalten, Ergebnis nach vier Schritten.

e) Bei Interpolationssuche mit linearer Interpolation wird angenommen, dass die Elemente über den Suchbereich einigermaßen gleichmäßig verteilt sind. Dies ist in den Teilaufgaben c) und d) der Fall, hier ist sie schneller als binäre Suche. Es gilt die Zeitkomplexität (mittlerer Fall) $\mathcal{O}(\operatorname{ld}\operatorname{ld}n)$. Das sind in c) $\operatorname{ld}\operatorname{ld}22 \approx 2{,}16$ Schritte, in d) sind es $\operatorname{ld}\operatorname{ld}31 \approx 2{,}31$.

In den Teilaufgaben a) und b) ist dies nicht der Fall, hier steigen die Werte exponentiell an. Einzig bei der Suche nach 8192 in b) liegt das Ergebnis nach nur einem Schritt vor: Hier hat man Glück, weil gerade die größte Zahl im Feld gesucht wird. In allen anderen Beispielen degeneriert das Verhalten der Interpolationssuche hin zu einer Zeitkomplexität $\mathcal{O}(n)$, d. h. vergleichbar mit sequentieller Suche.

f) Würde man an Stelle einer Nummerierung beginnend mit A $= 1$ den ASCII-Wert für A-Z verwenden, dann blieben die Teilungspunkte der Interpolation gleich, der Ablauf würde sich nicht ändern.

9.3 Für die einzufügenden Zahlen ergibt sich als Hashwert mit $h(K) = K \bmod 11$:

K	1234	4321	256	2222	16	1111	954	7532	368	600	86
$h(K)$	2	9	3	0	4	0	8	8	5	6	9

a) Verkettete lineare Listen:

Adresse	0	1	2	3	4	5	6	7	8	9	10
Inhalt	2222		1234	256	16	368	600		954	4321	
	1111								7532	86	

b) Lineare Kollisionsauflösung:

Kollisionsfrei eingefügt wurden 1234, 4321, 256, 2222, 16:

Adresse	0	1	2	3	4	5	6	7	8	9	10
Inhalt	2222		1234	256	16					4321	

Einfügen von 1111 (Kollision) und 954 (keine Kollision):

Adresse	0	1	2	3	4	5	6	7	8	9	10
Inhalt	2222	1111	1234	256	16				954	4321	

Einfügen von 7532 (Kollision) und 368, 600 (keine Kollision):

Adresse	0	1	2	3	4	5	6	7	8	9	10
Inhalt	2222	1111	1234	256	16	368	600		954	4321	7532

Einfügen von 86 (Kollision):

Adresse	0	1	2	3	4	5	6	7	8	9	10
Inhalt	2222	1111	1234	256	16	368	600	86	954	4321	7532

c) Quadratische Kollisionsauflösung:

Kollisionsfrei eingefügt wurden 1234, 4321, 256, 2222, 16:

Adresse	0	1	2	3	4	5	6	7	8	9	10
Inhalt	2222		1234	256	16					4321	

Einfügen von 1111 (Kollision; muss verschoben werden auf $h(K)+1$) und 954 (keine Kollision):

Adresse	0	1	2	3	4	5	6	7	8	9	10
Inhalt	2222	1111	1234	256	16				954	4321	

Einfügen von 7532 (Kollision; muss verschoben werden auf $h(K)+9$) und 368 (keine Kollision):

Adresse	0	1	2	3	4	5	6	7	8	9	10
Inhalt	2222	1111	1234	256	16	368	7532		954	4321	

Einfügen von 600 (Kollision; muss verschoben werden auf $h(K)+1$):

Adresse	0	1	2	3	4	5	6	7	8	9	10
Inhalt	2222	1111	1234	256	16	368	7532	600	954	4321	

Einfügen von 86 (Kollision; muss verschoben werden auf $h(K)+1$):

Adresse	0	1	2	3	4	5	6	7	8	9	10
Inhalt	2222	1111	1234	256	16	368	7532	600	954	4321	86

d) Doppeltes Hashen mit $h'(K) = 1 + (K \bmod 9)$:

Kollisionsfrei eingefügt wurden 1234, 4321, 256, 2222, 16:

Adresse	0	1	2	3	4	5	6	7	8	9	10
Inhalt	2222		1234	256	16					4321	

Einfügen von 1111 (Kollision): $h'(1111) = 5$; nächster Wert $h(1111) + h'(1111) = 5$ ist frei.
Außerdem einfügen von 954 (keine Kollision):

Adresse	0	1	2	3	4	5	6	7	8	9	10
Inhalt	2222		1234	256	16	1111			954	4321	

Einfügen von 7532 (Kollision): $h'(7532) = 9$;
nächster Wert $h(7532) + h'(7532) \bmod 11 = 17 \bmod 11 = 6$ ist frei:

Adresse	0	1	2	3	4	5	6	7	8	9	10
Inhalt	2222		1234	256	16	1111	7532		954	4321	

Einfügen von 368 (Kollision): $h'(368) = 9$;
nächster Wert $h(368) + h'(368) \bmod 11 = 5 + 9 = 14 \bmod 11 = 3$: ebenfalls Kollision.

nächster Wert $h(368) + 2h'(368) \bmod 11 = 5 + 18 = 23 \bmod 11 = 1$ ist frei:

Adresse	0	1	2	3	4	5	6	7	8	9	10
Inhalt	2222	368	1234	256	16	1111	7532		954	4321	

Einfügen von 600 (Kollision): $h'(600) = 7$;
nächster Wert $h(600) + h'(600) \bmod 11 = 6 + 7 = 13 \bmod 11 = 2$: ebenfalls Kollision.
nächster Wert $h(600) + 2h'(600) \bmod 11 = 6 + 14 = 20 \bmod 11 = 9$: ebenfalls Kollision.
nächster Wert $h(600) + 3h'(600) \bmod 11 = 6 + 21 = 27 \bmod 11 = 5$: ebenfalls Kollision.
nächster Wert $h(600) + 4h'(600) \bmod 11 = 6 + 28 = 34 \bmod 11 = 1$: ebenfalls Kollision.
nächster Wert $h(600) + 5h'(600) \bmod 11 = 6 + 35 = 41 \bmod 11 = 8$: ebenfalls Kollision.
nächster Wert $h(600) + 6h'(600) \bmod 11 = 6 + 42 = 48 \bmod 11 = 4$: ebenfalls Kollision.
nächster Wert $h(600) + 7h'(600) \bmod 11 = 6 + 49 = 55 \bmod 11 = 0$: ebenfalls Kollision.
nächster Wert $h(600) + 8h'(600) \bmod 11 = 6 + 56 = 62 \bmod 11 = 7$ ist frei:

Adresse	0	1	2	3	4	5	6	7	8	9	10
Inhalt	2222	368	1234	256	16	1111	7532	600	954	4321	

Einfügen von 86 (Kollision): $h'(86) = 6$;
nächster Wert $h(86) + h'(86) \bmod 11 = 9 + 6 = 15 \bmod 11 = 4$: ebenfalls Kollision.
nächster Wert $h(86) + 2h'(86) \bmod 11 = 9 + 12 = 21 \bmod 11 = 10$ ist frei:

Adresse	0	1	2	3	4	5	6	7	8	9	10
Inhalt	2222	368	1234	256	16	1111	7532	600	954	4321	86

9.4 Gegeben: 4, 8, 16, 20, 24, 32, 40, 44. Hash-Funktion $h(K) = K \bmod 8$.
Die Wahl der Hash-Funktion ist ungünstig, weil kein einziger Wert teilerfremd zum Modul 8 ist. Das Resultat sind viele Kollisionen, der verfügbare Speicher wird nicht komplett abgedeckt. Dies sieht man bereits, wenn man die Hashwerte mit $h(K) = K \bmod 8$ berechnet:

K	4	8	16	20	24	32	40	44
$h(K)$	4	0	0	4	0	0	0	4

Es werden offenbar nur zwei unterschiedliche Adressen benutzt und man erhält viele Kollisionen. Die Tabelle nach dem Hashing sieht wie folgt aus:

Adresse	0	1	2	3	4	5	6	7
Inhalt	8				4			
	16				20			
	24				44			
	32							
	40							

Im Grunde hat man zwei verkettete lineare Listen erzeugt, was alle Vorteile des Hashing zunichte macht.

Teilerfremd wäre beispielsweise der Modul 9 (und 9 Speicheradressen).
Die Hashwerte mit $h(K) = K \bmod 9$ lauten:

K	4	8	16	20	24	32	40	44
$h(K)$	4	8	7	2	6	5	4	8

Die Tabelle nach dem Hashing sieht wie folgt aus:

Adresse	0	1	2	3	4	5	6	7	8
Inhalt			20		4	32	24	16	8
					40				44

Es ist günstig, für m (und damit für die Anzahl der Speicheradressen) eine Primzahl zu verwenden, da dann K und m niemals gemeinsame Teiler haben. Die nächste Primzahl nach 8 ist die 11. Die Hashwerte mit $h(K) = K \bmod 11$ lauten:

K	4	8	16	20	24	32	40	44
$h(K)$	4	8	5	9	2	10	7	0

Die Tabelle nach dem Hashing sieht wie folgt aus:

Adresse	0	1	2	3	4	5	6	7	8	9	10
Inhalt	44		24		4	16		40	8	20	32

9.5 Der Belegungsfaktor μ bezeichnet das Verhältnis $\mu = \frac{n}{m}$ der Datenanzahl n zur Anzahl m der Speicheradressen.

Ob der Belegungsfaktor größer als 1 werden kann, hängt vom Verfahren ab, das zur Kollisionsauflösung verwendet wird. Bei Methoden, die als Speicher ausschließlich einen einzelnen Eintrag bereitstellen (statisch) und bei Kollisionen einen freien suchen (lineare/quadratische Kollisionsauflösung, doppeltes Hashen), kann μ niemals größer als 1 werden.

Werden jedoch verkettete lineare Listen verwendet, kann beliebig viel Speicher dynamisch bereit gestellt werden, und der Belegungsfaktor kann grundsätzlich beliebig wachsen.

9.6 Belegungsfaktor größer als $0{,}8 \Rightarrow$ es sind schon mindestens $\lceil 47 \cdot 0{,}8 \rceil = 38$ belegt.

Es ist günstig, für m (und damit für die Anzahl der Speicheradressen) eine Primzahl zu verwenden, da dann K und m niemals gemeinsame Teiler haben, was zur Folge hat, dass weniger Kollisionen auftreten, weil der gesamte mögliche Zahlenbereich von 0 bis $m-1$ tatsächlich abgedeckt wird.

Für einen Belegungsfaktor kleiner $0{,}5$ werden mindestens $38 \cdot 2 = 76$ Speicheradressen benötigt. Die nächste Primzahl ist 79. Die neue Hash-Funktion ist dann $h(K) = K \bmod 79$.

9.7 Für die einzufügenden Zeichenketten ergibt sich als Hashwert mit $h(K) = K \bmod 13$:

Tier	HUND	KATZE	MAUS	HASE	MARDER	KAMEL	WALLER	WAL	UHU	ESEL	MAULTIER
K	157	140	142	137	142	140	152	152	157	152	142
$h(K)$	1	10	12	7	12	10	9	9	1	9	12

a) Verkettete lineare Listen:

Adresse	Inhalt		
0			
1	HUND	UHU	
2			
3			
4			
5			
6			
7	HASE		
8			
9	WALLER	WAL	ESEL
10	KATZE	KAMEL	
11			
12	MAUS	MAULTIER	

b) Lineare Kollisionsauflösung:

Kollisionsfrei eingefügt: HUND, KATZE, MAUS, HASE

Adresse	Inhalt
0	
1	HUND
2	
3	
4	
5	
6	
7	HASE
8	
9	
10	KATZE
11	
12	MAUS

Einfügen von MARDER (Kollision):

Adresse	Inhalt
0	MARDER
1	HUND
2	
3	
4	
5	
6	
7	HASE
8	
9	
10	KATZE
11	
12	MAUS

Einfügen von KAMEL (Kollision) und WALLER (keine Kollision):

Adresse	Inhalt
0	MARDER
1	HUND
2	
3	
4	
5	
6	
7	HASE
8	
9	WALLER
10	KATZE
11	KAMEL
12	MAUS

Einfügen von WAL (Kollision):

Adresse	Inhalt
0	MARDER
1	HUND
2	WAL
3	
4	
5	
6	
7	HASE
8	
9	WALLER
10	KATZE
11	KAMEL
12	MAUS

Einfügen von UHU (Kollision):

Adresse	Inhalt
0	MARDER
1	HUND
2	WAL
3	UHU
4	
5	
6	
7	HASE
8	
9	WALLER
10	KATZE
11	KAMEL
12	MAUS

Einfügen von ESEL (Kollision):

Adresse	Inhalt
0	MARDER
1	HUND
2	WAL
3	UHU
4	ESEL
5	
6	
7	HASE
8	
9	WALLER
10	KATZE
11	KAMEL
12	MAUS

Einfügen von MAULTIER (Kollision):

Adresse	Inhalt
0	MARDER
1	HUND
2	WAL
3	UHU
4	ESEL
5	MAULTIER
6	
7	HASE
8	
9	WALLER
10	KATZE
11	KAMEL
12	MAUS

c) Quadratische Kollisionsauflösung:

Kollisionsfrei eingefügt wurden HUND, KATZE, MAUS, HASE:

Adresse	Inhalt
0	
1	HUND
2	
3	
4	
5	
6	
7	HASE
8	
9	
10	KATZE
11	
12	MAUS

Einfügen von MARDER (Kollision → $h(K)+1$):

Adresse	Inhalt
0	MARDER
1	HUND
2	
3	
4	
5	
6	
7	HASE
8	
9	
10	KATZE
11	
12	MAUS

Einfügen von KAMEL (Kollision → $h(K)+1$) und WALLER (keine Kollision):

Adresse	Inhalt
0	MARDER
1	HUND
2	
3	
4	
5	
6	
7	HASE
8	
9	WALLER
10	KATZE
11	KAMEL
12	MAUS

Einfügen von WAL (Kollision → $h(K)+9$):

Adresse	Inhalt
0	MARDER
1	HUND
2	
3	
4	
5	WAL
6	
7	HASE
8	
9	WALLER
10	KATZE
11	KAMEL
12	MAUS

Einfügen von UHU (Kollision → $h(K)+16$):

Adresse	Inhalt
0	MARDER
1	HUND
2	
3	
4	UHU
5	WAL
6	
7	HASE
8	
9	WALLER
10	KATZE
11	KAMEL
12	MAUS

Einfügen von ESEL (Kollision → $h(K)+32$):

Adresse	Inhalt
0	MARDER
1	HUND
2	ESEL
3	
4	UHU
5	WAL
6	
7	HASE
8	
9	WALLER
10	KATZE
11	KAMEL
12	MAUS

Einfügen von MAULTIER (Kollision → $h(K)+4$):

Adresse	Inhalt
0	MARDER
1	HUND
2	ESEL
3	MAULTIER
4	UHU
5	WAL
6	
7	HASE
8	
9	WALLER
10	KATZE
11	KAMEL
12	MAUS

d) Doppeltes Hashen mit $h'(K) = 1 + (K \bmod 11)$:

Kollisionsfrei eingefügt wurden HUND, KATZE, MAUS, HASE:

Adresse	Inhalt
0	
1	HUND
2	
3	
4	
5	
6	
7	HASE
8	
9	
10	KATZE
11	
12	MAUS

Einfügen von MARDER (Kollision): $h'(142) = 10$; $h(142) + h'(142) = 22 \bmod 13 = 9$ ist frei.

Adresse	Inhalt
0	
1	HUND
2	
3	
4	
5	
6	
7	HASE
8	
9	MARDER
10	KATZE
11	
12	MAUS

Einfügen von KAMEL (Kollision): $h'(140) = 8$; $h(140) + h'(140) = 18 \bmod 13 = 5$ ist frei.

Adresse	Inhalt
0	
1	HUND
2	
3	
4	
5	KAMEL
6	
7	HASE
8	
9	MARDER
10	KATZE
11	
12	MAUS

Einfügen von WALLER (Kollision): $h'(152) = 9$;
$h(152) + h'(152) = 18 \bmod 13 = 5$: Kollision.
$h(152) + 2h'(152) = 27 \bmod 13 = 1$: Kollision.
$h(152) + 3h'(152) = 36 \bmod 13 = 10$: Kollision.
$h(152) + 4h'(152) = 45 \bmod 13 = 6$ ist frei.

Adresse	Inhalt
0	
1	HUND
2	
3	
4	
5	KAMEL
6	WALLER
7	HASE
8	
9	MARDER
10	KATZE
11	
12	MAUS

Einfügen von WAL (Kollision): $h'(152) = 9$;
$h(152) + h'(152) = 18 \bmod 13 = 5$: Kollision.
$h(152) + 2h'(152) = 27 \bmod 13 = 1$: Kollision.
$h(152) + 3h'(152) = 36 \bmod 13 = 10$: Kollision.
$h(152) + 4h'(152) = 45 \bmod 13 = 6$: Kollision.
$h(152) + 5h'(152) = 54 \bmod 13 = 2$: Kollision.
$h(152) + 6h'(152) = 63 \bmod 13 = 11$ ist frei.

Adresse	Inhalt
0	
1	HUND
2	
3	
4	
5	KAMEL
6	WALLER
7	HASE
8	
9	MARDER
10	KATZE
11	WAL
12	MAUS

Einfügen von UHU (Kollision): $h'(157) = 3$;
$h(157) + h'(157) = 4$ ist frei.

Adresse	Inhalt
0	
1	HUND
2	
3	
4	UHU
5	KAMEL
6	WALLER
7	HASE
8	
9	MARDER
10	KATZE
11	WAL
12	MAUS

Einfügen von ESEL (Kollision): $h'(152) = 9$;
$h(152) + h'(152) = 18 \bmod 13 = 5$: Kollision.
$h(152) + 2h'(152) = 27 \bmod 13 = 1$: Kollision.
$h(152) + 3h'(152) = 36 \bmod 13 = 10$: Kollision.
$h(152) + 4h'(152) = 45 \bmod 13 = 6$: Kollision.
$h(152) + 5h'(152) = 54 \bmod 13 = 2$: Kollision.
$h(152) + 6h'(152) = 63 \bmod 13 = 11$: Kollision.
$h(152) + 7h'(152) = 72 \bmod 13 = 7$: Kollision.
$h(152) + 8h'(152) = 81 \bmod 13 = 3$ ist frei.

Adresse	Inhalt
0	
1	HUND
2	
3	ESEL
4	UHU
5	KAMEL
6	WALLER
7	HASE
8	
9	MARDER
10	KATZE
11	WAL
12	MAUS

Einfügen von MAULTIER (Kollision): $h'(142) = 10$;
$h(142) + h'(142) = 22 \bmod 13 = 9$: Kollision.
$h(142) + 2h'(142) = 32 \bmod 13 = 6$: Kollision.
$h(142) + 3h'(142) = 42 \bmod 13 = 3$: Kollision.
$h(142) + 4h'(142) = 52 \bmod 13 = 0$ ist frei.

Adresse	Inhalt
0	MAULTIER
1	HUND
2	
3	ESEL
4	UHU
5	KAMEL
6	WALLER
7	HASE
8	
9	MARDER
10	KATZE
11	WAL
12	MAUS

9.8 Sortieren durch direktes Einfügen (Insertion Sort): Im Folgenden werden die Einzelschritte gezeigt. Die senkrechten Striche in den Zeilen der Tabelle geben die Position der Trennung zwischen (noch unsortierter) Quellen- und (bereits sortierter) Zielsequenz an. Es wird jeweils das erste Element der Quellensequenz an der richtigen Stelle in die Zielsequenz eingefügt, die hinteren Elemente werden nach rechts verschoben.

a)

56	|10	15	98	99	12	30	80
10	56	|15	98	99	12	30	80
10	15	56	|98	99	12	30	80
10	15	56	98	|99	12	30	80
10	15	56	98	99	|12	30	80
10	12	15	56	98	99	|30	80
10	12	15	30	56	98	99	|80
10	12	15	30	56	80	98	99

b)

10	|20	30	40	50	60	70	80
10	20	|30	40	50	60	70	80
10	20	30	|40	50	60	70	80
10	20	30	40	|50	60	70	80
10	20	30	40	50	|60	70	80
10	20	30	40	50	60	|70	80
10	20	30	40	50	60	70	|80
10	20	30	40	50	60	70	80

c)

80	|70	60	50	40	30	20	10
70	80	|60	50	40	30	20	10
60	70	80	|50	40	30	20	10
50	60	70	80	|40	30	20	10
40	50	60	70	80	|30	20	10
30	40	50	60	70	80	|20	10
20	30	40	50	60	70	80	|10
10	20	30	40	50	60	70	80

d)

87	|90	94	11	10	40	88	22	50	70	42	73
87	90	|94	11	10	40	88	22	50	70	42	73
87	90	94	|11	10	40	88	22	50	70	42	73
11	87	90	94	|10	40	88	22	50	70	42	73
10	11	87	90	94	|40	88	22	50	70	42	73
10	11	40	87	90	94	|88	22	50	70	42	73
10	11	40	87	88	90	94	|22	50	70	42	73
10	11	22	40	87	88	90	94	|50	70	42	73
10	11	22	40	50	87	88	90	94	|70	42	73
10	11	22	40	50	70	87	88	90	94	|42	73
10	11	22	40	42	50	70	87	88	90	94	|73
10	11	22	40	42	50	70	73	87	88	90	94

9.9 Sortieren durch direktes Auswählen (Selection Sort): Im Folgenden werden die Einzelschritte gezeigt. Die senkrechten Striche in den Zeilen der Tabelle geben die Position der Trennung zwischen der Quellensequenz auf der rechten und der Zielsequenz auf der linken Seite an. Es wird jeweils das kleinste Element der Quellensequenz ausgewählt (fett gedruckt) und mit dem ersten Element der Quellensequenz vertauscht.

a)

|56	**10**	15	98	99	12	30	80
10	|56	15	98	99	**12**	30	80
10	12	|**15**	98	99	56	30	80
10	12	15	|98	99	56	**30**	80
10	12	15	30	|99	**56**	98	80
10	12	15	30	56	|99	98	**80**
10	12	15	30	56	80	|**98**	99
10	12	15	30	56	80	98	99

b)

|**10**	20	30	40	50	60	70	80
10	|**20**	30	40	50	60	70	80
10	20	|**30**	40	50	60	70	80
10	20	30	|**40**	50	60	70	80
10	20	30	40	|**50**	60	70	80
10	20	30	40	50	|**60**	70	80
10	20	30	40	50	60	|**70**	80
10	20	30	40	50	60	70	80

c)

|80	70	60	50	40	30	20	**10**
10	|70	60	50	40	30	**20**	80
10	20	|60	50	40	**30**	70	80
10	20	30	|50	**40**	60	70	80
10	20	30	40	|**50**	60	70	80
10	20	30	40	50	|**60**	70	80
10	20	30	40	50	60	|**70**	80
10	20	30	40	50	60	70	80

d)

|87	90	94	11	**10**	40	88	22	50	70	42	73
10	|90	94	**11**	87	40	88	22	50	70	42	73
10	11	|94	90	87	40	88	**22**	50	70	42	73
10	11	22	|90	87	**40**	88	94	50	70	42	73
10	11	22	40	|87	90	88	94	50	70	**42**	73
10	11	22	40	42	|90	88	94	**50**	70	87	73
10	11	22	40	42	50	|88	94	90	**70**	87	73
10	11	22	40	42	50	70	|94	90	88	87	**73**
10	11	22	40	42	50	70	73	|90	88	**87**	94
10	11	22	40	42	50	70	73	87	|**88**	90	94
10	11	22	40	42	50	70	73	87	88	|**90**	94
10	11	22	40	42	50	70	73	87	88	90	94

9.10 Sortieren durch Bubblesort: Im Folgenden werden die Einzelschritte gezeigt. Die senkrechten Striche in den Zeilen der Tabelle geben die Position der Trennung zwischen der Quellensequenz auf der rechten und der Zielsequenz auf der linken Seite an. Das Feld wird jeweils von rechts nach links durchlaufen und benachbarte Elemente werden vertauscht, wenn sie in der falschen Reihenfolge stehen.

a)

|56	10	15	98	99	12	30	80
10	|56	12	15	98	99	30	80
10	12	|56	15	30	98	99	80
10	12	15	|56	30	80	98	99
10	12	15	30	|56	80	98	99
10	12	15	30	56	|80	98	99
10	12	15	30	56	80	|98	99
10	12	15	30	56	80	98	99

Zur Erläuterung hier die Einzelvertauschungen, mit denen man von der ersten auf die zweite Zeile kommt:

56	10	15	98	99	12	30	80
56	10	15	98	12	99	30	80
56	10	15	12	98	99	30	80
56	10	12	15	98	99	30	80
10	56	12	15	98	99	30	80

Und die Einzelvertauschungen, mit denen man von der zweiten auf die dritte Zeile kommt:

10	56	12	15	98	99	30	80
10	56	12	15	98	30	99	80
10	56	12	15	30	98	99	80
10	12	56	15	30	98	99	80

b)

|10	20	30	40	50	60	70	80
10	|20	30	40	50	60	70	80
10	20	|30	40	50	60	70	80
10	20	30	|40	50	60	70	80
10	20	30	40	|50	60	70	80
10	20	30	40	50	|60	70	80
10	20	30	40	50	60	|70	80
10	20	30	40	50	60	70	80

c)

|80	70	60	50	40	30	20	10
10	|80	70	60	50	40	30	20
10	20	|80	70	60	50	40	30
10	20	30	|80	70	60	50	40
10	20	30	40	|80	70	60	50
10	20	30	40	50	|80	70	60
10	20	30	40	50	60	|80	70
10	20	30	40	50	60	70	80

d)
```
 |87   90   94   11   10   40   88   22   50   70   42   73
  10  |87   90   94   11   22   40   88   42   50   70   73
  10   11  |87   90   94   22   40   42   88   50   70   73
  10   11   22  |87   90   94   40   42   50   88   70   73
  10   11   22   40  |87   90   94   42   50   70   88   73
  10   11   22   40   42  |87   90   94   50   70   73   88
  10   11   22   40   42   50  |87   90   94   70   73   88
  10   11   22   40   42   50   70  |87   90   94   73   88
  10   11   22   40   42   50   70   73  |87   90   94   88
  10   11   22   40   42   50   70   73   87  |88   90   94
  10   11   22   40   42   50   70   73   87   88  |90   94
  10   11   22   40   42   50   70   73   87   88   90   94
```

9.11 Sortieren durch Shakersort: Im Folgenden werden die Einzelschritte gezeigt. Die senkrechten Striche in den Zeilen der Tabelle geben die Position der Trennung zwischen der Quellensequenz in der Mitte und der Zielsequenz auf der rechten und linken Seite an. Das Feld wird abwechselnd von links nach rechts bzw. von rechts nach links durchlaufen und benachbarte Elemente werden vertauscht, wenn sie in der falschen Reihenfolge stehen. Die Durchläufe werden begrenzt durch eine Untergrenze (links) und eine Obergrenze (rechts), die sich immer weiter zuziehen. Das Verfahren endet, wenn keine Vertauschungen mehr auftreten.

a)
```
 |56    10    15    98    99    12    30    80|
 |10    15    56    98    12    30    80    |99
  10   |12    15    56    98    30    80    |99
  10   |12    15    56    30    80   |98     99
  10    12   |15    30    56    80   |98     99
```

Zur Erläuterung hier die Einzelvertauschungen, mit denen man von der ersten auf die zweite Zeile kommt (Durchlauf von links nach rechts):

```
56    10    15    98    99    12    30    80
10    15    56    98    99    12    30    80
10    15    56    98    12    99    30    80
10    15    56    98    12    30    99    80
10    15    56    98    12    30    80    99
```

Und die Einzelvertauschungen, mit denen man von der zweiten auf die dritte Zeile kommt (Durchlauf von rechts nach links):

```
10    15    56    98    12    30    80    99
10    15    56    12    98    30    80    99
10    15    12    56    98    30    80    99
10    12    15    56    98    30    80    99
```

b)
```
 |10 20        30      40      50      60      70      80|
 |10 20        30      40      50      60      70      |80
```

c)

|80	70	60	50	40	30	20	10|
|70	60	50	40	30	20	10	|80
10	|70	60	50	40	30	20	|80
10	|60	50	40	30	20	|70	80
10	20	|60	50	40	30	|70	80
10	20	|50	40	30	|60	70	80
10	20	30	|50	40	|60	70	80
10	20	30	40	50	60	70	80

d)

|87	90	94	11	10	40	88	22	50	70	42	73|
|87	90	11	10	40	88	22	50	70	42	73	|94
10	|87	90	11	22	88	40	42	70	50	73	|94
10	|87	11	22	88	40	42	70	50	73	|90	94
10	11	|87	22	40	88	42	50	70	73	|90	94
10	11	|22	40	87	42	50	70	73	|88	90	94
10	11	22	|40	42	87	50	70	73	|88	90	94
10	11	22	|40	42	50	70	73	|87	88	90	94

9.12 Sortieren durch Shellsort: Es werden Teilfolgen des Arrays (Abstand mit Schrittweite h_i) mit Hilfe des Sortierens durch direktes Einfügen (Insertion Sort) mit abnehmenden Schrittweiten sortiert. Die Einzelschritte des Insertion Sort sind nicht dargestellt.

a) $n = 8, h_1 = 7/2 = 4, h_2 = 4/2 = 2, h_3 = 2/2 = 1$:

$h_1 = 4$ 56   10   15   98   99   12   30   80
Die Teilfolgen $\{56, 99\}, \{10, 12\}, \{15, 30\}, \{98, 80\}$ werden sortiert.
$h_2 = 2$ 56   10   15   80   99   12   30   98
Die Teilfolgen $\{56, 15, 99, 30\}, \{10, 80, 12, 98\}$ werden sortiert.
$h_3 = 1$ 15   10   30   12   56   80   99   98
Das ganze Array wird sortiert.
10   12   15   30   56   80   98   99

b) $n = 8, h_1 = 7/2 = 4, h_2 = 4/2 = 2, h_3 = 2/2 = 1$:

$h_1 = 4$ 10   20   30   40   50   60   70   80
Die Teilfolgen $\{10, 50\}, \{20, 60\}, \{30, 70\}, \{40, 80\}$ werden sortiert.
$h_2 = 2$ 10   20   30   40   50   60   70   80
Die Teilfolgen $\{10, 30, 50, 70\}, \{20, 40, 60, 80\}$ werden sortiert.
$h_3 = 1$ 10   20   30   40   50   60   70   80
Das ganze Array wird sortiert.
10   20   30   40   50   60   70   80

c) $n = 8, h_1 = 7/2 = 4, h_2 = 4/2 = 2, h_3 = 2/2 = 1$:

$h_1 = 4$ 80   70   60   50   40   30   20   10
Die Teilfolgen $\{80, 40\}, \{70, 30\}, \{60, 20\}, \{50, 10\}$ werden sortiert.
$h_2 = 2$ 40   30   20   10   80   70   60   50
Die Teilfolgen $\{40, 20, 80, 60\}, \{30, 10, 70, 50\}$ werden sortiert.
$h_3 = 1$ 20   10   40   30   60   50   80   70
Das ganze Array wird sortiert.
10   20   30   40   50   60   70   80

d) $n = 12, h_1 = 12/2 = 6, h_2 = 6/2 = 3, h_3 = 3/2 = 1$:

$h_1 = 6$	87	90	94	11	10	40	88	22	50	70	42	73

Die Teilfolgen $\{87, 88\}$, $\{90, 22\}$, $\{94, 50\}$, $\{11, 70\}$, $\{10, 42\}$, $\{40, 73\}$ werden sortiert.

$h_2 = 3$	87	22	50	11	10	40	88	90	94	70	42	73

Die Teilfolgen $\{87, 11, 88, 70\}$, $\{22, 10, 90, 42\}$, $\{50, 40, 94, 73\}$ werden sortiert.

$h_3 = 1$	11	10	40	70	22	50	87	42	73	88	90	94

Das ganze Array wird sortiert.

	10	11	22	40	42	50	70	73	87	88	90	94

9.13 Sortieren durch Quicksort: Die bei der Partitionierung der einzelnen Teile des Arrays gewählten Pivotelemente sind fett gedruckt. Als Pivotelement wird der Eintrag in der Mitte des Arrays gewählt. Zu beachten ist, dass die Teilung der Partitionen nicht immer an der Stelle passiert, an der das Pivotelement am Ende steht (auch wenn dies in vielen Fällen so sein wird), sondern dort, wo sich die beiden Indizes i, j kreuzen (i geht von links nach rechts, j von rechts nach links, Wertebereich von 0 bis $n-1$).

Die dargestellten Bäume zeigen den Ablauf der rekursiven Aufrufe des Quicksort-Algorithmus (Parameter: Array a, Untergrenze, Obergrenze); a hat n Elemente. Die auf diese Weise entstandenen Blätter des Baums sind von links nach rechts gelesen in der korrekten Reihenfolge sortiert.

a) $n = 8$, Pivotelement an Position $8/2 = 4$. Partitionierung:

56	10	15	98	**99**	12	30	80
56	10	15	98	80	12	30	**99**

Es entsteht nur eine neue Partition mit $n = 7$, Pivotelement an Position $7/2 = 3$. Partitionierung:

56	10	15	**98**	80	12	30
56	10	15	30	80	12	**98**

Es entsteht nur eine neue Partition mit $n = 6$, Pivotelement an Position $6/2 = 3$. Partitionierung:

56	10	15	**30**	80	12
12	10	15	**30**	80	56

Es entstehen zwei neue Partitionen.

$n = 3$, Pivotelement an Position $3/2 = 1$. Partitionierung:

12	**10**	15
10	12	15

$n = 2$, Pivotelement an Position $2/2 = 1$. Partitionierung:

80	**56**
56	80

$n = 2$, Pivotelement an Position $2/2 = 1$. Partitionierung:

12	**15**

Der Aufrufbaum ist in Abb. 3.3 dargestellt.

b) $n = 8$, Pivotelement an Position $8/2 = 4$. Partitionierung:

10	20	30	40	**50**	60	70	80

Wie man sieht, ändert sich durch die Partitionierung nichts. Es entstehen zwei neue Partitionen, die jeweils auch bereits sortiert sind. Dies setzt sich bis zum Ende fort. Der Aufrufbaum ist in Abb. 3.4 (links) dargestellt.

Abb. 3.3 Aufrufbaum für Quicksort zu Aufgabe 9.13a)

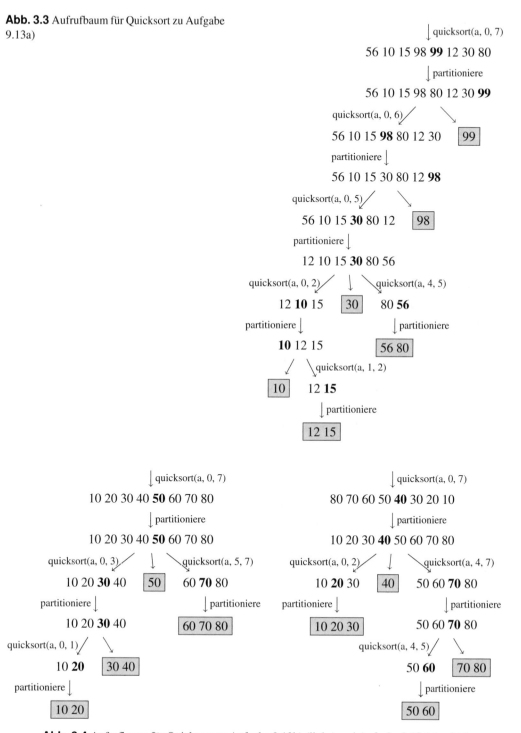

Abb. 3.4 Aufrufbaum für Quicksort zu Aufgabe 9.13b) (links) und Aufgabe 9.13c) (rechts)

c) $n = 8$, Pivotelement an Position $8/2 = 4$. Partitionierung:

80	70	60	50	**40**	30	20	10
10	70	60	50	**40**	30	20	80
10	20	60	50	**40**	30	70	80
10	20	30	50	**40**	60	70	80
10	20	30	**40**	50	60	70	80

Es entstehen zwei neue Partitionen, die jeweils bereits sortiert sind. Damit ändert sich in den nachfolgenden Partitionierungen nichts mehr. Der Aufrufbaum ist in Abb. 3.4 (rechts) dargestellt.

d) $n = 12$, Pivotelement an Position $12/2 = 6$. Partitionierung:

87	90	94	11	10	40	**88**	22	50	70	42	73
87	73	94	11	10	40	**88**	22	50	70	42	90
87	73	42	11	10	40	**88**	22	50	70	94	90
87	73	42	11	10	40	70	22	50	**88**	94	90

Rechte Partition: $n = 2$, Pivotelement an Position $2/2 = 1$. Partitionierung:

94	**90**
90	94

Linke Partition: $n = 9$, Pivotelement an Position $9/2 = 4$. Partitionierung:

87	73	42	11	**10**	40	70	22	50
10	73	42	11	87	40	70	22	50

Es entsteht nur eine neue Partition: $n = 8$, Pivotelement an Position $8/2 = 4$. Partitionierung:

73	42	11	87	**40**	70	22	50
22	42	11	87	**40**	70	73	50
22	**40**	11	87	42	70	73	50

Die Teilung erfolgt hier zwischen 11 und 87. Wenn man, wie im Aufrufbaum in Abb. 3.5 gezeigt, das Pivotelement nicht mit weiter in der Sortierung berücksichtigen möchte, dann muss es noch mit dem Element an der Teilungsstelle vertauscht werden:

22	11	**40**	87	42	70	73	50

Rechte Partition: $n = 2$, Pivotelement an Position $2/2 = 1$. Partitionierung:

22	**11**
11	22

Linke Partition: $n = 5$, Pivotelement an Position $5/2 = 2$. Partitionierung:

87	42	**70**	73	50
50	42	**70**	73	87

Es entstehen wieder zwei Partitionen mit jeweils nur zwei Elementen (die weitere Partitionierung wird hier nicht mehr gezeigt).

Abb. 3.5 Aufrufbaum für Quicksort zu Aufgabe 9.13d)

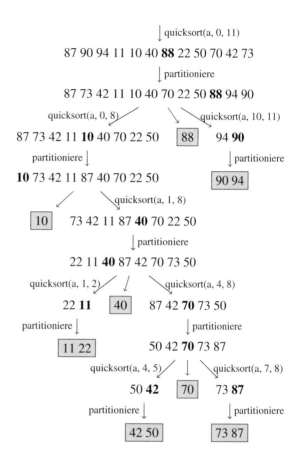

9.14 Sortieren durch Mergesort (direktes 2-Phasen-3-Band-Mischen): Neben dem Band *a*, das die zu sortierenden Daten enthält, werden zwei Hilfsbänder *b* und *c* benötigt. Bereits geordnete Teilsequenzen sind durch senkrechte Striche kenntlich gemacht. *p* ist die Länge bereits geordneter Teilsequenzen.

In der Verteilphase werden zunächst von *a* abwechselnd *p* Elemente nach *b* und *c* kopiert.

In der Mischphase werden abwechselnd die jeweils nächsten Komponenten von *b* und *c* gelesen und geordnet nach *a* geschrieben. Wurden entweder von *a* oder von *b* bereits sämtliche *p* Elemente einer schon geordneten Teilsequenz verarbeitet, so werden die restlichen Elemente der jeweils anderen Teilsequenz nach *a* übertragen. So wird mit allen Teilsequenzen verfahren.

Dies wird mit verdoppelten *p* so lange wiederholt, bis *p* über der Länge der Gesamtsequenz liegt.

a)
```
a, p = 1   56  |10   |15   |98   |99   |12   |30   |80
b          56        15        99        30
c               10        98        12        80
a, p = 2   10   56  |15   98  |12   99  |30   80
b          10   56            12   99
c                    15   98            30   80
a, p = 4   10   15   56   98  |12   30   80   99
b          10   15   56   98
c                              12   30   80   99
a, p = 8   10   12   15   30   56   80   98   99
```

b)
```
a, p = 1   10  |20   |30   |40   |50   |60   |70   |80
b          10        30        50        70
c               20        40        60        80
a, p = 2   10   20  |30   40  |50   60  |70   80
b          10   20            50   60
c                    30   40            70   80
a, p = 4   10   20   30   40  |50   60   70   80
b          10   20   30   40
c                              50   60   70   80
a, p = 8   10   20   30   40   50   60   70   80
```

c)
```
a, p = 1   80  |70   |60   |50   |40   |30   |20   |10
b          80        60        40        20
c               70        50        30        10
a, p = 2   70   80  |50   60  |30   40  |10   20
b          70   80            30   40
c                    50   60            10   20
a, p = 4   50   60   70   80  |10   20   30   40
b          50   60   70   80
c                              10   20   30   40
a, p = 8   10   20   30   40   50   60   70   80
```

d)
```
a, p = 1   87 |90 |94 |11 |10 |40 |88 |22 |50 |70 |42 |73
b          87     94     10     88     50     42
c             90     11     40     22     70     73
a, p = 2   87 90 |11 94 |10 40 |22 88 |50 70 |42 73
b          87 90     10 40     50 70
c                11 94     22 88     42 73
a, p = 4   11 87 90 94 |10 22 40 88 |42 50 70 73
b          11 87 90 94
c                       10 22 40 88          42 50 70 73
a, p = 8   10 11 22 40 87 88 90 94 |42 50 70 73
b          10 11 22 40 87 88 90 94
c                                  42 50 70 73
a, p = 16  10 11 22 40 42 50 70 73 87 88 90 94
```

9.15 Sortieren durch Mergesort (natürliches Mischen/Natural Merge): Neben dem Band a, das die zu sortierenden Daten enthält, werden zwei Hilfsbänder b und c benötigt. Bereits geordnete Teilsequenzen sind durch senkrechte Striche kenntlich gemacht. Auf die Hilfsbänder b und c werden jeweils geordnete Teilsequenzen kopiert.

a)
```
a   56   |10   15   98   99   |12   30   80
b   56                          12   30   80
c        10   15   98   99
a   10   15   56   98   99   |12   30   80
b   10   15   56   98   99
c                            12   30   80
a   10   12   15   30   56   80   98   99
```

b)
```
a   10   20   30   40   50   60   70   80   |
b   10   20   30   40   50   60   70   80
c
a   10   20   30   40   50   60   70   80
```

c)
```
a   80   |70   |60   |50   |40   |30   |20   |10
b   80         60         40         20
c        70         50         30         10
a   70   80   |50   60   |30   40   |10   20
b   70   80             30   40
c             50   60             10   20
a   50   60   70   80   |10   20   30   40
b   50   60   70   80
c                       10   20   30   40
a   10   20   30   40   50   60   70   80
```

d)
```
a   87   90   94   |11   |10   40   88   |22   50   70   |42   73
b   87   90   94          10   40   88              42   73
c                   11              22   50   70
a   11   87   90   94   |10   22   40   50   70   88   |42   73
b   11   87   90   94                             42   73
c                       10   22   40   50   70   88
a   10   11   22   40   50   70   87   88   90   94   |42   73
b   10   11   22   40   50   70   87   88   90   94
c                                             42   73
a   10   11   22   40   42   50   70   73   87   88   90   94
```

3.10 Bäume und Graphen

Dieser Abschnitt enthält die Lösungen zu Abschnitt 2.10 *Bäume und Graphen*, Seite 32.

3.10.1 Binärbäume und Vielwegbäume

10.1   Knotenreihenfolge der Ausgabe beim Durchsuchen des Baums:

a)   Hauptreihenfolge (Preorder): 5, 3, 2, 4, 8, 7, 6, 9, 1

b)   Symmetrische Reihenfolge (Inorder): 2, 3, 4, 5, 6, 7, 8, 1, 9

c)   Nebenreihenfolge (Postorder): 2, 4, 3, 6, 7, 1, 9, 8, 5

10.2   Einfügen und Löschen in einem binären Suchbaum. Änderungen sind jeweils grau markiert.

a)   Einfügen von: 8, 3, 12, 10, 11, 1, 5, 2, 4, 6, 9, 7

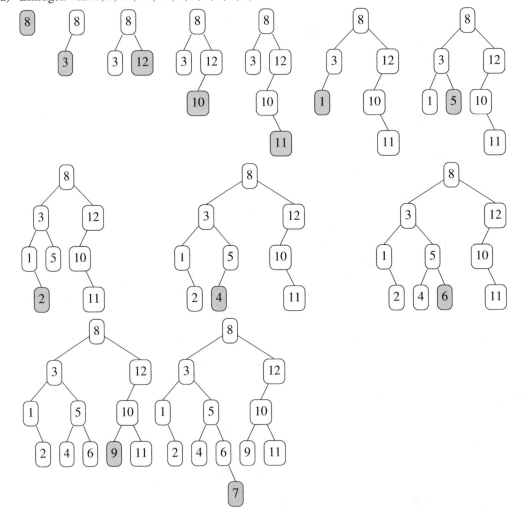

b) Variante 1: Löschen von 6, 10, 8, innere Knoten durch symmetrische Vorgänger ersetzen:

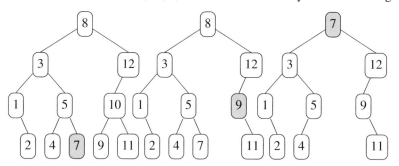

Variante 2: Löschen von 6, 10, 8, innere Knoten durch symmetrische Nachfolger ersetzen:

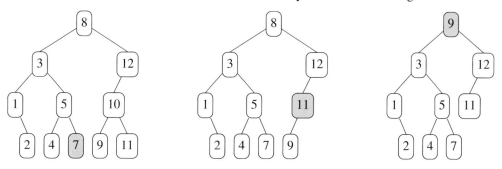

10.3 Einfügen und Löschen in einem binären Suchbaum. Änderungen sind jeweils grau markiert.

a) Einfügen von: 1, 2, 3, 4, 5, 6, 7, 8

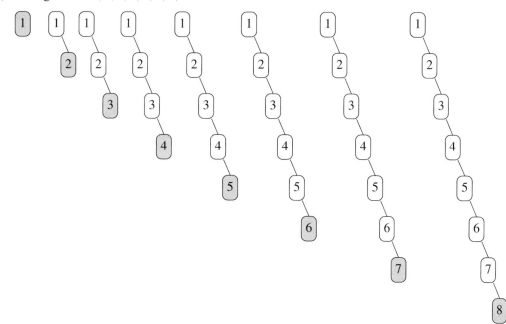

b) Löschen von 4, 1, 7:

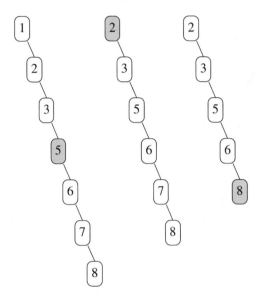

10.4 Einfügen und Löschen in einem AVL-Baum. Änderungen sind jeweils grau markiert.

Bei einer Änderung werden die Knoten von der Einfügestelle aus Richtung Wurzel geprüft. Die Balance-Operationen werden wie folgt verwendet: Eine Einfachrotation erfolgt, wenn der innere Teilbaum des betroffenen Nachfolgeknotens nicht höher ist als der äußere (L-Rotation, wenn der Baum rechtslastig/$b = +2$ ist, R-Rotation, wenn er linkslastig/$b = -2$ ist). Eine Doppelrotation erfolgt, wenn der innere Teilbaum höher ist als der äußere (RL-Rotation, wenn der Baum rechtslastig/$b = +2$ ist, LR-Rotation, wenn er linkslastig/$b = -2$ ist). Der innere Teilbaum ist derjenige, der entgegengesetzt zur Richtung des betroffenen Knotens geht (die Kanten sind jeweils fett gedruckt).

Doppelrotationen sind in zwei separaten Schritten dargestellt und beschriftet mit z. B. LR/L (= LR-Rotation, L-Teil).

a) Einfügen von: 8, 3, 12, 10, 11, 1, 5, 2, 4, 6, 9, 7

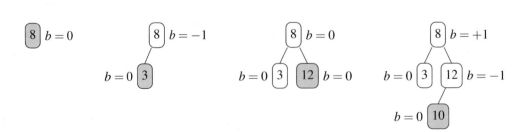

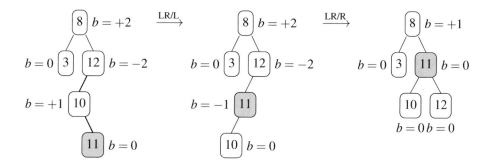

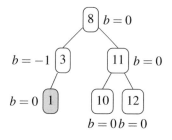

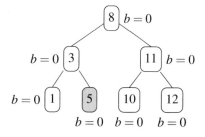

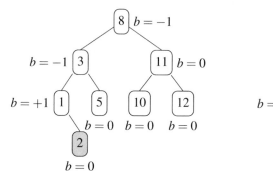

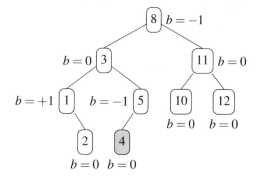

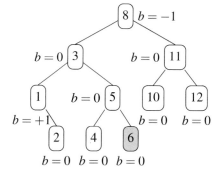

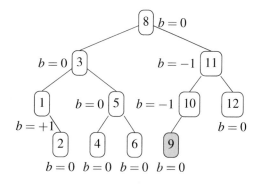

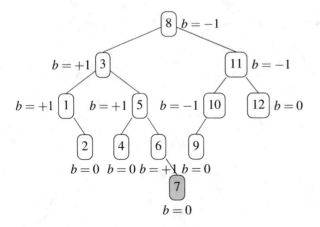

b) Löschen von 2:

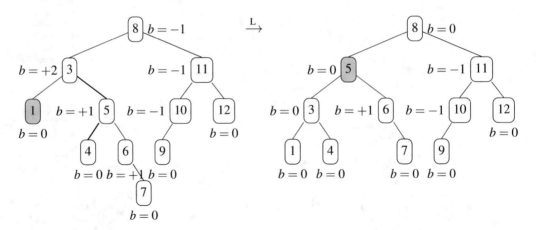

Löschen von 8; Variante 1: Ersetze Knoten durch symmetrischen Vorgänger

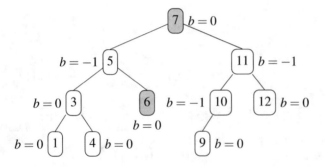

Löschen von 6; Variante 1: Ersetze Knoten durch symmetrischen Vorgänger

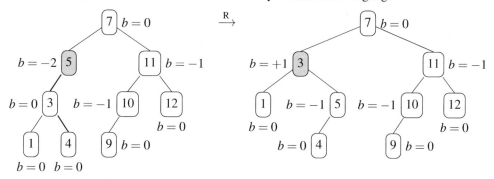

Löschen von 8; Variante 2: Ersetze Knoten durch symmetrischen Nachfolger

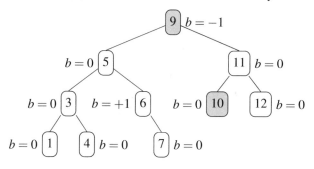

Löschen von 6; Variante 2: Ersetze Knoten durch symmetrischen Nachfolger

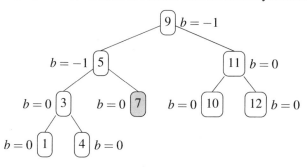

10.5 Einfügen und Löschen in einem AVL-Baum. Änderungen sind jeweils grau markiert.

a) Einfügen von: 1, 2, 3, 4, 5, 6, 7, 8

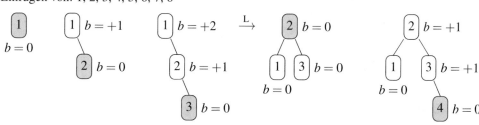

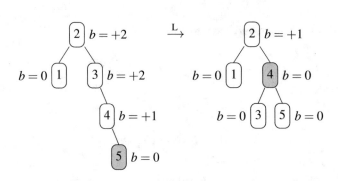

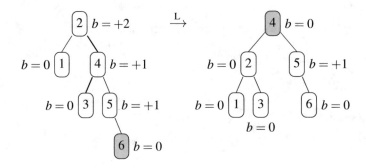

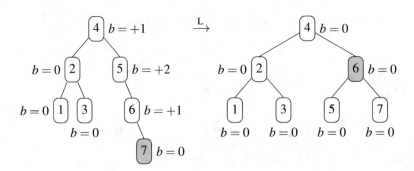

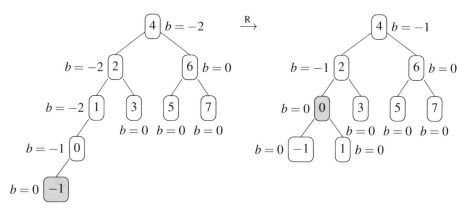

b) Löschen von −1:

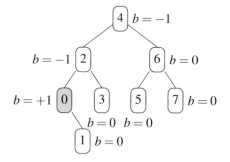

Löschen von 4; Variante 1: Ersetze Knoten durch symmetrischen Vorgänger

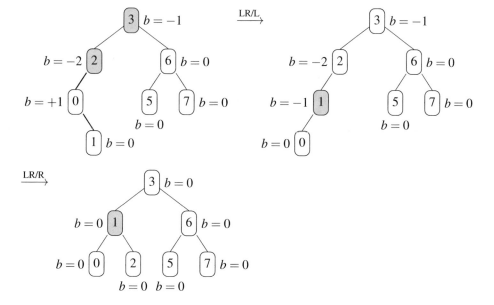

Löschen von 6; Variante 1: Ersetze Knoten durch symmetrischen Vorgänger

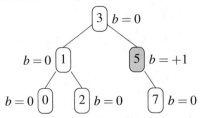

Löschen von 4; Variante 2: Ersetze Knoten durch symmetrischen Nachfolger

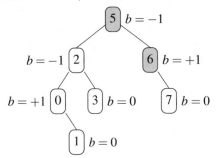

Löschen von 6; Variante 2: Ersetze Knoten durch symmetrischen Nachfolger

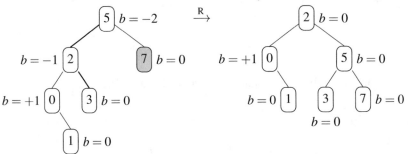

10.6 Aufbau eines MAX-Heap und Heapsort. Änderungen sind jeweils grau markiert.

Ein Heap ist ein (soweit möglich) vollständiger Binärbaum (d. h. ein vollständig balancierter Baum) mit einem gegenüber dem binären Suchbaum abgeschwächten Ordnungskriterium: Es wird nur verlangt, dass für jeden Knoten des Heap gilt, dass sein Schlüssel größer (oder gleich) als die Schlüssel aller nachfolgenden Knoten ist (MAX-Heap).

Alternativ kann man als Ordnungskriterium verwenden, dass für jeden Knoten des Heap gilt, dass sein Schlüssel kleiner (oder gleich) ist als die Schlüssel aller nachfolgenden Knoten (MIN-Heap).

a) Einfügen von: 8, 3, 12, 10, 11, 1, 5, 2, 4, 6, 9, 7

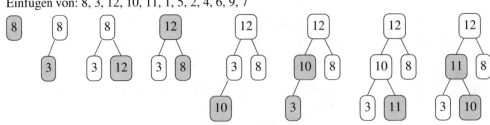

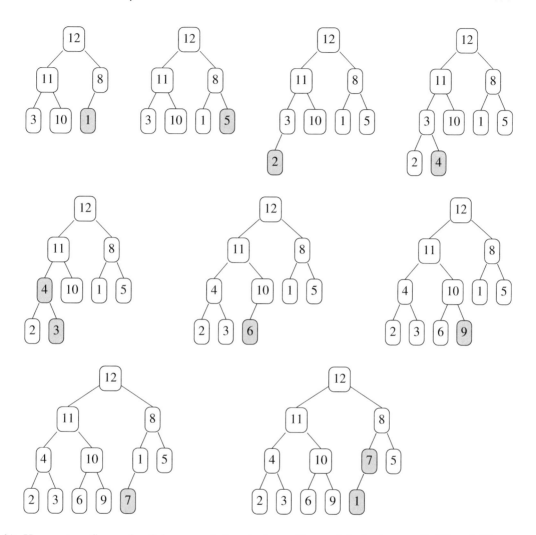

b) Heapsort, aufbauend auf dem gerade konstruierten Baum: Lösche immer die Wurzel (diese enthält das größte Element) und füge diese am Ende des Zielarrays ein.

Array: 12

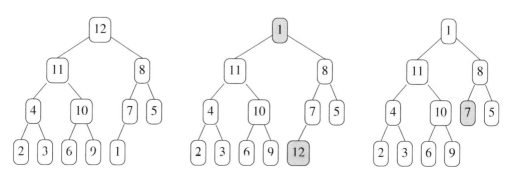

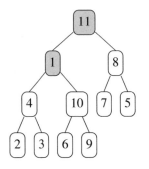 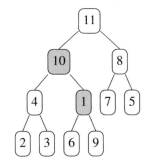 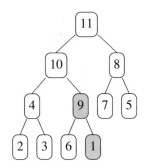

Array: 11, 12

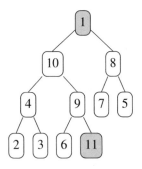 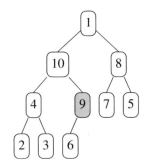 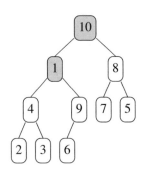

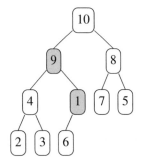 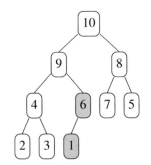

Array: 10, 11, 12

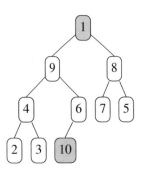 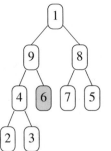 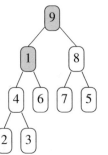 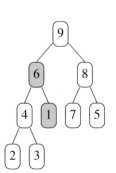

Array: 9, 10, 11, 12

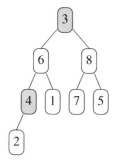 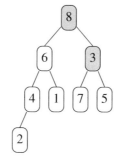 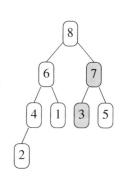

Array: 8, 9, 10, 11, 12

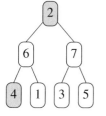 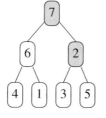 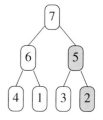

Array: 7, 8, 9, 10, 11, 12

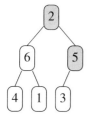 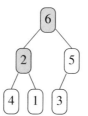 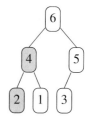

Array: 6, 7, 8, 9, 10, 11, 12

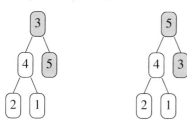

Array: 5, 6, 7, 8, 9, 10, 11, 12

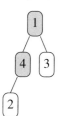 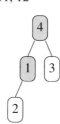 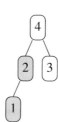

Array: 4, 5, 6, 7, 8, 9, 10, 11, 12

Array: 3, 4, 5, 6, 7, 8, 9, 10, 11, 12

Array: 2, 3, 4, 5, 6, 7, 8, 9, 10, 11, 12

Array: 1, 2, 3, 4, 5, 6, 7, 8, 9, 10, 11, 12

10.7 Aufbau eines MAX-Heap und Heapsort. Änderungen sind jeweils grau markiert.

a) Einfügen von: 1, 2, 3, 4, 5, 6, 7, 8

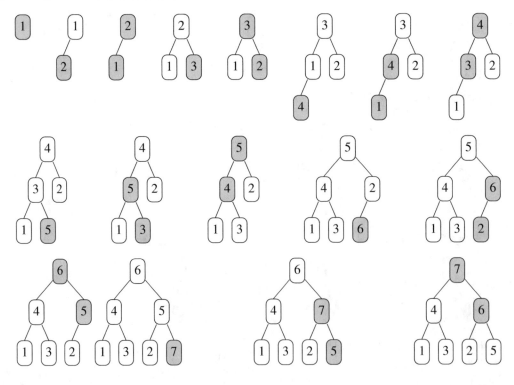

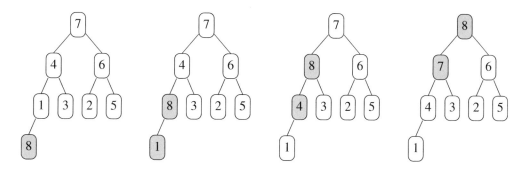

b) Heapsort, aufbauend auf dem gerade konstruierten Baum: Lösche immer die Wurzel (diese enthält das größte Element) und füge diese am Ende des Zielarrays ein.

Array: 8

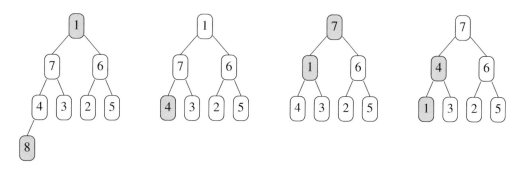

Array: 7, 8

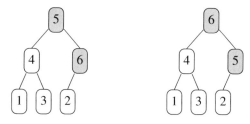

Array: 6, 7, 8

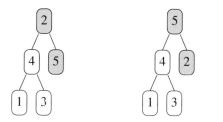

Array: 5, 6, 7, 8

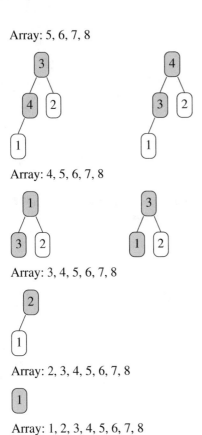

Array: 4, 5, 6, 7, 8

Array: 3, 4, 5, 6, 7, 8

Array: 2, 3, 4, 5, 6, 7, 8

Array: 1, 2, 3, 4, 5, 6, 7, 8

10.8 Aufbau eines MIN-Heap und Heapsort. Änderungen sind jeweils grau markiert.
Für jeden Knoten des Heap gilt, dass sein Schlüssel kleiner (oder gleich) ist als die Schlüssel aller nachfolgenden Knoten.

a) Einfügen von: 8, 3, 12, 10, 11, 1, 5, 2, 4, 6, 9, 7

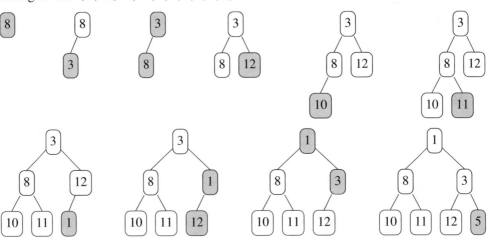

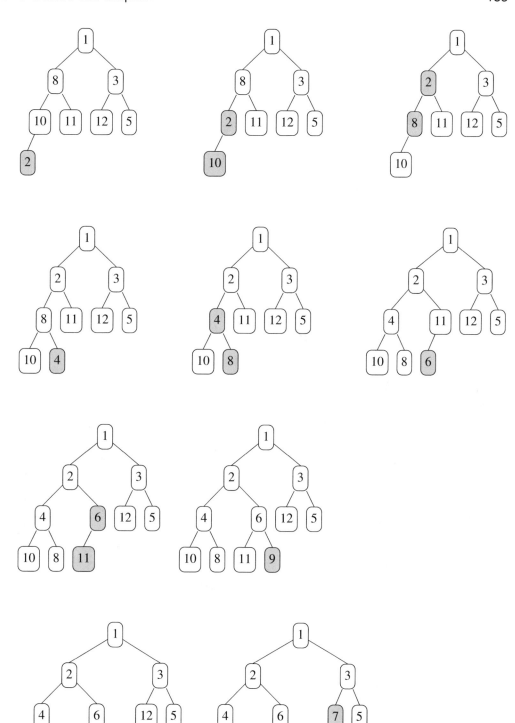

b) Heapsort, aufbauend auf dem gerade konstruierten Baum: Lösche immer die Wurzel (diese
   enthält das kleinste Element) und füge diese am Anfang des Zielarrays ein.

Array: 1

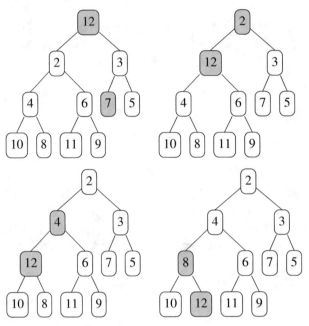

Array: 1, 2

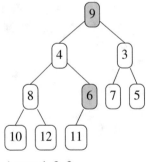
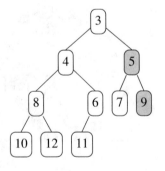

Array: 1, 2, 3

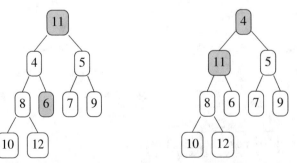
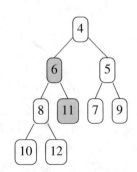

Array: 1, 2, 3, 4

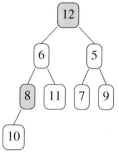 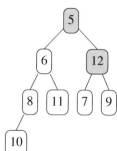 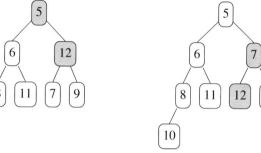

Array: 1, 2, 3, 4, 5

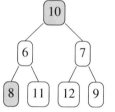 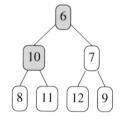 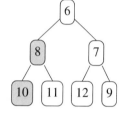

Array: 1, 2, 3, 4, 5, 6

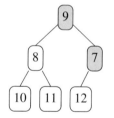 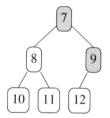

Array: 1, 2, 3, 4, 5, 6, 7

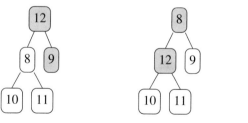

Array: 1, 2, 3, 4, 5, 6, 7, 8

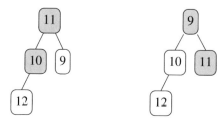

Array: 1, 2, 3, 4, 5, 6, 7, 8, 9

Array: 1, 2, 3, 4, 5, 6, 7, 8, 9, 10

Array: 1, 2, 3, 4, 5, 6, 7, 8, 9, 10, 11

Array: 1, 2, 3, 4, 5, 6, 7, 8, 9, 10, 11, 12

10.9 Aufbau eines MIN-Heap und Heapsort. Änderungen sind jeweils grau markiert.

Für jeden Knoten des Heap gilt, dass sein Schlüssel kleiner (oder gleich) ist als die Schlüssel aller nachfolgenden Knoten.

a) Einfügen von: 1, 2, 3, 4, 5, 6, 7, 8

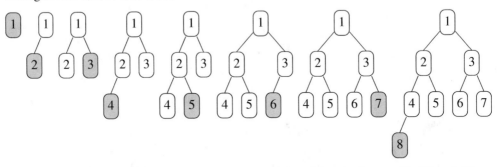

b) Heapsort, aufbauend auf dem gerade konstruierten Baum: Lösche immer die Wurzel (diese enthält das kleinste Element) und füge diese am Anfang des Zielarrays ein.

Array: 1

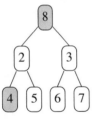

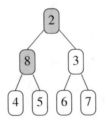

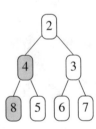

Array: 1, 2

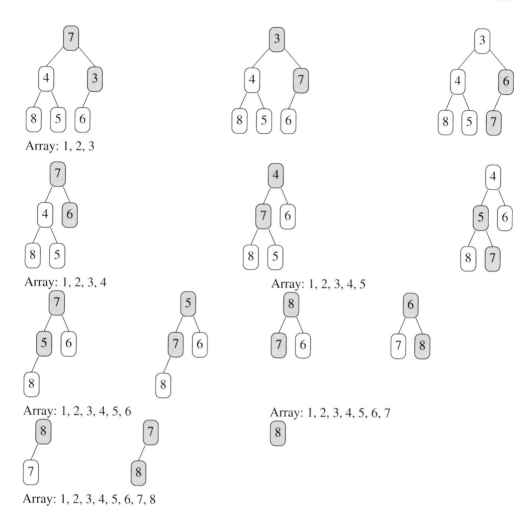

Array: 1, 2, 3

Array: 1, 2, 3, 4   Array: 1, 2, 3, 4, 5

Array: 1, 2, 3, 4, 5, 6   Array: 1, 2, 3, 4, 5, 6, 7

Array: 1, 2, 3, 4, 5, 6, 7, 8

10.10 Einfügen und Löschen in einem B-Baum:

a) Einfügen von: 8, 3, 12, 10, 11, 1, 5, 2, 4, 6, 9, 7.

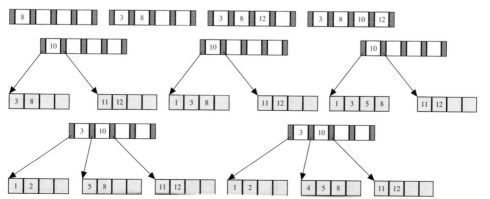

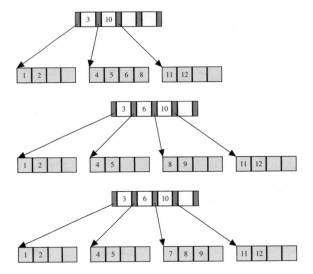

b) Gelöscht werden nun die Elemente 6, 10, 8 in dieser Reihenfolge. Befindet sich ein Element
   nicht in einem Blatt, muss es mit dem symmetrischen Vorgänger oder Nachfolger vertauscht
   und dann gelöscht werden. Im Folgenden sind beide Varianten in Einzelschritten gezeigt.

Variante 1: Vertausche mit symmetrischem Vorgänger

Löschen von 6:

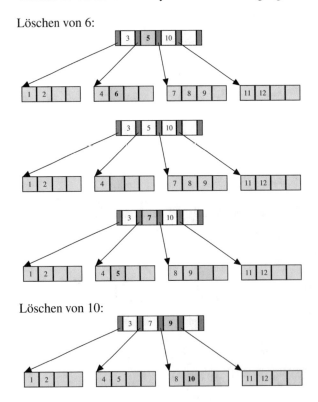

Löschen von 10:

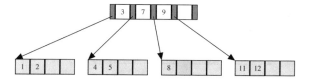

Zusammenlegen mit dem rechten Blatt liefert die Folge (8, 9, 11, 12), d. h. nur 4 Elemente. Es ist keine Teilung erforderlich:

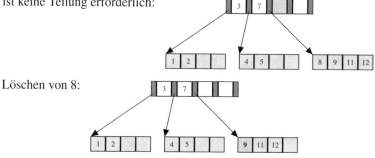

Variante 2: Vertausche mit symmetrischem Nachfolger

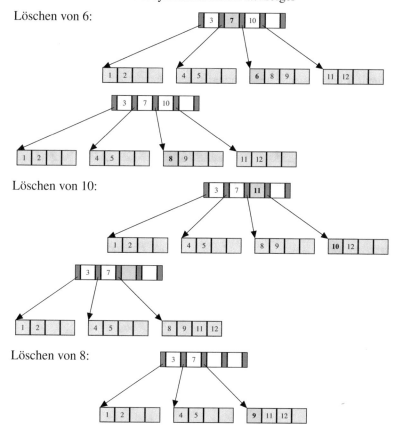

10.11 Einfügen und Löschen in einem B-Baum:

a) Einfügen von: 1, 2, 3, 4, 5, 6, 7, 8.

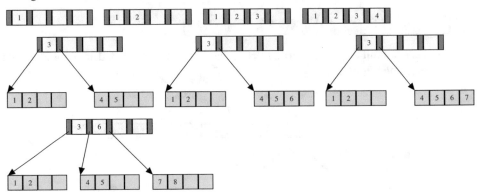

b) Löschen von 4, 3, 2 in dieser Reihenfolge.

Löschen von 4:

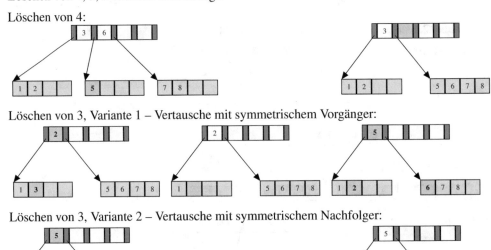

Löschen von 3, Variante 1 – Vertausche mit symmetrischem Vorgänger:

Löschen von 3, Variante 2 – Vertausche mit symmetrischem Nachfolger:

Löschen von 2:

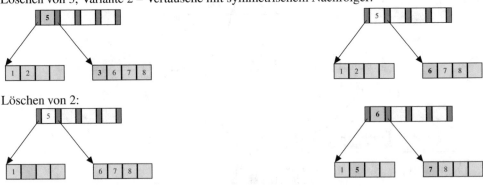

3.10.2 Graphen und Graphsuche

10.12 Eine Person informiert zwei andere, diese wiederum je zwei neue, usw.
Es entsteht ein Binärbaum der Tiefe 4:

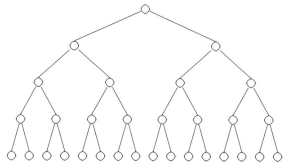

Der Baum hat auf den Niveaus 0, 1, 2, 3, 4 jeweils $2^0, 2^1, 2^2, 2^3, 2^4$ Knoten, insgesamt $2^5 - 1 = 31$
Knoten. Da jeder Baum mit n Knoten $n - 1$ Kanten besitzt, hat der Graph demnach 30 Kanten.

10.13 In einem vollständigen Graphen ist jeder Knoten mit jedem anderen direkt durch eine Kante
verbunden. Der Grad jedes Knotens ist damit $n - 1$. Der Graph hat $\binom{n}{2} = \frac{n!}{2!(n-2)!} = \frac{n(n-1)}{2}$ Kanten.

10.14 Graph, definiert durch die Knotenmenge V und die Kantenmenge E:

$$V = \{a, b, c, d, e, f, g\}, \qquad E = \{\{a, b\}, \{b, c\}, \{a, c\}, \{a, e\}, \{f, g\}\}$$

a) Diagramm:

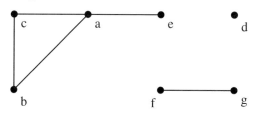

b) Der Graph hat drei Zusammenhangskomponenten, bestehend aus den Knoten $\{a, b, c, e\}$, $\{f, g\}$
und $\{d\}$.

c) Es gibt einen trennenden Knoten: a. Wird dieser entfernt, zerfällt der Graph in mehr als drei
Zusammenhangskomponenten.

d) Knotengrade: a – 3, b/c – 2, d – 0, e/f/g – 1.

e) Es gibt einen Zyklus: (a, b, c).

10.15 Gegeben sei der folgende gerichtete Graph:

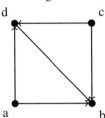

Adjazenzmatrix und Potenzen:

$$A = \begin{pmatrix} 0\ 1\ 0\ 1 \\ 0\ 0\ 0\ 0 \\ 0\ 1\ 0\ 1 \\ 0\ 1\ 0\ 0 \end{pmatrix}, \qquad A^2 = \begin{pmatrix} 0\ 1\ 0\ 0 \\ 0\ 0\ 0\ 0 \\ 0\ 1\ 0\ 0 \\ 0\ 0\ 0\ 0 \end{pmatrix}, \qquad A^3 = A^4 = 0 \quad .$$

Die Knoten wurden in alphabetischer Reihenfolge in die Zeilen und Spalten der Matrix eingetragen. Dies ist im Grunde willkürlich, auch andere Reihenfolgen sind zulässig. Es ergibt sich dann eine Matrix, in der die Zeilen bzw. Spalten vertauscht sind.

Die von Null verschiedenen Einträge in A^2 erlauben die Aussage, dass es einen Weg der Länge zwei von a nach b gibt; außerdem einen Weg der Länge zwei von c nach b. Da bereits A^3 die Nullmatrix ist, gibt es keine Wege der Länge drei oder größer. Und damit auch keine Zyklen.

Die Erreichbarkeitsmatrix ergibt sich aus:

$$E = A + A^2 + A^3 + A^4 = \begin{pmatrix} 0\ 2\ 0\ 1 \\ 0\ 0\ 0\ 0 \\ 0\ 2\ 0\ 1 \\ 0\ 1\ 0\ 0 \end{pmatrix}, \quad E_{\text{bin}} = \begin{pmatrix} 0\ 1\ 0\ 1 \\ 0\ 0\ 0\ 0 \\ 0\ 1\ 0\ 1 \\ 0\ 1\ 0\ 0 \end{pmatrix} = A \quad .$$

Es ist nicht sinnvoll, noch höhere Potenzen der Adjazenzmatrix zu betrachten, da sich ab einer Potenz, die der Anzahl Knoten entspricht, entweder ein Zyklus ergibt (es tritt eine Matrix auf, die bereits vorher entstanden war; ab hier wiederholt sich alles) oder die Nullmatrix (der Graph ist azyklisch).

10.16 Gegeben sei der folgende gerichtete Graph:

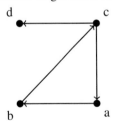

Adjazenzmatrix und Potenzen:

$$A = \begin{pmatrix} 0\ 1\ 0\ 0 \\ 0\ 0\ 1\ 0 \\ 1\ 0\ 0\ 1 \\ 0\ 0\ 0\ 0 \end{pmatrix}, \quad A^2 = \begin{pmatrix} 0\ 0\ 1\ 0 \\ 1\ 0\ 0\ 1 \\ 0\ 1\ 0\ 0 \\ 0\ 0\ 0\ 0 \end{pmatrix}, \quad A^3 = \begin{pmatrix} 1\ 0\ 0\ 1 \\ 0\ 1\ 0\ 0 \\ 0\ 0\ 1\ 0 \\ 0\ 0\ 0\ 0 \end{pmatrix}, \quad A^4 = \begin{pmatrix} 0\ 1\ 0\ 0 \\ 0\ 0\ 1\ 0 \\ 1\ 0\ 0\ 1 \\ 0\ 0\ 0\ 0 \end{pmatrix} = A \quad .$$

Die Knoten wurden in alphabetischer Reihenfolge in die Zeilen und Spalten der Matrix eingetragen.

Aus A^2 kann man ablesen: Es gibt Wege der Länge zwei von a nach c, von b nach a und d, von c nach b. ˙

Aus A^3 kann man ablesen: Es gibt Wege der Länge drei von a/b/c jeweils zu sich selbst (man erkennt hier den Zyklus der Länge 3 durch von Null verschiedene Elemente auf der Hauptdiagonalen). Außerdem von a nach d.

Da mit $A^4 = A$ sich für höhere Potenzen alles wiederholen würde, hat der Graph Zyklen.

Die Erreichbarkeitsmatrix ergibt sich aus:

$$E = A + A^2 + A^3 + A^4 = \begin{pmatrix} 1 & 2 & 1 & 1 \\ 1 & 1 & 2 & 1 \\ 2 & 1 & 1 & 2 \\ 0 & 0 & 0 & 0 \end{pmatrix}, \quad E_{\text{bin}} = \begin{pmatrix} 1 & 1 & 1 & 1 \\ 1 & 1 & 1 & 1 \\ 1 & 1 & 1 & 1 \\ 0 & 0 & 0 & 0 \end{pmatrix}.$$

Von a, b, c aus sind offenbar alle anderen Knoten erreichbar. Von d gibt es keinen Weg zu irgendeinem der anderen Knoten – er ist eine Sackgasse.

10.17 Gegeben sei der Graph:

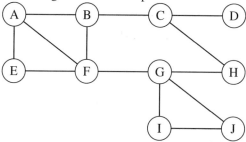

Berechnet werden soll der Weg von A nach D. Für die Stacks gilt rechts = oben, für die Warteschlangen rechts = vorne. Die Indizes in den entstandenen Suchbäumen geben die Reihenfolge an, in der die Knoten expandiert (in die Liste der geschlossenen Knoten aufgenommen) wurden.

a) Tiefensuche, keine Knoten doppelt. Zuerst *rechts*, anschließend im Uhrzeigersinn:

Stack	bearbeitet
A	–
EFB	A
EFC	AB
EFHD	ABC
EFH	ABCD

Suchbaum:

A_1 — E, F, B_2; B_2 — C_3; C_3 — H, D_4

Tiefensuche, doppelte Knoten. Zuerst *rechts*, anschließend im Uhrzeigersinn:

Stack	bearbeitet	Suchbaum:
A	–	
EFB	A	
EFFC	AB	
EFFHD	ABC	
EFFH	ABCD	

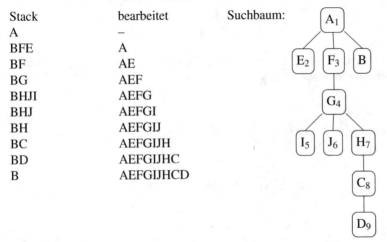

b) Tiefensuche, keine Knoten doppelt. Zuerst *unten*, anschließend gegen den Uhrzeigersinn:

Stack	bearbeitet	Suchbaum:
A	–	
BFE	A	
BF	AE	
BG	AEF	
BHJI	AEFG	
BHJ	AEFGI	
BH	AEFGIJ	
BC	AEFGIJH	
BD	AEFGIJHC	
B	AEFGIJHCD	

Tiefensuche, doppelte Knoten. Zuerst *unten*, anschließend gegen den Uhrzeigersinn:

Stack	bearbeitet	Suchbaum:
A	–	
BFE	A	
BFF	AE	
BFBG	AEF	
BFBHJI	AEFG	
BFBHJJ	AEFGI	
BFBHJ	AEFGIJ	
BFBH	AEFGIJ	
BFBC	AEFGIJH	
BFBBD	AEFGIJHC	
BFBB	AEFGIJHCD	

c) Breitensuche, keine Knoten doppelt. Zuerst *rechts*, anschließend im Uhrzeigersinn:

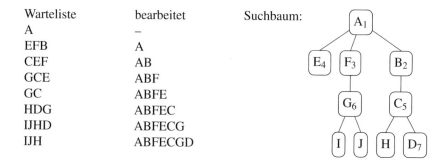

Warteliste	bearbeitet
A	–
EFB	A
CEF	AB
GCE	ABF
GC	ABFE
HDG	ABFEC
IJHD	ABFECG
IJH	ABFECGD

Breitensuche, doppelte Knoten. Zuerst *rechts*, anschließend im Uhrzeigersinn:

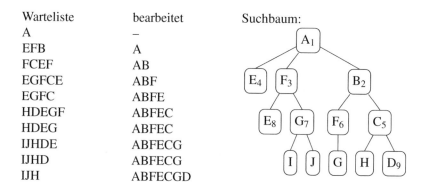

Warteliste	bearbeitet
A	–
EFB	A
FCEF	AB
EGFCE	ABF
EGFC	ABFE
HDEGF	ABFEC
HDEG	ABFEC
IJHDE	ABFECG
IJHD	ABFECG
IJH	ABFECGD

d) Breitensuche, keine Knoten doppelt. Zuerst *unten*, anschließend gegen den Uhrzeigersinn:

Warteliste	bearbeitet
A	–
BFE	A
BF	AE
GB	AEF
CG	AEFB
HJIC	AEFBG
DHJI	AEFBGC
DHJ	AEFBGCI
DH	AEFBGCIJ
D	AEFBGCIJH
–	AEFBGCIJHD

Suchbaum:

(Der Suchbaum zeigt: A_1; darunter E_2, F_3, B_4; unter F_3 der Knoten G_5, unter B_4 der Knoten C_6; unter G_5 die Knoten I_7, J_8, H_9, D_{10}.)

Breitensuche, doppelte Knoten. Zuerst *unten*, anschließend gegen den Uhrzeigersinn:

Warteliste	bearbeitet
A	–
BFE	A
FBF	AE
BGFB	AEF
CBGF	AEFB
CBG	AEFB
HJICB	AEFBG
HJIC	AEFBG
DHHJI	AEFBGC
JDHHJ	AEFBGCI
JDHH	AEFBGCIJ
JDH	AEFBGCIJH
JD	AEFBGCIJH
J	AEFBGCIJHD

Suchbaum:

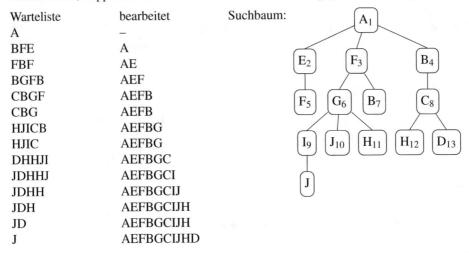

10.18 Kürzester Weg von Berlin nach Konstanz. Für beide Teilaufgaben wird eine Prioritätswarteschlange verwendet. Es wird immer der Knoten mit der kleinsten Bewertung als nächstes expandiert. Der kürzeste Weg ist gefunden, wenn der Zielknoten expandiert wird. Die Bewertungen sind in Klammern hinter den Knoten angegeben; die Indizes geben den Weg an, über den der Knoten erreicht wurde.

In den Tabellen ist der besseren Übersichtlichkeit wegen in der Spalte der bearbeiteten (geschlossenen) Knoten jeweils immer nur der neu hinzugekommene Knoten angegeben. Ebenso wurde darauf verzichtet, Knoten doppelt in die Warteschlange aufzunehmen: Es wird immer nur der Knoten mit der kleinsten Bewertung behalten, die anderen würden sowieso nie expandiert werden. Im Suchbaum sind sie eingezeichnet.

a) Mit uniformer Kosten Suche: Die Bewertung jedes Knotens ergibt sich aus der Summe der Gewichte vom Startknoten aus. Anmerkung: bereits bei der ersten Expansion des Knotens Berlin entstehen zwei Knoten mit gleicher Bewertung. Welcher davon zuerst expandiert wird ist zufällig. Es entsteht aber eine andere Suchreihenfolge.

Prioritätswarteschlange	bearbeitet
B(0)	–
HH(290), L(190), DD(190), MD(160)	B(0)
H_{MD}(310), HH(290), L(190), DD(190)	MD(160)
N_{DD}(500), H_{MD}(310), HH(290), L(190)	DD(190)
S_L(670), F_L(590), N_L(470), H_{MD}(310), HH(290)	L(190)
K_{HH}(720), S_L(670), F_L(590), N_L(470), KI_{HH}(390), H_{MD}(310)	HH(290)
S_L(670), $K_{MD,H}$(600), F_L(590), N_L(470), KI_{HH}(390)	H_{MD}(310)
S_L(670), $K_{MD,H}$(600), F_L(590), N_L(470)	KI_{HH}(390)
S_L(670), $M_{L,N}$(640), $K_{MD,H}$(600), F_L(590)	N_L(470)
$SB_{L,F}$(790), S_L(670), $M_{L,N}$(640), $K_{MD,H}$(600)	F_L(590)
$SB_{L,F}$(790), S_L(670), $M_{L,N}$(640)	$K_{MD,H}$(600)
$KN_{L,N,M}$(870), $SB_{L,F}$(790), S_L(670)	$M_{L,N}$(640)

KN$_{L,S}$(840), SB$_{L,F}$(790)   S$_L$(670)
KN$_{L,S}$(840)   SB$_{L,F}$(790)
–   KN$_{L,S}$(840)

Die kürzeste Route von Berlin nach Konstanz geht folglich über Leipzig und Stuttgart und ist 840 km lang.

Suchbaum:

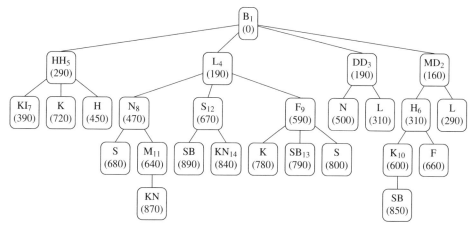

b) Mit A* Suche: Die Bewertung jedes Knotens ergibt sich aus der Summe der Gewichte vom Startknoten aus und der Luftlinie zum Ziel. Die Bewertung ist eine optimistische Schätzung der Länge der gesamten Strecke vom Start zum Ziel, d. h. der tatsächliche Weg ist niemals kürzer. Je näher man dem Ziel kommt, desto besser approximiert die Bewertung die echte Länge.

Prioritätswarteschlange	bearbeitet
B(0 + 619 = 619)	–
HH(290 + 658 = 948), DD(190 + 501 = 691), MD(160 + 527 = 687), L(190 + 470 = 660)	B(619)
HH(948), F$_L$(590 + 277 = 867), S$_L$(670 + 124 = 794), N$_L$(470 + 243 = 713), DD(691), MD(687)	L(660)
HH(948), F$_L$(867), H$_{MD}$(310 + 525 = 835), S$_L$(794), N$_L$(713), DD(691)	MD(687)
HH(948), F$_L$(867), H$_{MD}$(835), S$_L$(794), N$_L$(713)	DD(691)
HH(948), F$_L$(867), H$_{MD}$(835), M$_{L,N}$(640 + 186 = 826), S$_L$(794)	N$_L$(713)
SB$_{L,S}$(890 + 236 = 1126), HH(948), F$_L$(867), KN$_{L,S}$(840 + 0 = 840), H$_{MD}$(835), M$_{L,N}$(826)	S$_L$(794)
SB$_{L,S}$(1126), HH(948), F$_L$(867), KN$_{L,S}$(840), H$_{MD}$(835)	M$_{L,N}$(826)
SB$_{L,S}$(1126), K$_{MD,H}$(600 + 398 = 998), HH(948), F$_L$(867), KN$_{L,S}$(840)	H$_{MD}$(835)
SB$_{L,S}$(1126), K$_{MD,H}$(998), HH(948), F$_L$(867)	KN$_{L,S}$(840)

Die kürzeste Route von Berlin nach Konstanz geht folglich über Leipzig und Stuttgart und ist 840 km lang. Es wurden aber weniger Knoten betrachtet als bei uniformcr Kosten Suche.

Suchbaum:

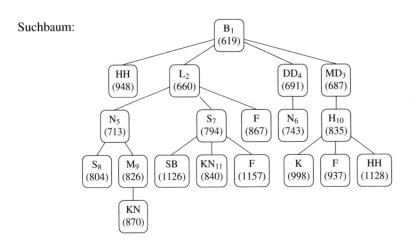

10.19 Graph, der das Labyrinth modelliert:

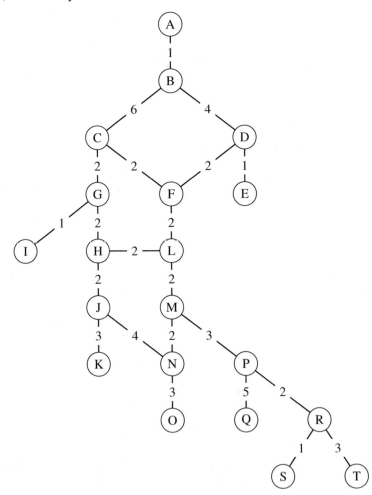

a) Tiefensuche: Gezeigt ist hier der Suchbaum, der sich ergibt, wenn man die Nachfolger von links nach rechts expandiert und keine Knoten doppelt eingetragen werden. Die Gewichte bleiben unberücksichtigt. Ein großer Vorteil der Tiefensuche gegenüber anderen Methoden ist, dass man keine Karte des Labyrinths benötigt, um einen Weg zu finden. Man tastet sich sozusagen an der Wand entlang.

Stack	bearbeitet
A	–
B	A
DC	AB
DFG	ABC
DFHI	ABCG
DFH	ABCGI
DFLJ	ABCGIH
DFLNK	ABCGIHJ
DFLN	ABCGIHJK
DFLMO	ABCGIHJKN
DFLM	ABCGIHJKNO
DFLP	ABCGIHJKNOM
DFLRQ	ABCGIHJKNOMP
DFLR	ABCGIHJKNOMPQ
DFLTS	ABCGIHJKNOMPQR
DFLT	ABCGIHJKNOMPQRS
DFL	ABCGIHJKNOMPQRST

Suchbaum:

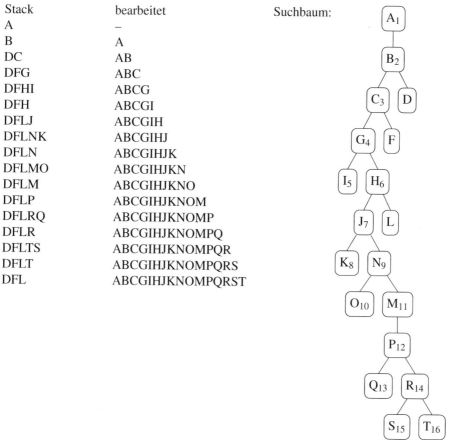

b) Uniforme Kosten Suche: Es ist anzumerken, dass es auf Grund von gleichen Bewertungen auch zu anderen Expansionsreihenfolgen (und einem anderen Suchbaum) kommen kann, als dem hier gezeigten, je nachdem, welcher Knoten vorne in der Warteschlange steht. Im Beispiel mussten sich neuere Knoten bei gleicher Bewertung immer hinten in der Schlange anstellen; sind diese gleichzeitig entstanden, kommen die links im Graphen zuerst.

Prioritätswarteschlange	bearbeitet
A(0)	–
B(1)	A(0)
C(7), D(5)	B(1)
F(7), C(7), E(6)	D(5)
F(7), C(7)	E(6)
F(9), G(9), F(7)	C(7)
L(9), F(9), G(9)	F(7)

H(11), I(10), L(9), F(9)	G(9)
H(11), I(10), L(9)	–
H(11), M(11), H(11), I(10)	L(9)
H(11), M(11), H(11)	I(10)
J(13), H(11), M(11)	H(11)
P(14), N(13), J(13), H(11)	M(11)
P(14), N(13), J(13)	–
N(17), K(16), P(14), N(13)	J(13)
N(17), O(16), K(16), P(14)	N(13)
Q(19), N(17), R(16), O(16), K(16)	P(14)
Q(19), N(17), R(16), O(16)	K(16)
Q(19), N(17), R(16)	O(16)
T(19), Q(19), S(17), N(17)	R(16)
T(19), Q(19), S(17)	–
T(19), Q(19)	S(17)
T(19)	Q(19)
–	T(19)

Die kürzeste Route von A nach T ist demnach 19 Schritte lang.

Suchbaum:

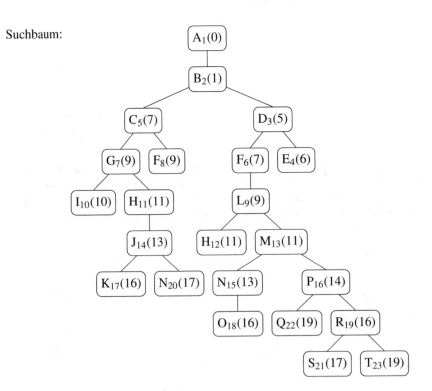

c) A*-Algorithmus mit Manhattan-Abstand.

Prioritätswarteschlange	bearbeitet
A(0 + 9 = 9)	–
B(1 + 8 = 9)	A(9)
C(7 + 12 = 19), D(5 + 8 = 13)	B(9)
C(19), F(7 + 10 = 17), E(6 + 9 = 15)	D(13)
C(19), F(17)	E(15)
C(9 + 12 = 21), C(19), L(9 + 10 = 19)	F(17)
H(11 + 12 = 23), C(21), C(19), M(11 + 8 = 19)	L(19)
N(13 + 10 = 23), H(23), C(21), C(19), P(14 + 5 = 19)	M(19)
Q(19 + 6 = 25), N(23), H(23), C(21), C(19), R(16 + 3 = 19)	P(19)
Q(25), N(23), H(23), Q(17 + 4 = 21), C(21), C(19), T(19 + 0 = 19)	R(19)
Q(25), N(23), H(23), Q(21), C(21), C(19)	T(19)

Die kürzeste Route von A nach T ist demnach 19 Schritte lang.

Suchbaum:

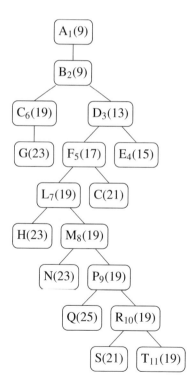

10.20 A* benötigt eine optimistische Heuristik, damit der Algorithmus garantiert den kürzesten Weg findet. Dies bedeutet, dass die Heuristik niemals höhere Restkosten liefert, als tatsächlich vorhanden sind. Sind diagonale Bewegungen zulässig, so gilt dies für den Manhattan-Abstand nicht mehr: A* findet dann nicht mehr notwendigerweise die kürzeste Route.

10.21 A*-Suchbaum für Schiebepuzzle.

Suchbaum:

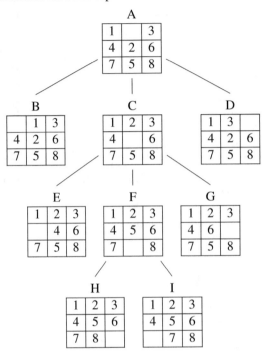

Für die Berechnung der Bewertung sind in der folgenden Tabelle immer zwei Summanden angegeben: Der erste ist die tatsächliche Anzahl Züge vom Start aus gerechnet bis zum aktuellen
Knoten; der zweite die geschätzte Entfernung/Anzahl Züge zur Zielkonfiguration basierend auf der
definierten Heuristik.

Prioritätswarteschlange	bearbeitet
A(0 + 3 = 3)	−
B(1 + 4 = 5), D(1 + 4 = 5), C(1 + 2 = 3)	A(3)
E(2 + 3 = 5), G(2 + 3 = 5), B(5), D(5), F(2 + 1 = 3)	C(3)
I(3 + 2 = 5), E(5), G(5), B(5), D(5), H(3 + 0 = 3)	F(3)
I(3 + 2 = 5), E(5), G(5), B(5), D(5)	H(3)

10.22 Minimaler Spannbaum mit Algorithmus von Kruskal: Das Verfahren startet mit den Knoten
des Graphen (ohne Kanten) und fügt in jedem Schritt die Kante mit dem kleinsten Gewicht hinzu,
wenn sich dadurch kein Kreis ergibt. Dies erfolgt so lange, bis entweder alle Kanten abgearbeitet
sind oder der entstehende Graph $n - 1$ Kanten (bei n Knoten) hat (dann sind alle Knoten verbunden,
es ist ein Baum entstanden).

Im Folgenden ist jeweils der resultierende Spannbaum dargestellt. Die Indizes an den Gewichten
geben an, in welcher Reihenfolge die Kanten in den Baum aufgenommen wurden.

a) Für die Landkarte aus Abb. 2.1: Zuerst werden die Kanten mit den Gewichten 100, 120, 130
    und 150 eingefügt. Es gibt dann zwei Kanten mit dem Gewicht 160. Beide werden eingefügt,
    die Reihenfolge ist beliebig. Ebenso bei den beiden Kanten mit Gewicht 170. Mit Gewicht
    190 existieren drei Kanten. L-B und DD-B würden aber einen Kreis erzeugen, daher werden
    sie nicht eingefügt; K-F dagegen schon. Es folgt die Kante mit Gewicht 200; dann die beiden

mit Gewicht 210 in beliebiger Reihenfolge. SB-S (220), KN-M (230) und K-SB (250) würden
wieder einen Kreis erzeugen. Es wird anschließend die Kante mit Gewicht 280 eingefügt. Damit
ist der Spannbaum fertig:

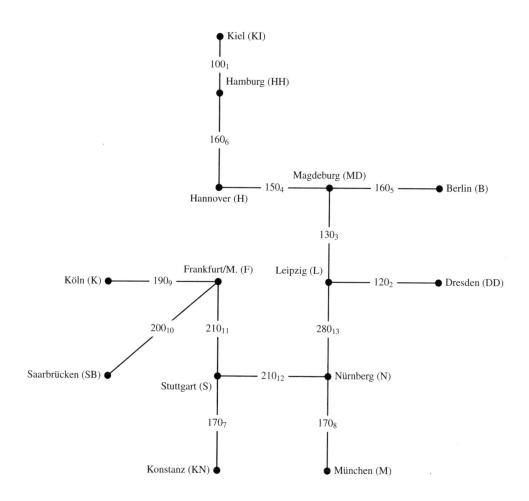

b) Für das Labyrinth aus Aufgabe 10.19: Zuerst werden alle Kanten mit Gewicht eins (vier Stück)
hinzugefügt, in beliebiger Reihenfolge. Bei den Kanten mit Gewicht zwei können Kreise
entstehen; hier wurde die Kante H-L weggelassen. Es gibt diverse andere Möglichkeiten, je nach
Reihenfolge des Hinzufügens entsteht ein anderer, ebenso minimaler, Spannbaum. Dann werden
alle Kanten mit Gewicht drei ausgewählt. Die Kante B-D mit Gewicht vier wird hinzugefügt,
während die Kante J-N einen Kreis erzeugen würde. Nach dem Hinzufügen der einzigen Kante
mit Gewicht fünf ist der Spannbaum komplett:

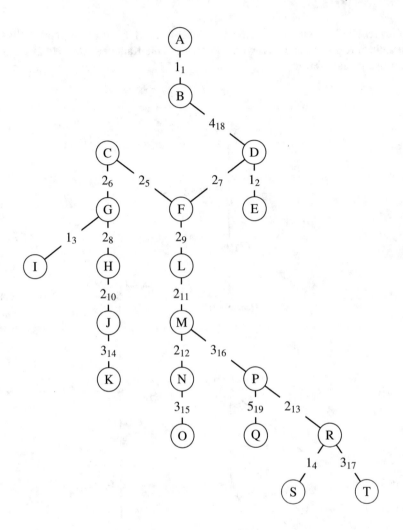

Literatur

[Buc16]   J. Buchmann. *Einführung in die Kryptographie.* Springer Spektrum, 6. Aufl., 2016.

[Ern24]   H. Ernst, J. Schmidt und G. Beneken. *Grundkurs Informatik: Grundlagen und Konzepte für die erfolgreiche IT-Praxis – Eine umfassende, praxisorientierte Einführung.* Springer Vieweg, 8. Aufl., 2024.

[Ert19]   W. Ertel und E. Löhmann. *Angewandte Kryptographie.* Hanser, 6. Aufl., 2019.

[Fri23]   K. Fricke. *Digitaltechnik: Lehr- und Übungsbuch für Elektrotechniker und Informatiker.* Springer Vieweg, 10. Aufl., 2023.

[Güt18]   R. Güting und S. Dieker. *Datenstrukturen und Algorithmen.* Springer Vieweg, 4. Aufl., 2018.

[Hof14]   D. Hoffmann. *Einführung in die Informations- und Codierungstheorie.* Springer Vieweg, 2014.

[Hof22]   D. Hoffmann. *Theoretische Informatik.* Hanser, 5. Aufl., 2022.

[Hof23]   D. Hoffmann. *Grundlagen der Technischen Informatik.* Hanser, 7. Aufl., 2023.

[Hol07]   B. Hollas. *Grundkurs Theoretische Informatik mit Aufgaben und Prüfungsfragen.* Spektrum Akademischer Verlag, 2007.

[Hol15]   B. Hollas. *Grundkurs Theoretische Informatik: Mit Aufgaben und Anwendungen.* Springer Vieweg, 2. Aufl., 2015.

[Hop11]   J. Hopcroft, R. Motwani und J. Ullmann. *Einführung in Automatentheorie, formale Sprachen und Berechenbarkeit.* Pearson Studium, 3. Aufl., 2011.

[Kna18]   S. Knapp. *Übungsbuch Automaten und formale Sprachen: 117 Aufgaben und Lösungen.* Springer Vieweg, 2018.

[Knu97a] D. E. Knuth. *The Art of Computer Programming, Volume 1: Fundamental Algorithms.* Addison-Wesley, 3. Aufl., 1997.

[Knu97b] D. E. Knuth. *The Art of Computer Programming, Volume 2: Seminumerical Algorithms.* Addison-Wesley, 3. Aufl., 1997.

[Knu98]   D. E. Knuth. *The Art of Computer Programming, Volume 3: Sorting and Searching.* Addison-Wesley, 2. Aufl., 1998.

[Kön13a] L. König, F. Pfeiffer-Bohnen und H. Schmeck. *100 Übungsaufgaben zu Grundlagen der Informatik, Band I: Theoretische Informatik.* Oldenbourg Wissenschaftsverlag, 2013.

[Kön13b] L. König, F. Pfeiffer-Bohnen und H. Schmeck. *100 Übungsaufgaben zu Grundlagen der Informatik, Band II: Technische Informatik.* Oldenbourg Wissenschaftsverlag, 2013.

[Neb18]   M. Nebel und S. Wild. *Entwurf und Analyse von Algorithmen: Eine Einführung in die Algorithmik mit Java.* Springer Vieweg, 2. Aufl., 2018.

[Ott17]   T. Ottmann und P. Widmayer. *Algorithmen und Datenstrukturen.* Springer Vieweg, 6. Aufl., 2017.

[Paa16]   C. Paar und J. Pelzl. *Kryptografie verständlich: Ein Lehrbuch für Studierende und Anwender.* Springer Vieweg, 2016.

[Vos16]   G. Vossen und K.-U. Witt. *Grundkurs Theoretische Informatik.* Springer Vieweg, 6. Aufl., 2016.

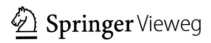

LEHRBUCH

Hartmut Ernst
Jochen Schmidt
Gerd Beneken

Grundkurs Informatik

Grundlagen und Konzepte für
die erfolgreiche IT-Praxis –
Eine umfassende Einführung

8. Auflage

Printed in the United States
by Baker & Taylor Publisher Services